山东省东营市中级人民法院机关刊
山东省东营市法官协会会刊

U0685745

黄河口司法

赵有明 主编

JUDICATURE OF HUANGHEKOU

中国石油大学出版社
CHINA UNIVERSITY OF PETROLEUM PRESS
山东·青岛

图书在版编目（CIP）数据

黄河口司法. 2023 年. 第 2 辑 / 赵有明主编. --
青岛：中国石油大学出版社，2024. 7. -- ISBN 978-7
-5636-4531-2

Ⅰ. D927. 523. 6

中国国家版本馆 CIP 数据核字第 2024EB8003 号

书　　名：黄河口司法 2023 年·第 2 辑（总第 72 辑）
　　　　　Huanghekou Sifa 2023 Nian·Di 2 Ji（Zong Di 72 Ji）
主　　编：赵有明

责任编辑：曹秀丽（电话 0532 - 86981532）
责任校对：朱纪寒（电话 0532 - 86981529）
封面设计：王凌波

出 版 者：中国石油大学出版社
　　　　　（地址：山东省青岛市黄岛区长江西路 66 号　邮编：266580）
网　　址：http://cbs.upc.edu.cn
电子邮箱：shiyoujiaoyu@126.com
排 版 者：青岛友一广告传媒有限公司
印 刷 者：泰安市成辉印刷有限公司
发 行 者：中国石油大学出版社（电话 0532 - 86983437）
开　　本：710 mm × 1 000 mm　1/16
印　　张：18. 75
字　　数：375 千字
版 印 次：2024 年 7 月第 1 版　2024 年 7 月第 1 次印刷
书　　号：ISBN 978-7-5636-4531-2
印　　数：1—1 800 册
定　　价：55. 00 元

《黄河口司法》编辑委员会

主　　　任　赵国滨
副　主　任　赵有明　孙洪武　李金强　张明磊　巴沾军　宋学民
　　　　　　崔增光　解旭明　焦　伟　梅雪芳
委　　　员　杨宪银　丁文强　梁　栋　张志刚　孙学军　陈立田

主　　　编　赵有明
副　主　编　李贯英
编辑部主任　王梓臣
编　　　辑　代　阳　张玉芳　马　冰　姜有慧
执 行 编 辑　马　冰

地　　　址　山东省东营市府前大街79-1号
邮　　　编　257091
电　　　话　0546—6387638
传　　　真　0546—6387977
网　　　址　http://dyzy.sdcourt.gov.cn/
信　　　箱　hhksf16@163.com

前 言

　　建院之初,东营市中级人民法院就提出要实现法院工作的可持续发展,造就后发优势,全面提升核心竞争力,要坚持"以人为本"的思想,从提高队伍素质入手,大力加强法院管理和文化建设,鼓励广大法官开展法学理论与实务研究活动。经过较长时间的酝酿,于2000年12月决定出版《黄河口司法》系列图书,并于2001年4月顺利出版发行第1辑。出版《黄河口司法》的初衷是发挥其四个作用:一是平台作用,为广大干警提供一个学术交流、审判研讨、观点争辩的阵地;二是载体作用,为法官在学习研究、审判实践中思考的成果提供一个发表的载体,使广大干警共享成果,互相促进,共同提高;三是导向作用,通过发表优秀的文章、弘扬先进的理念、宣传前沿的观点,形成一种示范、带动作用,营造浓厚的学习氛围,倡导积极探索的良好风气;四是窗口作用,展示东营中院和黄河口法官的形象,加强与兄弟法院的交流。经过多年积累和共同努力,形成了一批名牌板块:"司法大讲坛""名人访谈""法学论坛""调查研究"等具有学术性的理论板块,通过不断交流提高了广大干警的理论水平;颇具黄河口特色的"黄河口风景线""法官手记"等板块,通过记身边的榜样、说身边的故事,收到了良好的示范效果;突出法律实用研究的"法律适用""案例解析""裁判文书""统计分析"等板块,通过展示真实案例,引导法官扬长避短、注重研究实际问题,形成的成果不仅成为图书的亮点之一,而且在公开出版和东营中院网站上公布后引起了较大反响。

　　从2001年4月第1辑出版至今,《黄河口司法》已经出版72辑,每辑收录 40 多篇文章,约 30 万字,累计发行 14 余万册。每年向全国法院系统、部分高校和各级党政机关赠阅,与国内 50 余家法院建立了长期交流关系,被国家图书馆、清华大学图书馆、中国石油大学(华东)图书馆等 10 多家图书馆收藏,初步得到了社会各界的认可和好评。

2018 年《黄河口司法》系列图书被最高人民法院评选为全国法院优秀出版物。在此向多年来关注和支持《黄河口司法》的各位领导致以崇高的敬意,向热情投稿的法院同仁致以诚挚的感谢。

由于时间仓促,书中难免存在疏漏之处,敬请广大读者批评指正。

编　者

2023 年 12 月

目 录

书香法院

裁判文书

法官助理经验谈

环境资源恢复性司法之生态环境损害赔偿磋商

——以利津法院生态环境损害赔偿磋商工作为调查研究样本

◇ 东营市利津县人民法院课题组

一、缘起:生态环境损害赔偿磋商工作开展的基础

(一)生态环境损害赔偿磋商制度之概念

所谓生态环境损害赔偿磋商制度,就是赔偿权利人和义务人本着平等、自愿、公平、诚信、公序良俗、绿色原则,就损害事实和程度、修复启动时间和期限、赔偿的责任承担方式和期限等具体问题进行磋商,统筹考虑修复方案技术可行性、成本效益最大化、赔偿义务人赔偿能力、第三方治理可行性等情况,达成赔偿协议。生态环境损害赔偿磋商注重以修复受损生态环境为目的,重在追究损害生态环境行为本身的责任。

(二)生态环境损害赔偿磋商工作的制度基础

2015 年 12 月 3 日,中共中央办公厅、国务院办公厅发布《生态环境损害赔偿制度改革试点方案》(中办发〔2015〕57 号)(以下简称《试点方案》),首创性提出了磋商可作为生态环境损害赔偿的前置程序。《试点方案》规定:"主动磋商,司法保障。生态环境损害发生后,赔偿权利人组织开展生态环境损害调查、鉴定评估、修复方案编制等工作,主动与赔偿义务人磋商。未经磋商或磋商未达成一致,赔偿权利人可依法提起诉讼。" 2017 年 12 月,中共中央办公厅、国务院办公厅印发《生态环境损害赔偿制度改革方案》,进一步提出生态环境损害发生后,赔偿权利人组织开展生态环境损害调查、鉴定评估、修复方案编制等工作,主动与赔偿义务人磋商。实施信息公开原则,推进政府及其职能部门共享生态环境损害赔偿信息。生态环境损害调查、鉴定评估、修复方案编制等工作中涉及公共利益的重大事项应当向社会公开,并邀请专家和利益相关的公民、法人和其他组织参与。从 2017 年至今,各省市陆续出台关于生态环境损害赔偿磋商的地方规范性文件,山东省也出台了《山东省生态环境损害赔偿

磋商工作办法》。2022年4月,生态环境部等11个部门共14家单位联合印发《生态环境损害赔偿管理规定》,明确将磋商作为生态环境损害赔偿的前置程序,并对磋商程序做了进一步规定,起到了延续《生态环境损害赔偿制度改革方案》和衔接法律规则的作用。

(三)生态环境损害赔偿磋商工作的现实需求

利津县地处黄河三角洲腹地,作为胜利油田主产区之一,利津县乃至东营市是全国重要的化工企业聚集地。企业生产经营过程中会产生大量危险废物,且地广人稀的地理条件为一些不法企业和不法分子非法排放和倾倒危险废物提供了可乘之机。利津法院深入贯彻习近平法治思想,认真落实习近平生态文明思想,在依法办理环境污染案件的同时,以恢复性司法理念为指导,积极主动地推动和参与生态环境损害赔偿磋商工作。为更好地服务黄河流域生态保护和高质量发展,落实大兴调查研究之风的要求,利津法院组建专题调研小组,对审理的生态环境损害赔偿案件进行了系统性分析,对已有的磋商政策、已达成的磋商协议、已到位的磋商资金、用于环境修复的金额及环境修复程度等进行了综合性研判,对生态环境损害赔偿磋商制度进行深入探索,反思现有的问题和不足,总结形成了具有实践性意义的磋商制度,提出了更加完善的对策措施,以期真正发挥生态环境损害赔偿磋商制度对生态文明建设的支持作用,为生态环境损害赔偿磋商制度的完善积累经验。

二、检视:利津法院生态环境损害赔偿磋商制度的司法实践

(一)环境污染类案件中生态环境损害磋商的适用情况

1. 从环境污染类案件数量看。2017～2020年,利津法院共办理环境污染类案件4件9人,案件数量少,对于环保磋商和恢复性司法没有足够的重视和探索。2021～2022年利津法院受理环境污染类案件12件,涉及9个被告单位、56名被告人,涉案不起诉单位5个、12人,共计涉案单位14个、涉案人员68人(表1)。2021年以来,利津法院环境资源审判转变思路,开拓创新,积极主导、参与、推动环保磋商实质化运行,在环境资源审判环保磋商方面走出了利津道路。

2. 从生态环境损害磋商成果看。面对环境污染类案件猛增的态势,成立全省法院具有独立编制的环境资源审判庭,实行"三合一"集中审理,抽调审判经验丰富的法官承办案件,积极探索生态环境损害赔偿磋商机制,实践"谁污染,谁治理",以案为抓手,发挥法院调解案件的专业优

表 1　2017～2022 年利津法院环境污染类案件数量

年　份	2017	2018	2019	2020	2021	2022
案件数量 / 件	1	1	2	0	7	5
被告人数 / 人	4	1	4	0	46	10
被告单位数 / 个	0	0	0	0	9	0
涉案未起诉个人 / 人	0	0	0	0	4	8
涉案未起诉单位 / 个	0	0	0	0	3	2

势,达成环保磋商协议 22 份,涉及涉案单位 14 个、涉案人员 63 人,到案金额 4 457.25 万元(其中 1 案被告人自行修复污染地块,经环境评估达到修复标准,该金额未统计在内),罚金 313.3 万元。从磋商比例来看,14 个涉案单位全部参与磋商,磋商成功率 100%,涉案 68 人中参与磋商的有 63 人。

3. 从与东营市其他县区比较情况看。2021 年以来,利津法院引入了恢复性司法模式,破解传统司法"罪犯服刑,荒山依旧"之困境,取得了良好效果。与东营市其他县区相比(表 2、图 1),利津县适用环保磋商率高,资金到位率高,环保磋商金额约占全市同期环保磋商金额的 80%,走在了全市前列。

表 2　利津县与东营市其他县区环保磋商案件对比

县　区	利津县	广饶县	垦利区	东营区	经济技术开发区	河口区
涉案总数 / 件	12	2	2	14	2	3
磋商数量 / 件	7	2	0	1	0	0
磋商金额到位率 / %	99.44	100	0	100	0	0

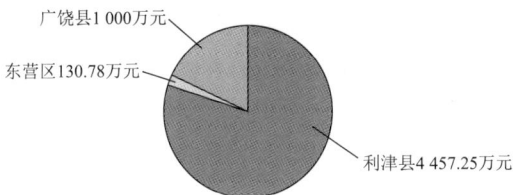

图 1　利津县与其他县区环保磋商金额对比

4. 从污染物来源情况看。污染物来源分为本市内企业和市外企业,占比情况如图 2 所示。市内企业污染物主要是小型地炼企业及酸洗柴

油工艺产生的废油渣和废白土等固体危险废物。东营市石油化工尤其是地炼行业发达,有多家以酸洗柴油工艺为主的化工企业及个人作坊。部分个人作坊及企业规模小、资质差,并无污染物处置能力。涉案人员通常租用、盗用偏远地区荒地,以挖坑填埋等方式非法处置污染废物。市外企业污染物以化工企业产生的工业废水等液体危险废物为主,由无资质黑中介联系市内污染物非法处置人员,通过油罐车运至市内,排放至地下渗坑、渗井或河流,逐渐形成了企业—中介—县内处置的黑色产业链条。

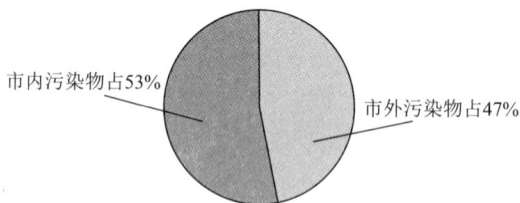

图 2　污染物来源占比

5. 从环保磋商结果看。上游产生污染的企业承担了绝大部分环境修复的责任,环保磋商金额为 4 408.5 万元,占全部金额的 98.9% 以上;中游中介、下游处置危废的企业和个人在环境污染违法犯罪活动中虽有获利,但获利与对环境造成的危害和修复费用相差甚远,且其赔偿能力与实际应当承担的责任严重不符,通常是象征性地出一部分资金,实际磋商金额仅占 1.1%,效果并未达到预期。

6. 从刑罚判处情况看。大部分上游排污企业在环保磋商中对环境修复起了最主要的作用,且多数企业有较好盈利能力。为顺利完成环保磋商和保护民营企业,对于这些企业直接负责的主管人员及直接责任人员在实际缴纳环境损害赔偿金后原则上可以适用缓刑(表3)。对于中游中介、下游实际处置危险废物的个人,根据其在犯罪活动中所起的作用、认罪悔罪态度、在环保磋商中的赔偿意愿、赔偿能力分别予以量刑。

表 3　环境污染类案件判处刑罚情况　　　　　　　　　　单位:件

刑罚类型	上游企业	中游中介	下游个人
实　刑	3	8	14
缓　刑	15	5	10
不起诉	13	0	0

7. 从司法确认数量看。利津法院坚持实地走访涉案企业和个人,了解其实际赔偿能力,在实事求是的基础上开展环保磋商。各赔偿义务人

都能较好地完成赔偿义务，及时缴纳环境修复赔偿金。截至 2022 年 12 月 31 日，利津法院达成环保磋商协议 22 份，环保磋商金额 4 457.25 万元，资金到位 4 433.25 万元，资金到位率约为 99.5%；对 1 名被告人的未到位 24 万元依法司法确认，进入强制执行程序。

8. 从案件造成的损失和磋商成功的数额看。环境污染案件造成的损失近亿元，自实施环保磋商制度以来，磋商资金 4 433.25 万元，与实际损失仍有差距。究其原因，是有些污染地块发现时已存在较长时间，有的已长达 10 年之久，无法查清排污企业，实际处置危废者并无赔偿能力，导致大面积污染地块无法得到环境修复赔偿，政府财政也是有心无力，导致有些地块污染处置并不能完全达标。

（二）利津法院开展生态环境损害赔偿磋商工作的特色做法

利津法院坚持以习近平生态文明思想为指导，认真学习贯彻习近平总书记视察山东重要指示精神和视察东营要求，立足利津县地域特点，全力打造"津心河护"环境资源审判品牌，以开展生态环境损害赔偿磋商工作为抓手，探索恢复性司法之路，为服务保障黄河流域生态保护和高质量发展提供了利津样板。

1. 坚持府院联动，全程参与磋商。按照磋商赔偿工作需求和程序，形成了由法院主导，检察、公安、生态环境、河务等 5 部门联动，利益关联方 N 方参与的"5+N"生态损害赔偿联动机制，负责生态环境损害赔偿磋商相关工作，在法律框架内与赔偿义务人开展平等磋商，将磋商引导至诉前、诉中、诉后，用司法力量指导磋商全过程。主要表现为：

一是前端介入，及时启动磋商机制。环保案件发生后，第一时间会同环保、公安、检察等部门赶赴污染现场，及时全面了解环境污染和生态损害情况，引导公安机关和环保执法人员依法提取上游产废企业和下游排污企业的危险废物样品、依法保护处置案发现场、依法调取手机通话记录和微信聊天记录等电子数据，督促环保部门按照"两法"衔接的有关规定向公安机关移送案件线索及有关证据，或作出行政处理，为违法行为的处置打牢证据基础。同时，督促环保部门立即启动生态环境损害调查，鉴定评估与修复方案编制工作，为环境生态损害赔偿和生态修复奠定基础。

二是寻根问源调查，实事求是磋商。在污染源头调查方面，利津法院首创了"链条式赔偿"模式，即以污染场所为切入点，通过明察暗访、精准评估等手段，深挖排污企业、污染物排放参与人，让整个污染链条上的企业及个人均承担修复环境的费用，实现"谁污染谁治理"，打击违法犯罪和

治理环境并重。在责任承担方面,区分磋商对象,实事求是地匹配赔偿责任。结合违法情形、涉案金额、能力差别、赔偿意愿等因素,不断与相关赔偿义务人沟通,加强法律法规政策教育,耐心分析利害关系,打消赔偿义务人疑虑,促进其自愿履行生态环境损害赔偿责任。对于涉及刑事责任的案件,在赔偿义务人履行磋商协议后,将磋商结果和修复受损环境的参与度作为重要的量刑情节依法考量,作为重要参考依据。

三是后续延伸,建立跟踪回访机制。环保案件的宣判和损害赔偿金的追缴并非环保磋商的终点。为切实保证环保磋商效果落实落地,推动恢复性司法取得实效,利津法院主动延伸工作职能,建立起一套完整的环保磋商案件跟踪回访机制,即根据当事人的违法犯罪情况、预防再犯的需要,以及其在环保磋商中的表现和上缴的资金数额,在一定年限内,不定期进行跟踪、检查,并根据回访的实际情况,建立工作台账,详细记录磋商后的实时表现、受损环境的修复成效。在此基础上,划分风险等级,实行动态管理,以最大限度扩大环保磋商的辐射力和影响力,促进恢复性司法切实走深向实、见行见效。

四是特殊预防与一般预防相结合。在对赔偿义务人进行跟踪回访的同时,利津法院注重环保磋商宣传,以"法律五进"为载体,做好环保一般预防。培育典型案例,以案释法,引导群众从自身做起,养成绿色低碳环保的生活方式。建设生态环境司法保护工作站,打造集生态司法保护、司法成果展示、生态法治教育、生态理念宣传于一体的生态环境司法保护宣传阵地。在黄河外滩建设法治文化广场,举办"跟着黄河来学法"研学实践营,开展沉浸式、体验式法治宣传活动,将司法成果转化为生态环境保护的实际行动。

2. 理顺磋商程序,保障磋商质量。在环保磋商工作中,利津法院以"程序顺畅、质效双高"为标准,在"精准"和"顺畅"上下功夫。

一是理顺步骤。按照利津县生态环境磋商案件实施方案的要求,将磋商流程分为"线索筛查—初步核查—立案调查—鉴定评估—磋商(诉讼)—生态修复"六步,各单位部门之间互联互通、无缝对接,严格保证磋商各环节顺畅无阻。

二是专业评估。坚持"谁污染谁赔偿"原则,对因果关系较复杂、损害认定困难、损害程度和数额较大的复杂事件,委托第三方专业评估机构进行评估鉴定,督促出具翔实准确的《生态环境损害鉴定评估报告》,明确赔偿项目、赔偿金额等内容,提高报告的准确度,提升评估质量。

三是精准磋商。根据责任人在违法犯罪行为中所起的作用,确立其不同的赔偿份额。由污染源头企业负责人、污染中介黑链条、实际收集和处置污染物人员承担主要赔偿责任;污染物承运人、司机虽亦有较大责任,但实际收益较少,应适当减轻其赔偿数额。

四是重点考量。依法将环保磋商履行情况作为违法行为处置的重点考量因素。对积极承担绝大部分环境处置费用,配合当地政府处置污染物且有较强盈利能力的企业,考虑到保护民营企业和其在环保磋商中承担的作用,从轻处理企业负责人,涉及刑事犯罪的可以适用缓刑。

五是保证效果。对严重污染环境的企业和个人,在判处刑罚的同时,在法律规定范围内对其适用禁止令或从业禁止的处罚,预防再犯可能。

3. 灵活多样磋商,提高磋商效率。

一是依靠国家强制力,提升磋商成功率。污染环境案件是涉及民生的严重违法犯罪案件,在环保磋商中虽然以民事平等主体协商为原则,但亦带有强制性,以刑事处罚和行政处罚为保障,迫使各赔偿义务人转变思想,积极参与环境修复,得到从轻的处理结果。

二是多元化磋商方式,提高磋商针对性。集中磋商与分组磋商结合,坚持先易后难,优先与赔偿意愿、赔偿能力较强的赔偿义务人磋商,形成带动效应。根据违法犯罪情节进行分类磋商,认真研究每个赔偿义务人在违法过程中的角色定位,将全案赔偿义务人集中磋商与相同角色定位的人员分组磋商相结合,稳步推进磋商进度。

三是坚持总量控制,提高磋商资金到位率。通过实地走访和考察了解污染企业经营情况、侵权自然人赔偿承担能力,因企、因人施策,以污染修复责任为基础,以承担能力为变量,灵活确定磋商金额。

三、追问:生态环境损害赔偿磋商实践中的问题不足

1. 生态环境损害赔偿磋商缺少法律支撑。相关规定目前主要是国家政策和地方规范性文件,司法确认等程序缺少法律和司法解释等依据。实践中各地做法、重视程度不一。

2. 环保磋商和公益诉讼衔接不够。对拒绝磋商或未磋商成功的企业和人员,如何提起公益诉讼索赔,诸如提出的主体、时机、移送衔接等均未建立有效的制度机制。

3. 公众参与度不足。在磋商过程中,关注点更多在环境损害评估和环境修复后验收评估上,忽视了受环境污染损害不特定人群和社会大众

的参与,在一定程度上影响了环境修复的效果。

4.环境损害评估和实际修复费用差距较大。在实践中,不同鉴定机构、不同污染地块修复费用评估差距较大,环保磋商的具体金额与环境修复的花费差距较大,造成了专业评估与市场化修复的脱节。

5.专项资金使用及后期环评监管不足。磋商资金落实后,由财政部门专款拨付给相关乡镇(街道)。各乡镇(街道)对于修复环境的积极性不尽相同,有些乡镇(街道)在拿到资金后只做简单填埋处理,然后就将资金挪作他用。因此各地环境修复质量参差不齐。

四、进路:完善生态环境损害赔偿磋商路径的意见建议

1.实现环保磋商制度与司法程序有序衔接。建议从国家立法机关或者最高人民法院等司法机关层面上制定相关法律或者司法解释,明确制度属性,为环保磋商程序和磋商协议的效力、磋商制度与生态环境公益诉讼的衔接、人民法院对磋商协议进行的司法确认等提供法律支持或者明确的政策依据。

2.开展多元化解,实质化解磋商难题。进一步发挥政府、法院、检察、公安、生态环境等多部门形成的生态损害赔偿磋商联动机制的作用,充分发挥行业调解、行政调解、人民调解的作用,加强协作配合。对环保磋商中涉及的责任承担方式、修复期限、修复方案等一系列技术性问题,可创设特约专家参与制度,由具备专业知识的人员提供专家意见,促进磋商协议更快达成。根据受损环境所涉及的基层群众司法需求,建立磋商旁听机制,让当地群众、村委等利益相关方共同参与旁听,决定环境修复是否合格。健全信息公开制度,明确公众参与的具体内容,加强社会公众外部监督。将环境损害调查结果、鉴定评估报告书、修复方案、达成的磋商协议、赔偿义务人履行情况等及时全面向社会公开。实现公平磋商,实质化解环境污染损害赔偿问题。

3.健全磋商协议履行效果评估与监督机制。建立完善"清单共建、案件交办、督促修复、效果验收"联动机制,聘请评估专家、环境评估机构、利益相关者对环境修复效果进行评估,对比磋商协议,制作专门的评估报告。对环境修复过程中的行政违法或者不作为的行政行为发出司法建议书,督促整改。严格跟踪监督磋商资金使用情况,实现专款专用。

4.丰富赔偿方式,多途径修复受损环境。根据环境损害个案特点采用灵活多样的多元化赔偿方式,探索采用异地补种恢复生态容量、设置电

子显示屏、提供水质检测仪器、提供新能源电动车用于环卫公益事业、从事环境公益劳动、履行巡河义务、复垦土地等多样化责任承担方式,促使磋商协议有效达成,让磋商协议更具有可操作性。探索建立市场化修复主体的引入制度,采用"谁修复谁受益"的原则,激励市场企业主体积极投入环境生态修复,逐步实现全员参与的环境损害治理大格局。

调查研究

在线诉讼模式与规则创新研究

——电子证据适用问题研究与探讨

◇ 张庆莹

张庆莹,东营市东营经济技术开发区人民法院综合审判庭三级法官。

在传统民事纠纷中,作为证据出示的是书证、物证、证人证言等传统证据。随着科技的发展,新型证据不断涌现,有时一起案件中甚至没有传统证据的举证质证,当事人提交的证据只有微信聊天记录、微信转账凭证、网络交易记录等电子证据。尤其在软件开发、专利侵权等科技领域中,电子证据的举证质证更为常见。笔者在中国裁判文书网民事案件中搜索"电子证据"词条,发现自 2019 年以来,裁判文书中直接记载"电子证据"的案件数量在逐年增长,其中 2019 年占比为 0.05%,2020 年占比为 0.06%,2021 年及 2022 年占比均为 0.09%,在法院系统每年审理的上千万件案件中,这个比值涉及的案件有几千件。电子证据在在线诉讼中更为常见,尤其在疫情防控期间,克服了异地审理、人员隔离等问题的在线诉讼,助推了电子证据的广泛运用,也让人们更加注重在日常生活、商业活动中对电子证据的收集、保存,以便应对将来可能发生的纠纷,更好地保护自身的合法权益。

本文就电子证据如何界定、其与传统证据的关系、在案件审理中如何审查电子证据进行探讨,以期为具体案件审理提供借鉴。

一、电子证据的界定

《最高人民法院关于适用〈中华人民共和国民事诉讼法〉的解释》(法释〔2022〕11 号)(以下简称《民诉法解释》)第 116 条第 2 款规定:"电子数据是指通过电子邮件、电子数据交换、网上聊天记录、博客、微博客、手机短信、电子签名、域名等形成或者存储在电子介质中的信息。"第 3 款规定:"存储在电子介质中的录音资料和影像资料,适用电子数据的规定。"《民诉法解释》对电子数据进行了定义,但是并没有直接采用电子证据的说法。《人民法院在线诉讼规则》第 11 条第 2 款规定:"当事人可以通过扫描、翻拍、转录等方式,将线下的诉讼文书材料或者证据材料作电子化处理后上传至诉讼平台。诉讼材料为电子数据,且诉讼平台与存储该电子数据的平台已实现对接的,当事人可以将电子数据直接提交至诉讼平台。"第15条规定:"当事人作为证据提交的电子化材料和电子数据,人民法院应当按照法律和司法解释的相关规定,经当事人举证质证后,依法认定其真实性、合法性和关联性。未经人民法院查证属实的证据,不得作为认定案件事实的根据。"由此可知,电子证据应当包括传统证据电子化的材料以及电子数据。

调查研究

(一)电子化材料

电子化材料不仅包括线上填写的起诉状、答辩状、反诉状、代理意见等诉讼文书材料,还包括通过扫描、翻拍、转录等方式,将线下的诉讼文书材料或者证据材料作电子化处理后形成的电子材料。这也就是说所有与案件有关的纸质材料均可转化为电子化材料,以及原始状态就是以电子数据存在的电子化材料。简而言之,电子化材料即传统纸质诉讼材料全部电子化处理形成的电子版材料。

为使电子化材料有法可依,《人民法院在线诉讼规则》第11条明确了电子化材料的主要类型和提交方式。从内容上看,电子化材料分为诉讼文书材料和证据材料。从表现形式上看,电子化材料主要可分为三种类型:一是诉讼主体直接在电子诉讼平台中录入的电子文本,即在线填写起诉状、答辩状、代理意见、案件要素信息等;二是线下实体材料经过扫描、翻拍、转录等方式进行数字化处理后形成的材料,实体材料包括线下已经形成的书面起诉状、答辩状、代理意见、书证等;三是材料本身即以电子数据形式存在的,如电子合同、网络购物表单、网络支付凭证等。如果存有上述电子数据的数据平台已对接人民法院诉讼平台,就可以直接将电子数据导入诉讼平台。当事人是提交电子材料的主要义务人,以上三种类型的电子材料都应由当事人自主提交至电子诉讼平台。根据《人民法院在线诉讼规则》的规定,如果提交电子化材料确有困难的,人民法院可以通过卷宗扫描等方式,帮助当事人将线下材料转化为电子化材料。同时,人民法院应当通过完善系统设置、细化操作指引、畅通数据传输等方式,尽可能为当事人提交电子化材料提供司法便利。这就规定了人民法院在开展在线诉讼过程中对当事人提交电子化材料的兜底保护责任。

(二)电子数据

理论界对于"电子数据"和"电子证据"的概念区分并不严格。有的

学者主张"差异说",认为"电子数据是'证据内容',电子证据是'证据形式',二者是证据的两个不同方面""电子证据不同于电子数据,电子证据是证据的一个种类,而电子数据只是一种电子形式的材料""可以从物理形式以及本质属性对电子数据和电子证据进行区分比对";有的学者主张"等同说",认为"电子数据,又称为电子证据,是指与案件事实有关的电子邮件、网上聊天记录、电子签名、访问记录等电子形式的证据""'电子数据'与'电子证据'是互换性概念,二者含义相同"。

根据《人民法院在线诉讼规则》中关于电子数据的定义,笔者认为电子数据应当是以电子邮件、电子数据交换、网上聊天记录、博客、微博、手机短信、电子签名、域名等形成或者存储在电子介质中的信息。例如,在某计算机软件开发合同纠纷案中,案涉一项大学生线上社交APP(应用软件)项目,为了查明案件事实,当事人双方提交了软件系统、后台数据、安装包、开发源代码、网站页面及页内材料,分别用安卓及IOS(互联网操作系统)手机进行功能演示的公证文书,第三方平台的账户、密码,SDK(软件开发工具包)、接口,微信群聊天记录等作为电子证据并进行了举证质证。

(三)电子证据的外延

随着信息技术的不断发展,电子证据的范围不断延伸,其外延也应是开放性的,不但包括已有的技术手段可获得的信息,还包括今后类似功能的技术发展。借鉴《联合国国际贸易法委员会电子商务示范法》第2条的规定,电子证据包括但不限于以计算机技术应用为基础的数据库、程序文件、图形处理文件、字处理文件,以及基于网络技术应用的电子数据交换、手机短信、电子资金划拨、电子邮件、电子公告牌记录、电子聊天记录、电子签名、域名、博客等。

二、电子证据与传统证据之间的不同及转化

传统证据大多以纸质媒介、实物或者口述呈现。根据《中华人民共和国民事诉讼法》(2022年修正)第66条的规定,证据包括"当事人陈述、书证、物证、视听资料、电子数据、证人证言、鉴定意见、勘验笔录"8种。传统证据存在于现实空间,因以特定形式存在,无法实现精确反复的复制,不易篡改,但随着时间的推移,传统证据可能存在损毁、灭失的风险,难以恢复原状,无法客观还原案件事实的真相。在诉讼过程中,若证据存在可能灭失或者以后难以取得的情况,当事人可以向法院申请保全证据,法院

也可以主动采取保全措施。而电子证据本质上是形成或者存储在电子介质中的信息,其具有新的储存媒介,需要依赖特定的系统软件环境,依托电子媒介呈现在大众视野中,在储存介质不灭失的情况下,电子证据不会灭失;电子证据具有优于传统证据的传播优势,借助储存媒介,电子证据可以实现精确反复的复制,更利于证据的传播和流转;电子证据不仅适用于传统诉讼也更便利于线上诉讼,这是传统证据不具有的优势,电子证据以其便捷和效率为线上诉讼的发展作出了无可取代的贡献。

调查研究

(一)电子证据与书证、物证、视听资料

书证、物证和视听资料的电子化契合在线诉讼技术的发展,是全流程在线诉讼的前提,亦是《人民法院在线诉讼规则》所指。作为在线诉讼运作规则之一的电子证据制度需要与互联网技术和移动技术条件等进行匹配。率先针对以书证、物证和视听资料等为典型代表的证据进行电子化处理并不存在任何技术障碍。法律层面,为了实现从起诉立案至执行等全部诉讼环节全景式在线化,《人民法院在线诉讼规则》间接列举说明了书证、物证和视听资料是电子化处理的对象。虽然与电子化证据制度相关的法律法规并未界定电子化证据制度的适用范围这一前提性问题,但《人民法院在线诉讼规则》第12和第13条对电子化材料的法律效力和形式早已明确,即在线诉讼中需要电子化处理的证据材料主要有书证、物证和视听资料。因为在法律用语上,仅有"书证、视听资料、电子数据"和"物证"对应"原件"和"原物"。

(二)电子证据与当事人陈述、证人证言

关于当事人陈述和证人证言能否成为电子化处理的对象,实践中存在对立的观点。支持当事人的陈述和证人证言电子化的观点前已述及,不再赘述。还有观点认为,言词证据不适用原件规则,但是对将鉴定意见排除于电子化证据客体不置可否。笔者虽然也持反对说,但并不认同上述论证逻辑,理由有二:其一,将鉴定意见、勘验笔录此类不具有"原物""原件"的证据完全排除于"传统证据电子化",可谓因小失大、顾此失彼,不利于电子化证据规则体系的构建;其二,更为重要的是,反对说的底层逻辑应当是遵循以传闻证据规则为代表的证据规则,即妥当处理电子化证据制度与传闻证据规则之间的冲突、抵牾。若持支持说,允许以数字化、电子化音视频抑或是书面证言代替证人出庭作证,则会危及传闻证据规则,架空包括身份审查、签署保证书和询问质证等在内的证人出庭作证制度。相较之下,若采反对说,反面排除当事人的陈述和证人证言以限定电

子化证据制度的适用范围,不仅不影响在线诉讼的正常运行(例如,证人可以按照《人民法院在线诉讼规则》第26条之规定,通过在线方式出庭作证),还可消除前述矛盾,使电子化证据同样受到传统证据规则的约束和调整,以保障诉讼当事人权利和制约国家权力。

(三)电子证据与鉴定意见、验证报告及笔录

鉴定意见和勘验笔录电子化路径可以参照书证电子化。鉴定意见属于特殊的言词证据已然成为理论和实务界的共识。鉴定意见是以书面文件形式记录的专家意见,是鉴定人针对与案件有关的专门性问题的主观判断。但相较于当事人的陈述和证人证言,其个人主观因素较少。至于勘验笔录,其究竟属于言词证据还是实物证据存在较大争议,这在一定程度上影响了勘验笔录电子化的径路。"言词证据说"认为,勘验笔录是勘验人员在勘验活动中对其所见所闻事实的陈述,体现其主观认识和判断,故属于言词证据;"实物证据说"认为,勘验笔录是办案人员在办案过程中对客观情况的客观记录,并非其所见、所闻、所感之意见或者判断,继而属于实物证据,此亦当前的主流观点。因此,在外观和表现形式(载体)等方面,鉴定意见和勘验笔录都表现为书面形式,与书证的亲缘性更近,对其进行扫描、翻拍、转录等电子化处理与书证并无二致。此外,《最高人民法院关于互联网法院审理案件若干问题的规定》第10条早就明确规定了鉴定意见和勘验笔录是电子化处理的对象。鉴定意见和勘验笔录可以逆电子化,在一定场合下,直接表现为人的陈述。具而言之,若当事人对鉴定意见有异议,则可以向法院提出鉴定人出庭作证的要求;即便当事人没有提出,法院认为鉴定人确有必要出庭的,也可以通知其出庭作证。共同鉴定人、勘验人在必要时也应当出庭作证,用语言证明其所做的笔录的真实性,抑或对笔录内容作出必要的解释与说明。在需要鉴定人、勘验人出庭作证的特定场域,可以适用当事人的陈述和证人证言的反面排除规则,不实行鉴定意见和勘验笔录的电子化,而是参照《人民法院在线诉讼规则》第26条证人出庭作证的规定执行。

综上,不能仅以证据材料是否适宜在网络流转为标准确定在线诉讼电子化证据材料的适用范围,还应当重点考虑电子化证据材料是否契合传统证据规则的基本要求。

三、电子证据的审查判断规则

《人民法院在线诉讼规则》第12条仅规定了法院对电子化证据材料

予以审核的职责,但并未明确审核的具体程序。为保障电子证据得到充分质证,通常情况下由法院工作人员主持并在各方当事人参与情况下,结合当事人意见对电子证据展开审核。此种审核方式需要当事人参与并发表意见,其运行程序较为烦琐,但可以有效保障当事人就电子化证据材料形式真实性的质证权。这种举证质证模式更有利于实现《人民法院在线诉讼规则》第 12 条第 1 项、第 13 条第 1 项之规定,也有利于保障正当程序的底线要求。

(一)电子证据的形式合法性

从比较法的角度来看,电子证据合法性的判断应遵循如下规则:"凡是电子证据的生成、传递、储存、显现等环节不合法且其不合法程度足以影响证据真实性的,或者足以影响某一重大权益的,则可以考虑对其加以排除。"此规则主要包括如下情形:(1)通过窃录或窃听方式获得的电子证据,不予采纳;(2)通过非法搜查、扣押等方式获得的电子证据,情节严重的一般不予采纳;(3)通过非核定程序得来的电子证据,在电子商务纠纷案件中不予采纳;(4)通过非法软件得来的电子证据,在民事诉讼中一般不予采纳。

符合法律的规定要求是电子数据取证的重中之重。互联网科技时代,公民的信息容易被网络泄露。日常社会中已经离不开网络,然而在导入计算机后个人信息容易被收集电子证据的主体在取证的过程中侵害,但是一切证据的收集都要遵循合法性原则,电子证据也不例外。在电子数据的认定收集中不仅要注重保护国家秘密、商业秘密,而且对公民的个人隐私数据更不能非法侵犯,要使用合乎法律法规的行为来收集认定电子证据,任何使用非法手段获得的资料文件都是非法证据,不允许在诉讼中使用。根据《最高人民法院关于民事诉讼证据的若干规定》的规定,以侵害他人合法权益或者违反法律禁止性规定的方法取得的证据不能作为认定案件事实的依据。

(二)电子证据的形式真实性

电子证据本身是对案件事实具体情况的真实反映,为保证电子证据与其他数据之间的客观联系,不能有任何的伪造、删除、扭曲事件,无论是当事人还是司法工作人员都要严格按程序取证调查,必须以坚持客观事实为基础,不能有任何主观上伪造证据的行为。

在形式真实性审查方面,必须解决电子证据的原件问题。传统观点认为,电子证据的原件是指电子数据首先固定于其上的媒介物。按照此

观点,任何电子证据都不可能存在原件,因为数据信息最初是在计算机系统内部形成的。国际上通常采用"扩大解释法""置换原件法""功能等同法"等解决这一难题。我国有学者提出了"拟制原件法",认为"对于任何直接源于该电子数据的打印输出或其他可感知的输出物,只要其能够准确反映该记录的内容,就视为电子证据原件"。

(三)电子证据的关联性(综合印证)

关联性是证据进入诉讼的第一道"关卡",是连接证据能力与证明力的桥梁;证据有无关联性是证据能力的判断标准,关联性的大小是证明力的判断标准。电子证据关联性是可以直接判定其为直接证据或者间接证据的标准,判断的关键是电子证据是否可以独立且直接证明案件事实,无需其他形式的证据作为辅助。电子证据和待证事实之间存在客观性联系,审查电子证据关联性需要注意案件待证事实可作为电子证据证明的部分内容、电子证据已经证明的案件事实是否可以解决问题、法律中是否有其他关于电子证据关联性的规定。

按照《人民法院在线诉讼规则》第18的条规定,当事人对区块链证据上链前的真实性提出异议,人民法院可以结合关联印证数据进行判断,并指出当事人不能提供证据证明或者作出合理说明,该电子数据也无法与其他证据相互印证的,人民法院不予确认其真实性。该规定在一定程度上暗含了区块链内容真实性的综合印证规则,未来经过更多的实践积累可以进一步明确、细化。区块链证据内容的真实性,实际上是指区块链证据所指向的可以证明案件事实的真实性。在解决了区块链证据载体真实性、区块链数据真实性的基础上,可以进一步明确规定区块链证据内容真实性的判断规则,即法官应当结合具体案件的争议焦点,判断涉案的区块链证据所指向的案件事实与其他证据所指向的案件事实是否能够相互印证,从而判断区块链证据内容的真实与否。

四、强化对电子证据的数据管理

随着信息网络科学技术的发展,在线诉讼已成为一种必然趋势。其与传统诉讼在起诉应诉、举证质证、庭审环节和送达环节均有不同之处,对于查清案件事实关键的电子证据的有效管理是关涉案件公平处理、影响司法公正评判的重要因素。确保数据的安全与隐私,才能更好地做到公平公正,不断发挥线上诉讼定分止争的作用。

（一）完善在线庭审保护制度

一方面,建立统一的网上审判平台,整合审判活动,各方当事人能在线参加庭审,能够通过电子方式查看庭审中使用的证据,保证在庭审中能够下载所需要的证据材料,不会因为宽带、无线设备或者其他技术上的问题导致下载障碍。庭审过程中,当事人补充提交的证据可以用电子邮箱发送供法庭审查并让对方充分质证。在线庭审中,将法庭电子记录变成法庭的正式记录,允许电子签名,在真实性没有异议的情况下,鼓励当事人通过电子签名的形式对于双方提交的证据及作出的承诺进行确认。另一方面,妥善保管电子资料和庭审资料,定期维护诉讼平台,防范黑客入侵,查找漏洞,做好安全保护,保证庭审活动在安全可靠的条件下进行。在诉讼中,为了维护当事人的个人隐私,应对当事人的声音和背景进行模糊处理。

（二）加强电子数据的管理技术

1. 制定统一标准。统一标准是有效管理数据的有效途径,通过制定统一的司法数据管理标准,以制度规范保护数据安全。首先,制定数据对接高度安全的技术标准,依据实际情况科学分析谋划制定"法院外第三方数据调用和对接准则",确立电子化材料在立案、法庭辩论各个诉讼环节的安全传输及数据管理等方面的业务标准,强化数据运营管理。其次,制定电子化材料准入标准。按照在线诉讼应用要求,明确相关电子化材料等诉讼材料的格式标准,对诉讼全阶段中的各项电子化材料的格式、清晰度、完整性等进行自动鉴别,还可以借助人工智能手段对扫描、拍摄中不清晰的电子化材料进行智能化自动校正,不仅可以确保电子化材料在实际诉讼过程中高效应用,还可以有效加强电子化材料数据管理。再次,建立电子化材料数字化处理中心,在细化分类基础上有效梳理智能电子卷宗,对当事人线上、线下提交的诉讼材料全部进行自动编排并予以规范化管理,使卷宗材料智能自动归档。把智慧司法进一步融入在线诉讼之中,让法官可以从大量纸质文件中脱离出来,利用电子卷宗和信息技术高效审理案件。借力人工智能、OCR(光学字符识别)等技术,实现电子卷宗智能管理,从而深化电子化材料数据共享功能。

2. 坚持"知情同意"原则。我国个人信息保护法规定了保护个人信息的基本原则,即对个人信息的收集利用,必须经过本人充分知情前提下的同意。个人信息保护是信息社会的焦点问题,对个人信息保护而言,知情同意原则具有"帝王条款"的意义,恰如意思自治原则在民法中的地

位。在司法过程中,对电子化材料的管理要按照当事人的意愿,由专业人员固定电子证据,与当事人协定确认电子证据的范围。例如,通过电子合同或书面合同等明文形式征得当事人的同意后,才能使用;或与当事人通过面对面协商的方式,更确保准确性和保证当事人的意愿。另外,在电子资料处理方式、处理目的等方面发生变化时,依照法定程序,须再次征得各方同意并依据法律规定落实当事人意愿确认书。

3. 引入全过程区块链技术。保持电子数据从进入司法程序到诉讼审查结束的纯洁性和完整性,建立区块链闭环,在最大程度上保证进入司法程序后的案件数据专案专链管理,使证据生成与证据存留得以同步实现,能够从技术方面有效提高电子数据的安全性,增强诉讼参与各方及民众对于电子化诉讼材料的信心。

4. 完善保全制度。《人民法院在线诉讼规则》并未对电子证据的保全进行规定,法院是证据保全的合法主体,但由于一些电子证据的专业性和复杂性,致使法院无法实现对全部电子证据的完整保全,因此有必要引入第三方平台。《最高人民法院关于民事诉讼证据的若干规定》第94条规定,人民法院可确认中立的第三方平台提供或者确认的电子数据的真实性。可以看出,司法对第三方平台提供的保全服务持开放态度,由于电子证据的复杂性,其保全也可以参照适用,委托第三方平台及时保全。第三方保全机构相比法院而言具备更专业的技术,能够使用可信时间戳技术、加密技术等保障电子数据的真实性。例如,区块链存证技术存储的是经过加密运算所得的哈希值,通过核验哈希值可以判断电子数据是否被篡改,基于其自身技术特点,数据上链后难以被篡改,使得法院认定证据真实性有了技术支撑。此外,对电子证据保全的程序也应明确细化,存证对取证而言必不可少,完善的电子证据保全制度对电子证据在在线诉讼中的适用至关重要。

综上所述,电子证据应当包括传统证据电子化的材料以及电子数据。电子证据具有优于传统证据的保存优势,借助储存媒介,电子证据可以实现精确反复的复制,更利于证据的传播和流转。电子证据不仅适用于传统诉讼也更便利于线上诉讼,这是传统证据不具有的优势,电子证据以其便捷和高效为线上诉讼的发展作出了无可取代的贡献。确保数据的安全与隐私,使在线诉讼更好地做到公平公正,需要完善在线庭审保护制度,同时加强电子数据的管理技术。

关于建工案件审理情况的调研报告

◇ 孙建明

孙建明，东营市河口区人民法院民事审判庭法官助理。

建设工程合同纠纷案件（简称建工案件）普遍具有案情疑难复杂、审理周期长、审理难度大的特点，认定事实与适用法律难度较大。2022 年，河口法院共审结建工案件 179 件，其中涉案标的在 50 万元以上的案件占比 80% 以上，远高于其他案由平均标的。该类案件存在法律关系复杂、当事人诉争问题繁杂、诉讼中本反诉交织、各方当事人矛盾冲突激烈等问题，案件审理难度大。该类案件所涉及法律法规繁多，还涉及部分相关行政法规、部门规章、地方规范性文件等，另外建筑领域的习惯与惯例也会对该类案件审理产生一定影响。本文通过分析河口法院 2022 年审结的 179 件建工案件，总结审理中遇到的普遍问题并分析其原因，为以后更好审理该类案件提出几点建议。

一、存在的普遍问题

1. 订立合同时存在大量借用资质、转包、违法分包或挂靠的现象。实践中，不具备工程建设资质的法人、自然人通过挂靠具备相应资质的法人来承包分包工程，被挂靠的建筑企业通过收取管理费、定额利润等方式出借资质，不参与工程管理，不进行工程施工。也有部分案件是以内部承包设立分公司为名，行挂靠、转包或者违法分包之实，出名公司收取定额利润、管理费。此外，还有部分建工案件同时存在违法分包、层层转包或挂靠行为，实践中也出现了从事工程转包、违法分包的中介服务人员。在179 件案件中，涉及个人或中小企业挂靠公司借用资质及具备资质的承包方承包工程后，为谋取中间利润，将工程分包给不具备建筑资质的企业和个人的案件达到 83 件，占比约 46.4%，建设单位为了抢进度忽视质量与安全管理，导致工程质量水平下降，在后期工程质量或工程款结算中极易发生纠纷导致诉讼。

2. 合同履行时因牵涉多方利益，导致合同履行情况难认定。工程施

工中,建筑施工企业印章使用管理、项目经理授权范围不规范,对分公司的资金及人事缺乏管控,导致相关履行行为的法律后果归属判断困难。工程签证管理比较混乱,有的签证不及时,有的签证工程量不完整,有的现场签证要素不齐全,有的现场签证尤其是对一些隐蔽工程的签证明显偏离事实,有的建设单位现场管理人员或监理人员盲目签证、重复签证,造成相关事实的认定困难。工程施工作业面大、人员多、关系复杂、作业环境差,工序衔接多、中间交接多、隐蔽工程多,加之施工质量管理不到位等,工程施工质量争议也不少。在2022年审结的179件案件中,涉及被告抗辩工程质量存在问题或者进行反诉对工程进行修复的案件达到42件,占比约23.46%。

3. 工程价款标的大、涉及种类多,难以准确认定。施工单位不注重收集、保留工程变更等签证资料,导致工程量未固定,工程价款数额难认定。例如,计价方式有争议,承包人在采用固定总价、工程量清单计价模式后,因履行中实际投入远超预算而要求据实结算;实践中还存在垫资施工、指定分包等情形,大大增加了工程价款结算的复杂性。在工程价款结算争议中,往往需要借助司法鉴定认定工程的量价,但当事人对是否启动司法鉴定程序、鉴定依据的确认、鉴定意见质证及采信等争议较大,而且司法鉴定本身耗时长、费用高,有的还不规范。2022年,我院受理的建设工程施工合同纠纷案件中因质量问题进入鉴定程序的建设工程案件达21件,鉴定周期在2个月以内的占近60%、鉴定周期在2～6个月的占比近40%。

二、原因分析

1. 案件关联利益群体较多,事实比较繁杂。建设工程施工合同条款在履行中变更频繁,不可预见因素较多。"先干后谈"现象普遍,当事人不注重保留涉及工程量清单、施工变更、工程增量、合同终止等情形下的相关签证,造成不少关键事实的证据缺失。表面上建设工程施工合同纠纷案件是发包人与承包人之间的纠纷,但往往涉及材料供应商及建筑工人等多方群体的利益,易引发群体性事件。部分建设工程施工合同纠纷案件还与政府行为和相关政策有关,工程质量关涉社会民生和公共安全,相关案件的审理社会敏感度高、关注度大。在2022年河口法院审理的建设工程施工合同纠纷案件中,涉及工程质量问题的达32%。此外,建设工程施工合同纠纷案件还与商品房买卖合同、民间借贷、建筑设备租赁合同、执行异议之诉等纠纷案件相互交织,审理难度明显较大。

2.法律关系多重交织,案件审理专业性强。建设工程施工合同纠纷案件涉及的当事人众多、意见分歧多,有发包人、承包人、实际施工人、施工班组等。涉及法律关系也多,有承包分包、违法分包、层层转包、挂靠及劳务合同关系等,且不同法律关系相互交织。在诉讼中,当事人往往对案件管辖权、施工主体认定、工程量及工程价款确定、工期延误、工程质量及保修金返还、工程价款优先受偿权等实体和程序问题产生争议,当事人联结多重法律关系的现象普遍,如既是承包人的项目经理又是实际施工人等,给当事人行为的法律性质及法律后果的认定造成很大的困扰。同时,建设工程施工合同案件往往涉及工程造价、工程质量等专业的建筑类问题,审判人员在对此类问题进行判断时,往往欠缺相应建设工程专业知识,对建筑行业规范、交易习惯和运行规则了解不多、掌握不够,对司法鉴定的依赖比较严重。

三、建设工程施工合同纠纷法律适用的几点建议

1.关于挂靠导致的法律后果认定。参照住房和城乡建设部《建筑工程施工发包与承包违法行为认定查处管理办法》的规定,挂靠法律关系的认定应重点审查:实际施工人是否以承包人的委托代理人身份签订合同;实际施工人是否与发包人就合同事宜直接磋商,是否全程参与投标、保证金的支付、合同的订立、实际施工等;实际施工人是否以劳务分包形式来掩盖挂靠行为等。实践中,对于挂靠人与被挂靠人签订的挂靠协议无效并无争议,但是对于被挂靠人与发包人签订的建设工程施工合同的效力认定存在争议。多数意见认为,实际施工人以被挂靠人的名义与发包人签订建设工程施工合同的,在发包人明知挂靠的情况下,发包人与承包人签订的建设工程施工合同无效,承包人对合同无效后果应当承担相应的责任,发包人与挂靠人之间形成事实上的建设工程施工合同关系,建设工程经验收合格,实际施工人有权请求发包人参照合同关于工程价款的约定折价补偿;在发包人对挂靠事实不知情时,即使在施工过程中发现挂靠,也应当认定建设工程施工合同有效,根据合同相对性原则和信赖利益保护原则,实际施工人无权向发包人主张权利,但可以向被挂靠人主张权利。对"发包人明知"可以从以下3方面认定:(1)挂靠人直接向发包人支付投标保证金,或者双方存在出借款项、保证金支付、工程款支付等其他直接款项往来;(2)发包人在工程项目招标、合同签订等过程中对挂靠

人是实际履行主体情况知情;(3) 挂靠人与发包人就合同事宜直接磋商,或者发包人知悉挂靠人与被挂靠人之间的挂靠事实。

2. 关于建设工程质量异议的审查。引导当事人采取适当方式提出质量异议。作为被告的发包人提出工程质量异议的,以下情形属于抗辩:(1) 发包人仅以工程质量问题主张拒付或少付工程价款的;(2) 发包人提出原告在施工过程中存在偷工减料、未按图施工等情形,要求减少工程价款的。以下情形发包人应当反诉或者另行起诉:(1) 发包人要求承包人支付违约金或赔偿损失的;(2) 发包人要求承包人赔偿因工程质量不符合合同约定而造成的其他财产或者人身损害的;(3) 发包人要求原告承担返修义务或赔偿损失,在原告拒绝维修工程后另行委托他人修复而主张修复费用的;(4) 原告逾期完工,发包人主张工期延误索赔的。

实践中在发生工程质量问题争议时,法院往往要借助司法鉴定来审查。建设工程未经验收,发包人擅自使用,人民法院支持支付建设工程价款请求的,不应在文书中表述"质量符合合同约定或质量合格",可向建设工程管理机构提出司法建议,要求有关部门加强对建设工程质量监督管理。关于工程质量瑕疵修复费用的承担。如果承包人愿意修复,而发包人不愿意由承包人修复也未通知承包人修复的,发包人不能直接诉请支付修复费用,或者直接委托第三人修复并诉请支付修复费用;如果承包人拒绝修复,或者经承包人修复后建设工程质量仍不合格,或者承包人在合理期限内未修复的,发包人可以另行委托第三人修复,所产生的合理修复费用可从应付工程价款中扣除。

3. 涉建设工程司法鉴定的审查。首先应依据《最高人民法院关于人民法院民事诉讼中委托鉴定审查工作若干问题的规定》对案件进行审查,应特别注重鉴定事项、鉴定材料、鉴定依据、鉴定方法、鉴定过程、鉴定程序及鉴定意见书的形式和结论等实质内容的审查。需要注意的是,鉴定意见书存在明显瑕疵的,可要求鉴定人补充鉴定或重新鉴定。补充鉴定或重新鉴定仍不能完成委托鉴定事项的,应当责令鉴定人退回已经收取的鉴定费用。在鉴定机构明确表示无法鉴定的情况下,法院应依次征询备选鉴定机构的意见。经摇号选择的鉴定机构均表示无法鉴定,各方当事人一致同意的,可重新选择鉴定机构或聘请若干专家组成鉴定组进行鉴定;各方当事人无法达成一致意见的,应认定申请鉴定事项无法鉴定,则依据举证责任的分配原则,根据双方当事人的过错程度和全案证据情况,全面认定案件的基本事实。

认罪认罚从宽制度适用情况调查研究

◇ 张俊贤

1999～2019 年,刑事案件总量不断增加,检察机关受理审查起诉的刑事犯罪人从 82.4 万增加到 220 万;刑事犯罪结构发生重大变化,起诉严重暴力犯罪从 16.2 万人降至 6 万人,醉驾、侵犯知识产权、破坏环境资源等新型危害经济社会管理秩序犯罪人大幅上升,被判处三年有期徒刑以下刑罚的轻罪案件占比从 54.4％上升至 83.2％。人民群众希望司法政策与时俱进,期盼社会长治久安。司法机关案多人少矛盾日益突出,必须遵循司法规律,优化司法资源配置,推动案件繁简分流。

一、认罪认罚从宽制度的提出及改革历程

2014 年 10 月 23 日,党的十八届四中全会通过《中共中央关于全面推进依法治国若干重大问题的决定》,首次提出"完善刑事诉讼中认罪认罚从宽制度"。2016 年 7 月 22 日,十八届中央全面深化改革领导小组第二十六次会议审议通过了《关于认罪认罚从宽制度改革试点方案》,2016 年 9 月全国人大授权在北京等 18 个城市开展试点;2017 年 12 月审议试点工作中期报告,提出监督指导意见;2018 年 10 月修改的刑事诉讼法固定、发展了试点成果,明确规定犯罪嫌疑人、被告人自愿如实供述自己的罪行,承认指控的犯罪事实,愿意接受处罚的,可以依法从宽处理。

二、认罪认罚从宽制度的价值

建立认罪认罚从宽制度,不仅可以提升诉讼效率、节约司法资源,还可以化解社会矛盾、促进罪犯改造,以期实现刑事案件审判更好地达到法律效果、社会效果和政治效果的统一。该制度为进一步贯彻落实宽严相济的刑事政策、合理配置司法资源、推动刑事案件繁简分流、完善刑事诉讼程序、落实全面依法治国重大理念发挥了重要积极作用。认罪认罚可以实现两个"节约":一是繁简分流,缩短办案周期,节约国家司法资源;

张俊贤,东营市河口区人民法院少审团队法官助理。

023

二是被告人节约诉讼成本,有权选择速裁和简易程序,切实减少诉讼时间和花费。认罪认罚可以实现两个"减少":一是通过矫正改造罪犯,用最小的改造成本取得最优的改造效果;二是量刑上被告人获得了从宽,减少了其本应承担的刑事责任。认罪认罚可以实现两个"化解":一是通过罪犯与国家和解、与被害人和解,化解其再犯罪或报复社会的风险;二是化解罪犯与被害人之间的"次生风险",减少刑事申诉和信访案件。

三、认罪认罚从宽制度的适用情况及改革效果

根据最高人民检察院发布的 2022 年全国检察机关主要办案数据,在已办理的审查起诉案件中,适用认罪认罚从宽制度审结的人数占同期审结人数的 90% 以上;检察机关提出的量刑建议占量刑建议总数的 90% 以上;对检察机关提出的量刑建议,法院采纳人数占同期量刑建议总人数的 95% 以上。

2019 年 1～8 月,在监察机关、人民法院、公安机关和司法行政机关支持配合下,全国检察机关在依法严惩严重刑事犯罪的同时,适用认罪认罚从宽制度办结案件 1 416 417 件、1 855 113 人,人数占同期办结刑事犯罪总人数的 61.3%。2020 年,全国法院审结认罪认罚案件 79.5 万件,占同期审结全部刑事案件数的 71.3%。

四、对"认罪认罚"内涵的理解及实践把握

两高三部《关于适用认罪认罚从宽制度的指导意见》(以下简称《指导意见》)中对认罪认罚的内涵进行了解释,即"认罪"是指犯罪嫌疑人、被告人自愿如实供述自己的罪行,对指控的犯罪事实没有异议。对于该定义,司法实践中没有过多争议,理解和适用也基本统一。《指导意见》同时也规定,"认罚"考察的重点是犯罪嫌疑人、被告人的悔罪态度和悔罪表现,应当结合退赃退赔、赔偿损失、赔礼道歉等因素来考量。犯罪嫌疑人、被告人虽然表示"认罚",却暗中串供,干扰证人作证,毁灭、伪造证据或者隐匿、转移财产,有赔偿能力而不赔偿损失,则不能适用认罪认罚从宽制度。实践中对"认罚"的理解、把握和实际运用存在一些问题和争议。实践中有的观点认为,只要主观上表示接受处罚,客观上是否退赃退赔、缴纳罚金等不会影响"认罚"的认定,只在量刑从宽的幅度上进行考量即可。但也有观点认为,"认罚"并不是主观上表示悔过、接受处罚就可以,而是客观上也应当进行退赃退赔、缴纳罚金等,即只有对违法所得进行返

还、退赔,对财产刑进行实际履行,才可以认定为是"认罚"。否则就会造成被告人利用此规定在量刑上获得从宽,而被害人却未得到损失的挽回,不利于矛盾的解决。故如何认定"认罚",要结合被告人的实际财产情况,坚持主观态度和客观行为相统一的原则全面考量。笔者认为,如果被告人认罪认罚,那么公安机关应当对其财产状况进行摸底。若被告人有退赔能力,则应当退赔才能被认定为"认罚",并给予大幅度的从宽,否则不能被认定为"认罚";若被告人无经济能力,也可以适用认罪认罚,但对其从宽的幅度应当减少。

在审判阶段出现新的量刑情节时,如何适用认罪认罚程序?

公诉机关在审查起诉阶段,根据被告人的犯罪事实、量刑情节等综合考虑,提出量刑建议,签署认罪认罚具结书,但是在案件起诉到法院后,又出现了新的量刑情节,比如被告人退赃退赔、取得被害人谅解,或者主动缴纳罚金等,导致审查起诉阶段的量刑建议需要根据新的量刑情节重新评价的,就涉及程序如何适用问题。有的观点认为,法院应当告知公诉机关重新出具量刑建议、重新签署认罪认罚具结书。还有观点认为,在庭审中应让公诉机关直接更改量刑建议,并与被告人当庭沟通是否同意新出具的量刑建议,如果双方达成一致则按照认罪认罚程序继续审理;若公诉机关与被告人没有达成一致,则不按照认罪认罚程序审理。笔者赞同第二种观点,因为在法院审理的过程中,被告人可能会出现新的量刑情节,如果每次出现这种情节法院都告知公诉机关重新出具量刑建议,就会导致公诉机关工作繁重、流程烦琐,浪费司法资源,也不利于法院案件审理的顺利推进,这与认罪认罚制度设立的初衷相违背。

五、实践中认罪认罚从宽存在的问题及建议

认罪认罚从宽制度在实践中存在的问题有:部分值班律师的法律帮助形式化,辩护功能在实质上受到抑制;被告人在重罚威慑下非自愿认罪认罚,法院的自愿性审查也流于形式;部分案件事实审查标准降低,对案件质量产生不利影响;量刑建议的标准难以把握且调整难度大,法院量刑平衡功能弱化。

针对上述问题,笔者提出如下建议:

认罪认罚自愿性审查是认罪认罚从宽制度有效运行的关键程序节点,不是可有可无的虚设,各部门要高度重视,切实履行相关职责。

1. 要着重核实以下内容:被告人是否受到过暴力、威胁、引诱而违背

自己的意愿认罪认罚；认罪时的认知能力和精神状态是否正常；是否理解认罪认罚的性质和可能导致的法律后果；公、检是否履行了告知义务并听取了对方的意见；值班律师或者辩护人是否提供了有效的法律帮助或者辩护，是否参与了量刑协商并在场见证具结书的签署；被告人供认的事实、检察机关指控的事实有无事实依据等。

2. 采用具体问题询问方法，如果仅直接询问被告人是否明知、是否自愿，自愿性审查可能流于形式。对某些犯罪较为严重或存在某种疑问的案件发问时，应当注意将问题具体化，甚至针对细节发问，以判断其自愿性及认罪的真实性。

3. 审查全案证据确证自愿性。通过审查全案证据，判断证据与被告人的供述及认罪认罚内容是否相符，以确定其认罪认罚的自愿性与真实性。如果证据证明的内容与被告人的供述或认罪内容在重要情节上不相符，则应认定其认罪认罚的自愿性与真实性存疑，考虑按普通程序审理，直至否定认罪认罚具结书的有效性。

4. 认罪认罚从宽制度实际上把本属于在审判阶段才展开的实体权衡活动提前到了审前阶段。审判阶段，法院需要重视对认罪认罚从宽案件的程序审查，防止程序失范影响实体公正。审查当事人的各项诉讼权利是否得到了保障，尤其是有无获得有效的法律帮助，是否有效参与了量刑建议的协商过程，办案机关有无欺骗、胁迫当事人违心接受量刑建议的程序违法行为等。

关于加强矛盾纠纷多元化解和诉源治理工作的调研报告

◇ 刘君东

一、提高政治站位,依靠党委、政府积极融入社会治理大格局

刘君东,东营市东营经济技术开发区人民法院立案庭(诉讼服务中心)二级法官。

为全面落实中央《关于加强诉源治理　推动矛盾纠纷源头化解的意见》,按照全市、全区创新社会治理三年行动计划要求,开发区法院(以下简称我院)主动融入党委政府领导下的诉源治理格局,以问题为导向,锚定"万人成讼率"下降这一目标攻坚发力,促进诉调对接实质化。

1. 推行诉前分流机制,将案件"分出去"。我院设立诉调对接中心,制定《诉调对接工作流程管理规定》。对于提出立案申请的案件,诉调对接中心对案件进行诉前辅导和分流,对适宜诉外方式解决的纠纷,引导当事人选择诉外方式解决;对适合诉前调解的案件,先行委派驻院特邀调解员或行业调解、人民调解组织等进行诉前调解。2023年我院共诉前分流案件2 118件,其中调解成功801件,成功率约37.82%。

2. 一站式多元化解,把非诉解纷力量"请进来"。面对金融、物业服务合同、涉企等纠纷激增的现状,我院将多元调解力量"引进来",设立三个调解室和集约调解办公区,邀请人民调解员、律师及仲裁调解组织、商会调解员等入驻法院,集约办公,通过一站式集约协同办公高效解决纠纷。通过完善各类调解联动工作体系,形成内部和解、协商先行,行业性专业性调解、仲裁等非诉方式挺前,诉讼托底的纠纷分级化解模式。目前,开发区法院有常驻特邀调解员2名,街道社区矛调员4名,进驻人民法院调解平台的调解组织11个。

3. 调解力量内外呼应,让法官"走出去"。聚焦优化法治化营商环境,扎实开展法官进百企活动,访企业、询建议、解纠纷,助力和激发市场主体活力。在市矛盾纠纷调解中心设立巡回法庭,改变法官传统"坐堂问案"

的纠纷解决方式。该调解中心设立专门的诉讼对接委员会,负责与法官对接工作。在辖区 13 个社区设立诉调对接工作站,建立法官联系点,法官与社区诉前调解工作人员加强联系,形成调解工作合力。

4. 诉前调解与司法确认无缝衔接,让纠纷解决"快起来"。制定《司法确认案件办理实施细则》,细化司法确认制度运行模式,加强与调解员、调解组织的沟通配合,将调解协议审查程序前置,提前告知申请人申请所需材料,实行调解完成及时确认的"诉前调解 + 司法确认"新模式,全面提升诉讼与非诉实质化对接水平,真正让纠纷解决"快起来"。2023 年初以来,大部分诉前调解成功案件自动履行,其中通过司法确认案有 100 多件。

二、当前矛盾纠纷多元化解和诉源治理工作中存在的问题

1. 限于开发区法院人员编制较少,案多人少的矛盾突出。随着经济社会转型发展,矛盾纠纷不断涌现,群众法治意识不断增强,"有纠纷打官司"成为群众解决纠纷的惯性思维,大量矛盾纠纷涌入法院。面对巨大诉讼增量和繁重办案任务,我院 2018 年结案 5 282 件,员额法官人均结案 352 件;2019 结案 7 129 件,员额法官人均结案 375 件;2020 年结案 7 950 件,员额法官人均结案 418 件;2021 年结案 7 623 件,员额法官人均结案 363 件;2022 年结案 6 905 件,员额法官人均结案 328 件。我院人均结案数量历年位居全市法院第一、全省法院前列,案件数量呈饱和状态,法院干警长期高负荷工作。

2. 部分领域矛盾纠纷呈井喷趋势,诉前调解成功率不高。随着城市化进程的加快,新建楼盘引发的迟延交房、房屋质量等纠纷越来越多,往往牵一发动全身。同时物业纠纷也成为当前矛盾纠纷的主要组成部分。开发区是全市金融聚集区,辖区共有 29 家金融机构。受经济下行压力影响,金融机构产生了大量金融借款和信用卡类纠纷,有的银行的信用卡纠纷达 1 000 件左右。面对矛盾纠纷的增量,多元化解作用未充分发挥,诉前调解力量凸显薄弱,诉前调解成功率不高。

3. 驻院人民调解力量薄弱,人员工作积极性亟须提高。东营市的部分县区法院在特邀调解员的基础上,由司法行政部门招聘调解员或公益性岗位辅助人员并向法院派驻;实行调解人员调解成功案件数量与绩效工资挂钩,由司法行政部门核发固定工资,由县区法院核发绩效工资,解决了调解人员工作积极性不高的问题。与上述县区法院相比,开发区法院的驻院调解员力量薄弱,部分调解员收入较低,工作积极性不高。

4.矛盾纠纷多元化解工作机制衔接问题。在构建并完善"一站式"矛盾纠纷多元化解机制过程中，应解决案件分流由哪个部门承接、对接，职能如何划分，对于物业服务合同、金融类、商品房销售的矛盾纠纷，相关职能部门应如何参与纠纷化解、如何与法院对接等一系列问题。对此开发区尚未探索建立相应制度。

三、关于加强协作配合、充分调动非诉解纷力量多元化解矛盾纠纷积极性的建议

法院在化解矛盾纠纷方面的力量是有限的，源头和诉前矛盾化解还需依托全市一站式矛盾纠纷多元化解机制建设，进一步把各种矛盾化解力量整合起来。只有把非诉解纷力量的积极性和主动性调动起来，并完善相关机制措施，加强协作配合，才能取得非诉解纷的实效。

1.建议成立诉源治理领导小组。通过成立诉源治理工作领导小组，建立完善联席会议机制，进一步推进有机衔接、协调联动、高效便捷的一站式矛盾纠纷多元化解机制。形成政法委统筹推动，开发区法院、职能部门、街道、群团组织、行业协会、社区、基层自治组织等多方参与，各司其职，沟通联动，协调配合，运转高效的工作格局。特别是要注重围绕降低"万人成讼率"这一目标，增强工作的实效性、针对性，切实取得诉源治理的实效。

2.建议构建多元解纷纵向网络。积极构建区、街、社区（村居）三级纵向调解网络。深化"互联网 + 枫桥经验"实践，畅通对接和响应机制，开发区法院加强与街道、社区、网格员的对接沟通，在街道、社区设立法官工作站，加强与社区、网格的对接联系，通过集约集成基层解纷力量，促进矛盾纠纷在基层得到实质性化解。建议将"万人成讼率"纳入对镇（街）、社区（村居）的考核，并适当加大考核权重，开展"无讼社区（村居）"创建工作，对于"万人成讼率"低的社区（村居）予以表彰奖励。同时建立对人民调解员矛盾纠纷化解数量的考核机制，努力实现"大事不出镇（街）""小事不出社区（村居）"，最大限度减少涉诉矛盾隐患。

3.建议构建多元解纷横向网络。积极构建职能部门、行业协会、群众团体横向调解网络，使其在立足各自职能基础上分别与法院建立矛盾纠纷调解联动机制。针对物业服务合同、金融纠纷等诉源治理案件，设立相应的诉源治理分中心，各分中心主动落实各自领域内矛盾纠纷化解责任。推进行业性调解组织和调解员队伍建设，进一步预防、减少、分流、化解矛

盾纠纷,尽可能消减诉源。

4.建议发挥矛调中心化解矛盾纠纷的合力。针对辖区出现的群体性纠纷,特别是物业服务合同、商品房销售合同等群体性案件,建议采取外地群体访案件处理方式,矛调中心发挥"桥头堡"作用,把各方召集起来,使横向、纵向多元解纷网络的调解力量均靠上、靠前做工作,各方参与、多元化解,合力促使当事人达成调解协议,法院再以司法确认的形式赋予强制力。这样处置具有灵活性,各方都能参与其中,避免了司法程序的烦琐性,也可以从源头上减少"万人成讼率"。

关于执行救助基金使用问题的调研报告

◇ 李明倩

一、执行救助基金设立的缘起及全国各地法院的实践和探索

李明倩，东营市垦利区
人民法院执行局法官助理。

（一）执行救助基金设立的缘起

执行救助基金是指案件在强制执行中，因被执行人下落不明或者当前确无履行能力，致使案件不能执行，而申请执行人无经济来源，生活极度困难时，给其一定的款项以解决生活急需的一种司法救助行为。

纵观"执行难"问题形成的根源，除了被执行人难找、被执行财产难寻、被执行财产难动等原因外，有近三分之一的执行案件无法执结是由于被执行人家庭困难，没有可供执行的财产，的确无履行能力所造成的。很多申请执行人因本身权益纠纷受到了伤害，经济已陷入困境，加之遇到被执行人无财产可供执行，往往因权益得不到兑现而心理失衡，导致多次上访，甚至作出以自杀相威胁的过激行为，从而给社会带来了不安定因素。为了缓和社会矛盾、维护社会稳定、促进社会和谐，最高法于 2007 年 1 月份出台了《关于为构建社会主义和谐社会提供司法保障的意见》，提出完善执行工作机制，加强执行工作，设立特困群体执行救助专项资金（简称执行救助基金），对确有困难的申请执行人给予一定的救助。

（二）全国各地法院司法救助制度的实践和探索

为了贯彻落实最高法的要求，全国不少法院结合自身工作实际和条件设立了执行救助基金制度。山东省淄博市中级人民法院从 2001 年 3 月起就开始探讨建立刑事被害人的补偿机制；北京市高级人民法院联合北京市民政局推出"解决执行难案件中困难人员生活救助问题的意见"；云南省高级人民法院制定了《云南省高级人民法院民事执行案件司法救助实施办法（试行）》，救助那些穷尽了一切执行手段仍不能及时有效地保护其合法权益的困难群体。这些探索和实践为建立涉诉特困群体执行救助制度提供了有力的借鉴。

二、设立执行救助基金的积极意义

西方法彦："正义不仅应当得到重视,还应当以人们看得见的方式加以实施。"法院的生效判决执行不了,无异于打了法律"白条",损害了法律的权威和人们对司法机关的信心。设立执行救助基金,有助于维护当事人的合法权益和促进社会和谐稳定,是人民法院的救济职能的深入体现。

一是可延伸司法救助制度,全方面体现司法为民。通过启动涉诉特困群体执行救助基金制度,可以使涉诉的生活无着落贫弱群体充分体会到党和政府的关爱。特别是对未纳入低保的弱势群体进行救助覆盖,从司法关怀的角度对遭受大病大灾的人进行再次补充救助,更能使陷入极度困境、精神上亟待抚慰、生活上亟待救助的当事人感受到司法的文明和人文的关怀。

二是可有效缓解"执行难",有力维护司法权威。通过实行执行救助,对执行不能的案件依法进行终结,对极度困难的申请执行人进行救助,实现了把解决"执行难"与解决因"执行难"而形成的弱势群体的困难的有机结合。

三是有利于涉诉信访案件的解决,促进和谐社会的构建。在当前的涉诉信访案件中,"求偿不能""求助无路"的执行案件占了相当大的比重。构筑一套较为完善的执行救助机制,对于缓解涉特困群体的生存危机,化解社会矛盾,促进社会效果和法律效果的和谐统一,建设"和谐司法"进而助推和谐社会建设大有益处。

四是增强司法的能动性和主动性,树立人民法院的亲民形象。法院实施执行救助基金制度,可以在一定程度上帮助申请执行人渡过难关,缓解被执行人的履行压力,消减双方对人民法院的不满和对立情绪,树立人民法院司法为民、亲民的良好形象。

五是体现司法的人文关怀。对历年执行积案、难案进行分析发现,有一部分涉及赡养费、道路交通事故损害赔偿、人身损害赔偿、刑事附带民事赔偿等执行案件,是由于被执行人服刑、下岗、重病、残疾,没有能力履行义务,才导致申请执行人的权利长期得不到实现,陷入生活、生产困境,成为社会弱势群体的。设立执行救助基金制度,不仅可以救助申请执行人,还可以间接救助被执行人,体现了司法的人文关怀。

三、执行救助基金的具体运作情况考察——以垦利法院为考察样本

(一)执行案件情况分析

通过行之有效的方法和手段,近年来垦利法院的执结率有所提高,未执结案件数逐步减少,"执行难"得到一定程度的缓解。但仍有一些特困申请人,因被执行人无履行能力导致案件无法执行,从而陷入更加窘迫的境地。虽然法院穷尽了一切执行手段,也采取了一些司法救助措施,但收效甚微。数据显示 2022 年垦利法院执行案件收案 1 571 件,其中执行不能案件 550 件,占收案总数的 35%,占比较大。

从我院受理的执行案件现状看,"执行难"问题主要集中在被执行人缺乏履行能力上,有的是因为被执行人已经死亡,有的是因为被执行人丧失履行债务的能力,也没有任何财产可供执行,法院一旦执行将遭遇"生存权"与"债权"的对抗。特别是刑事附带民事案件,不仅是申请执行人属于生活困难群体,被执行人也属于这一群体,被执行人大多已被判处实刑,入监进行劳动改造,其家庭条件一般较差,赔付能力较低,法院无论加大执行力度还是暂缓执行,均会引起当事人的强烈不满。

(二)执行救助基金设立后的具体运作——以垦利法院为例

在设立执行救助基金制度后,为了加强对资金的管理,充分发挥其救助的功能,法院应制定执行救助基金的管理办法,对执行救助基金的适用条件、资金来源、发放数额、发放程序及监管等作出规定,以保证执行救助基金制度的正常运作。

1. 执行救助基金的适用条件。

(1)案件性质条件。适用执行救助基金的案件应主要为三大类案件:一是追索赡养费、抚养费、抚育费、劳动报酬或经济补偿案件;二是道路交通事故损害赔偿、人身损害赔偿、工伤、医疗事故、刑事附带民事赔偿案件;三是其他若不采取紧急救助措施则易导致社会不安定因素的案件。这些案件有共同的特点:被执行人确无履行能力,申请执行人又极度贫困,无法维持当地最低生活标准,即双方都为特困群体,易导致社会不安定因素。适用执行救助基金的案件应严格限于第一、二类案件,对个别极特殊案件,才可以适用第三类的"其他"规定。

(2)申请执行人条件。适用执行救助基金的申请执行人必须为特困群体。那么,该如何界定特困群体呢?有些法院以申请执行人存在"特殊困难""生活困难""严重困难"为条件;有些法院以"生活贫困""无法正

常生活"为条件；也有的法院以申请执行人"极度贫困""十分贫困""家庭经济困难"为条件。这些条件虽然表达了适用执行救助基金的申请执行人须为特困群体的意思，但概念都比较模糊，没有一个量化标准，缺乏可操作性。目前，有的法院采用了"无法维持当地最低生活标准"为条件来界定特困群体，要求申请执行人在提出适用执行救助基金申请时出具其低于当地最低生活标准的相关证明材料。这一做法既为界定特困群体提供了一个量化标准，具有很强的可操作性，又为防止少数申请执行人恶意骗取执行救助基金提供了制度保障，有利于执行救助基金的规范管理，值得各法院借鉴和学习。

（3）被执行人条件。被执行人确无履行能力是适用执行救助基金的基本前提条件。如果被执行人有履行能力，法院只需加大执行力度，实现申请执行人的权利即可，就没有适用执行救助基金的必要。当然，被执行人确无履行能力应是实质上的无履行能力。这就要求，一方面申请执行人已无法提供被执行人的财产线索；另一方面法院已穷尽一切执行措施和方法，仍无法查寻到被执行人可供执行的财产。只要被执行人实质上确无履行能力，且符合其他必备条件，申请执行人就可以申请执行救助基金。至于被执行人为何种主体、因何原因导致确无履行能力则在所不问。因为如果对适用执行救助基金案件的被执行人的条件作出过多规定，必将极大地缩小和限制可以申请执行救助基金案件的数量，就会失去实施执行救助基金制度的初衷。

2. 执行救助基金的资金来源、发放金额及程序。

（1）垦利区人民法院于 2007 年建立特困申请执行人执行救助制度，并与垦利区委政法委员会、垦利区财政局联合制定了《垦利区涉特困群体执行案件救助专项经费使用管理办法》。

（2）救助资金为财政拨款，财政部门每年根据上一年度执行救助专款的使用情况，在余额的基础上补齐 10 万元。

（3）我院救助特困申请执行人的标准一般为：

① 未成年人，救助 1 500 元；

② 属于低保范围，救助 1 000 元；

③ 丧失生活能力，救助 2 000 元；

④ 身体残疾，救助 1 000 元。

对于确需提高救助标准的案件，由区法院研究确定，但最高救助额不得超过救助标准的两倍。确需超过两倍的必须报经财政部门审批。

（4）我院实施执行救助的程序为：

① 由符合申请特困救助条件的申请执行人提交《执行案件救助基金申请书》及当地居民户籍证明、低保证明、残疾证明和其他相关证明材料。

② 由案件承办人填写《垦利区涉特困群体执行案件救助专项经费审批表》及《申请执行案件救助专项经费的请示报告》。

③ 以上全部材料经院领导审批通过后交财政部门。

④ 财政部门审批通过并拨款后，由法院将救助金发放给申请人。

四、执行救助基金制度运作的瓶颈及其突破思路

【案例】我院执行的张某甲申请执行王某机动车交通事故责任纠纷案。2021 年 2 月，王某驾车时与驾驶摩托车载着妻子的张某发生交通事故，导致张某当场死亡。法院以交通肇事罪判处王某有期徒刑两年，赔偿张某的父亲张某甲各项费用共计 12 余万元。2022 年 1 月申请执行人张某甲等申请执行。经查被执行人王某尚在监狱接受改造，他仅有很小的一套住房，没有任何财产可供执行，法院执行非常难。但是申请执行人年老体弱，孙子需要上学，生活十分困难。申请执行人文化水平较低，不理解法院的执行困难，多次上访。我院为解决张某甲等人的实际困难，按照最高标准支付给其救助基金 15 000 元。但是从长远来看，这 15 000 元仅能解决当前问题，并不能从根本上解决申请执行人一家的后续生活需要。

（一）执行救助基金制度运作的瓶颈

1. 救助资金运行的非独立性。中央政法委 52 号文件要求设立专门的执行救助基金。依据《垦利区司法救助专项资金使用管理办法（试行）》的规定，执行救助基金和涉诉信访案件的处理资金一起纳入司法救助金的范围。当地区委、区政府之所以这样规定，可能是从司法工作的全局性考虑，但这种规定忽视了信访与执行救助的区别。在涉诉信访案件中，通过发放一定的救济金，使当事人出具息诉息访的承诺书合情合理。但执行救助以申请执行人出具结案报告为前提似乎不尽合理，因为毕竟执行结案报告具有法律效力，以后即使被执行人有执行能力，申请执行人也不能再要求执行。而且根据《垦利区人民法院关于〈垦利区司法救助专项资金使用管理办法（试行）〉的实施意见》的规定，"发放救助金后执行到位的款项优先补入该资金"，因发放执行救助基金的前提是当事人申请终结执行（实体终结），但矛盾在于，案件终结后无法继续执行。

2. 救助资金的短缺性。垦利法院每年受理的人身损害赔偿类案不

断增多,职工工资案件量也大幅上升,司法实践中需要救助的案件大量存在,每年 10 万元的司法救助基金在实践中运用起来总是捉襟见肘。

（二）突破的基本思路

1. 单独设立执行救助基金。执行救助的救济性质特点决定了其与涉法涉诉司法救助的区别,涉法涉诉司法救助可以要求当事人息诉,但执行救助要求当事人放弃其余执行请求则不尽合理。因此,不能将两者混为一谈。涉法涉诉司法救助可以纳入一般司法救助范畴,与缓、减、免诉讼费等措施构成一般意义上的司法救助。而执行救助则应独立出来,建立单独的执行救助制度。

2. 探索执行救助与社会救助的衔接。执行救助作为一次性的救助制度,其救助具有临时性。为了更好地解决当事人生活困难,有必要在执行救助时加强与社会救助的衔接,形成困难群众救助的长效机制。在执行救助过程中,应加强与民政部门、慈善机构的联系,使得生活困难当事人在城镇低保和慈善等方面获得救助,既解决当事人的燃眉之急,又在一定程度上对其未来生活提供最低保障。

3. 合力解决救助资金的不足。救助资金的不足是制约执行救助制度有效实施的瓶颈。因为救助案件的数量一般与当年受理案件数成正比,一成不变的救助金数额不能保障执行救助的有效实施,所以应在以同级政府拨款为执行救助基金主渠道的基础上,每年将法院上交的诉讼费以一定的比例返还法院并充实到救助基金中,使法院的救助基金有一定保障。当前各法院都规定执行救助基金可以接受社会捐赠,但事实上并没有几家法院接受过社会捐赠,该规定有名无实。实际上,社会捐赠属于社会救助的范畴,没有必要列入执行救助基金的范围。

法治营商环境下优化司法技术工作途径初探

——以打造司法技术服务共同体为视角

◇ 李 咏

习近平总书记指出,法治是最好的营商环境。人民法院是打造法治营商环境的参与者、推动者、践行者。司法技术工作作为法院工作的重要组成部分,对提升审执质效、优化法治化营商环境发挥着越来越重要的作用,理应为助力经济发展贡献高质量的司法技术服务。本文以分析问题—探究对策为主线,围绕法院技术室、审判庭、鉴定机构、行业协会等各部门职能作用的发挥,以打造司法技术服务共同体为视角,探讨优化司法技术工作的途径。

李咏,东营市东营经济技术开发区人民法院综合办公室(法警大队)副主任、立案庭(诉讼服务中心)二级法官助理。

一、司法技术工作现状

2005 年颁布的《全国人民代表大会常务委员会关于司法鉴定管理问题的决定》(以下简称《决定》)撤销了人民法院的自主鉴定权,建立了司法鉴定管理与使用主体的二元分离结构,使人民法院自此摆脱了社会对"自审自鉴"的质疑。2006 年最高人民法院下发了《最高人民法院关于地方各级人民法院设立司法技术辅助工作机构的通知》,初步确立了司法技术部门新的职能和职责。至此十余年间,人民法院司法技术工作内涵得到前所未有的深化,职责任务得到前所未有的丰富,发展空间得到前所未有的扩大,在人民法院审判执行工作中肩负起更大的责任,扮演起更加重要的角色,逐渐成为人民法院解决法庭科学问题和审查法庭科学证据的一项专门工作。

不断渐进的司法改革以及与之相生的职能深化和职责任务升华,使得司法技术工作人员的工作重点逐渐调整为对司法鉴定的审核和咨询、对外委托司法鉴定业务和对注射执行死刑的技术指导,当前愈来愈发展为以对外委托业务为主、技术咨询技术审核为辅的职责导向。但作为组织监督鉴定的法院司法技术部门更像是对外委托业务流水操作的程序

员,从组织选择专业机构到委托、组织鉴定或勘验,再到最终出具鉴定意见,司法技术工作的价值偏重地体现在对程序的参与和把控上,弱化了对鉴定意见的监督和审核。同时,因技术咨询和审核的详细操作细则尚无明文规定,亦未建立专门的咨询和审核备选名录,法官对于审判中涉及的专业问题,更习惯于口头向技术人员咨询并获取口头解释显得较为随意。当前司法鉴定机构存在"四大类""四大类外"之分,机构类别和数量较多,机构资质及人员水平良莠不齐,管理呈现多元化、复杂化状态,很多机构出具的鉴定意见科学性、准确性令人质疑,甚至出现无法采信的后果。上述种种现状给人民法院司法技术工作提出新的挑战。

二、当前司法技术工作存在的问题

1. 鉴定依赖、鉴定泛化问题。民事诉讼法第 79 条规定:"当事人可以就查明事实的专门性问题向人民法院申请鉴定。当事人申请鉴定的,由双方当事人协商确定具备资格的鉴定人;协商不成的,由人民法院指定。"由此可见,对于案件中的专门性问题是否需要鉴定,其决定权在于人民法院而非当事人,因此在当事人提出鉴定申请后,法院必须进行审查。

司法实践中,鉴定的启动带有一定的随意性、尝试性,对于当事人的鉴定申请,很多时候法官并未进行必要性、可行性分析,收到申请即移交委托。甚至对于可鉴可不鉴的事项,法官会引导、要求当事人提出鉴定申请,没有鉴定意见就无法判案的"鉴定依赖"一定程度地造成了鉴定泛化。尽管移交鉴定既缓解了案件审限压力,又为最终的"公正裁决"寻求了佐证,但是鉴定程序启动后,案件并不全然以出具鉴定意见而案结事了。尝试性鉴定引发了高退案率,根据笔者近三年对东营市两级法院委托鉴定案件的统计,近 10% 的案件在委托后退案。退案原因大多集中在以下几点:出于利益取舍及对判决结果的预判,当事人故意申请鉴定来拖延审理,委托后又因为不缴费或拒不提供鉴定必备检材而退案;鉴定费用高于案件标的,当事人权衡利弊、风险后各方和解或撤诉;因尚未达到鉴定时机、无法获取充分检材等不具备鉴定条件而退案。较高的委托退案率在一定程度上浪费了司法资源,干扰了正常的案件审理程序,也使司法技术工作的严谨性受到质疑。

2. 检材判定认证责任不清、存在以鉴代审情况。法院司法技术部门与审判部门是分工协作、分权制衡的关系。技术部门行使鉴定的委托和组织监督权,而审判部门行使的是鉴定的启动权、质证权、认证权。最高法印发的《关于人民法院民事诉讼中委托鉴定审查若干工作问题的规定》要求,未经法庭质证的材料(包括补充材料)不得作为鉴定材料。当事人无法联系、公告送达或当事人放弃质证的,鉴定材料应当经合议庭确认。对当事人有争议的材料,应当由人民法院予以认定,不得直接交由鉴定机构、鉴定人选用。

鉴定质证是必经程序,直接关系到鉴定结论的质量,甚至对整个案件的裁判结果及双方当事人对裁判结果的认可度均有重大影响。鉴定质证是认定鉴定材料的真实性、合法性、与鉴定的关联性,此项职责不能交由审判法官之外的人或部门行使。实践中,大部分案件当事人对提交的检材无法达成一致,审判法官将经过质证仍存在争议的检材全盘交由鉴定机构甄别,有的甚至未经质证即交由司法技术部门处理。专业机构面对"公说公有理,婆说婆有理"的证据检材无法越权作出事实认定,只得出具征求意见函征求审判庭意见,一来二去,案件时限耽搁在了检材质证上。此类问题尤其体现在建筑工程、医疗纠纷鉴定案件中,当事人囿于专业知识匮乏,往往难以对鉴定意见展开有效质证,鉴定意见决定着整个案件的责任认定和赔偿标准,"以鉴代审"现象可能异化司法审判职能,使审判活动失去独立性和公正性,法官成为鉴定人手中的"牵线木偶"。

3. 鉴定期限长,涉鉴定长期未结案件逐渐类型化,存在隐性超审限问题。鉴定期限一直是影响鉴定质效的首要问题,最高人民法院(以下简称最高法)《对外委托鉴定、评估、拍卖等工作管理规定》第 34 条规定:"专业机构一般应在接受委托后的 30 个工作日内完成工作,重大、疑难、复杂的案件在 60 个工作日内完成。"30 天、60 天是对鉴定时限的上限要求,全国各地法院均在这个标准范围内规定鉴定时限。超鉴定时限如同超审限,虽然法院在统计审限时可以扣除鉴定时间,但案件审理周期因鉴定时间长而延长容易引起部分当事人的猜疑,有的当事人甚至对法院失去信任而信访上访。超鉴定时限作为一种违反诉讼法规定的行为,不仅有违程序公正,还损害了人民法院的司法公正形象。

笔者分析了所在辖区最近 3 年的 1 100 件鉴定案件,发现超期限鉴定案件占比约 20%,案件类型多集中在产品质量鉴定、工程质量及工程造价鉴定、医疗损害鉴定、司法精神病鉴定、文件形成时间鉴定等,鉴定时间最长的达 10 个月,超时限鉴定案件"逐渐类型化"。同时,自 2019 年开始,全部司法鉴定案件在网上运行,实行节点管控,系统中显示的机构平均鉴定时效往往不到 30 天,也就是鉴定机构从真正分析数据到出具结论的实

际鉴定时间不会超过 30 天（补充材料、现场勘验等不计入鉴定时效），但如果加上通知送达、当事人缴费、补充材料、现场勘验、初稿送达及提出异议、答复等时间，一个案件总的办理时间可能需要 60 天甚至更长。这些"非鉴定用时"耗费了大量鉴定时长，造成的"隐性超审限问题"大大降低了案件办理的整体质效。

4. 技术咨询、技术审核弱化，未发挥应有职能。在司法技术辅助工作实践中，笔者深有感触的是，技术咨询和技术审核是诉讼审判过程中不可或缺的程序。随着社会发展，技术咨询、技术审核的范围越来越广，除常见的法医、文检、评估、审计、工程造价等，又增添了计算机技术应用、文物古玩鉴定等。2007 年 8 月 23 日，最高法印发了《技术咨询、技术审核工作管理规定》，对下级法院的相关工作具有一定的指导作用，但该规定没有进一步细化技术咨询、技术审核工作流程。当前对技术咨询、技术审核工作的价值定位和咨询审核意见的效力一直存在争议，使得主审法官在遇到专业问题需要进行科学辅助审查时，更倾向于口头向技术部门咨询，由技术部门进行口头解释或简单地写个书面意见，程序上显得极不严谨。

司法鉴定体制改革后，很多法院的司法技术队伍进行了调整。有的法院目前撤销了独立编制的司法技术部门，技术室由立案庭或办公室兼管；有的法院司法技术人员没有技术职称，职业身份不明确；有的法院甚至没有司法技术人员，司法技术队伍面临严重缺失及断层问题，无从开展技术咨询、技术审核工作。

技术咨询、技术审核的实质是对专门性问题提出咨询审核意见或建议。司法技术人员提出的个人意见不对外公开，只能作为审判的参考性依据，不能作为定案依据，因此法官更倾向于通过启动或重新启动司法鉴定程序解决纠纷。长此以往，司法技术部门的技术咨询、技术审核职能逐渐弱化，委托司法鉴定机构解决法庭科学争议的做法日渐增多。

5. 鉴审脱节、衔接断层、沟通不畅。最高法司法鉴定体制改革进一步确立了审鉴分立制度，司法辅助工作实行归口负责、专人负责和程序管理。为建立公正、中立的司法鉴定程序规范，优化利用社会鉴定资源，有些法院还创新建立了人民法院鉴定人名册制度。然而，审鉴分立并不意味着"鉴审脱节"，委托专业机构鉴定也并不是"委而不管"，司法技术部门在对外委托鉴定活动中还应承担组织者和监督者的角色，要主持和主导委托鉴定的全过程。

一个司法鉴定案件的办理，需要审判部门、司法技术部门、专业机构

三方主体的协作配合、沟通衔接,任何一个节点的迟滞都会影响案件质效。实践中,审判法官往往疏于对于鉴定事项做可行性、必要性分析,当事人提出的鉴定事项也形形色色、模棱两可。委托事项一经移交技术室,审判法官便将该案暂时搁置而忙于其他案件。技术室更多时候承担"二传手"角色,负责通知当事人选择机构,在选定机构委托后就坐等鉴定结论并反馈给审判。专业机构接受委托后,按照规定应该及时向法院汇报鉴定方案、明确鉴定人,但实践中能积极主动地联系法院并提交鉴定方案的机构却少之又少。有的机构在出具结论前才主动联系委托法院,而且出具的鉴定意见通篇专业术语、晦涩难懂,引起了当事人的不认可、不满意。三方主体各自忙于各自事务,缺少必要的沟通、衔接,必然造成最后案结不能事了,定分不能止争。

6. 鉴定机构良莠不齐,统筹管理不足。2005年发布的《全国人民代表大会常务委员会关于司法鉴定管理问题的决定》首次确定司法鉴定类别包括:法医类鉴定、物证类鉴定、声像资料鉴定。2015年,"两高"、司法部出台《关于将环境损害司法鉴定纳入统一登记管理范围的通知》,将传统的"三大类"鉴定项目扩充为"法医、物证、声像资料、环境损害"四大类。目前纳入统一司法鉴定登记管理范围的仅限"四大类"机构,一些社会通用性较强的事项(如工程质量及造价、产品质量、会计审计、资产评估)的鉴定机构并没有被纳入司法鉴定统一登记管理范围。但这些事项的鉴定需求却大量存在,涉及这些业务的鉴定机构数量甚至有超越"四大类"机构数量的趋势。

当前,司法行政机关已对"四大类"鉴定机构进行了实质化管理,对"四大类"外比较成熟的建设工程类、会计审计机构,在借助行业协会力量的基础上也近乎实现了实质化管理。但司法需求更多的"四大类"外机构,因没有统一的准入和退出标准,出现了数量与日递增但水平良莠不齐的现象。有的机构没有正规的办公场所,人员挂靠,出具的鉴定意见模棱两可,避难就易,让法官很难理解,亦难辨真伪;有的机构"挑肥拣瘦""避重就轻",面对无利可赚的案件,无故不接受委托或以超出其技术条件和技术能力为由随意退案。机构统筹管理的缺位让法院司法技术服务陷入被动状态,严重影响了司法鉴定工作的顺利进行。

三、打造司法技术服务共同体,优化司法技术工作

司法技术工作是一项科学实证活动,是与审判执行工作联系最紧密、提供专业技术保障最直接的一环,也是人民法院工作中的重要组成部分。坚持以能动司法技术服务为牵引,完善和发展"法院－专业机构－主管部门/行业协会"为一体的司法技术服务体系,是实现司法理念现代化的必然选择,也是司法技术工作助力优化法治营商环境的重要举措。

1.提高站位,统一认识,建立多层级服务协作机制。作为司法技术工作的参与者,法院各部门、鉴定机构、主管部门/行业协会在各环节发挥着不可或缺的作用,任何一个环节的弱化都会影响整项工作质效的提升。法院是司法技术工作主体,是司法委托、技术咨询、技术审核的发起者,也是沟通鉴定机构、行业协会的中枢。鉴定机构是司法委托任务的主要承担者,其出具的鉴定结论直接影响法官的裁判结果,更关系到当事人的合法权益,是司法技术工作的关键一环。主管部门或行业协会是规范、管理鉴定机构从业行为的责任部门,负责建立行业标准和规范体系,解决行业技术难题,对于提升行业技术水平和服务质量发挥着至关重要的引领作用。

法院应发挥司法技术工作的主体作用,加强与鉴定机构、主管部门或行业协会等部门之间的沟通协作,将思想认识统一到提升技术工作质效、满足群众技术鉴定需求的宗旨上来。通过召开座谈会、联席会议,开展调研等方式,探索建立畅通各部门之间沟通协调的工作机制,打通影响质效的部门壁垒。省高院可强化与省司法行政、住建、卫健委、医学会等省级有关鉴定行业主管部门或行业协会的沟通联系,各中院也要加强与当地行业主管部门或行业协会的横向联系,加大协作力度,开展鉴定机构鉴定人规范执业、行业自律、权利保障和监督管理等方面的交流探讨和信息共享,建立协同配合的工作格局,形成管理合力,督促机构配强鉴定力量、加快鉴定进程、提升鉴定质效。

2.权责明确,强化协同,司法技术与审判执行全方位融合。司法技术工作的实质是人民法院因公正与效率和内部权力制衡的需要而进行的内部分工,司法鉴定的启动、质证采信权由审判庭行使,而委托、组织监督权统一由技术室行使。首先,各级法院应出台相关细则,健全审判庭启动鉴定的科学审查机制,从制度上进行规范,加强对委托鉴定的必要性、可行性审查,从源头上严控不必要鉴定、重复鉴定。面对鉴定过程中的检材不充分、检材争议等问题,审判部门应及时通知当事人在限定的时限内补充,并对有争议的鉴定材料及时作出认定,避免因检材不完备而延误鉴定时限。其次,司法技术部门要充分发挥职能作用,主动对审判庭决定鉴定的事项进行审核,发现不属于专业技术问题或可鉴可不鉴问题及时与承办法官沟通,必要时可协助法官做好解释、调解工作。与此同时,技术室应能动地发挥上传下达的桥梁职能,建立畅通鉴定全过程的协作机制,尤其针对某些案件鉴定人不清楚鉴定意图的情况,建立"鉴前听证制度",案件当事人、审判庭、鉴定机构、技术室四方面对面地进行听证沟通,让机构了解真实鉴定意图,有效解决司法技术和审判执行不沟通、"两张皮"的问题。鉴定过程中,技术室也应积极与审判庭、专业机构联系,跟进鉴定进展,协调解决鉴定过程中发现的难题,避免"鉴审脱节"问题,全力促进司法技术工作与审判执行全方位融合。

3. 节点管控,缩减非鉴定用时,提升办理便捷度、满意度。自 2019 年全国法院应用对外委托鉴定系统以来,司法委托案件办理质效大幅提升,评估鉴定各流程节点均在线上体现,超期鉴定现象得到大幅改善。但随着系统的深入应用,经分析各类案件办理期限,笔者发现,专业机构真正分析检材、核算数据、得出结论的纯鉴定用时并不会超期,但如果加上法院送达、当事人缴费、补充材料、现场勘验、初稿送达、提出异议、答复等时间,一个案件总的办理时间可能需要 60 天甚至更长。这些非鉴定用时占据了大部分鉴定时限,是引发超期鉴定的主要原因。

因此依托对外委托鉴定系统的信息化应用,进一步强化关键节点管控,缩短非鉴定用时,是提升案件办理速度、增强群众满意度的最佳途径。各级法院应在已有评估鉴定流程基础上,结合自身工作实际,制定了更加完整、精细化的流程指引。尤其对各节点期限进行量化,明确规定当事人缴费、补充材料、提出异议、法官联系鉴定机构、送达鉴定回函及安排开庭等各节点的具体时限,并明确提示审判人员在鉴定报告出具后应当向当事人履行释明等义务,实现评估鉴定在"启动—委托—报告—异议—开庭"全流程中闭环管理,环环相扣,有序衔接。

4. 相互补充,共同发挥技术咨询、技术审核的支持作用。司法技术工作实践中,技术咨询和技术审核是诉讼审判过程中不可缺少的程序。技术咨询相对技术审核来说解决的是一般性的技术问题,其方式简便、程序灵活、内容简单。技术审核主要解决鉴定结论、检验报告、勘察记录、会计资料等技术性证据的科学性、客观性、关联性、合法性及可采性问题,程序

较为严格、内容较为复杂。

各级法院应在最高法《技术咨询、技术审核工作管理规定》的基础上尽快细化规范操作办法,从档案移动、受理、咨询、审核范围、文书格式、内容要求、结论术语、文书审核效力、技术咨询审核工作纪律、法律监督等方面作出明确规定,使工作有章可循,改变电话、口头咨询的随意现状。

有条件的法院要整合司法技术力量,注重培养和储备人民法院内部技术型人才,加强对司法技术工作人员的培训,提高技术咨询、审核工作的质量,充分发挥好技术人员对审判工作的辅助作用。同时要充分利用技术室"专家库"的外脑优势,对于案件标的不大、司法鉴定时间过长的案件,经当事人申请或合议庭决定,可以在庭审中就专业问题邀请"专家咨询人"出庭提供帮助,协助查清专业问题,以减轻当事人的诉讼成本,提高案件审理效率。

5. 加强立法,统筹管理,优化专业机构执业环境。任何一项改革都是循序渐进、逐步推进的,建立健全以行政管理为主、行业管理为辅的司法鉴定管理体制,尽快立法规范鉴定机构统筹管理,不失为当前解决机构管理多元化、复杂化的有效路径。笔者建议制定《司法鉴定法》,统筹管理各类鉴定机构。

一是明确"四大类"外鉴定机构的范围,尽早将比较成熟的司法会计、电子数据、建筑工程、资产评估、价格评估、产品质量鉴定等项目纳入统一管理范畴,再逐步根据需要扩大类别范围;二是立法明确各类机构的准入条件,细化考评、退出机制,尤其建立对"四大类"外机构投诉问题的协调处理机制,惩处机构不良行为,规范行业执业环境;三是人民法院加强对专业机构的诉讼管理,建立"日常管理 + 个案管理 + 年审考核"的动态管理模式,尤其借助"人民法院对外委托鉴定系统",突出个案管理,多角度对备案机构逐案打分考评,对得分较低的机构,采取约谈、暂停委托以及列入黑名单等措施,倒逼其提高自身服务水平,以适应审判工作对司法鉴定的需求。

6. 多方借力,积极发挥各类专业协会在诉源治理中的解纷作用。要想完善以行业管理为辅的司法鉴定管理模式,就要充分发挥司法鉴定行业协会的职能作用。行业协会可对司法鉴定的相关技术标准和技术规范进行修改和完善,制定司法鉴定执业指引,有效解决由于无标准或标准不统一导致的各种问题。司法实践中,法院应加强与各类别行业协会的沟通联系,对特别疑难、复杂、特殊的技术问题及有较大争议的鉴定案件,可发函商请协会释疑解惑,并借此机会细化行业规范。

要充分发挥各类专业协会在纠纷多元化解机制中的积极作用。对于较成熟的会计审计、工程造价、资产评估等行业,可借助协会力量,组建各行业专家库,依当事人申请,引入诉前调解机制,由专家对诉争事实从专业角度进行分析、阐释,促成当事人达成和解以降低鉴定率。将司法技术支持由之前的诉中提前到诉前,实现诉前、诉中、诉后的司法技术支持服务全领域覆盖。

司法技术工作作为法院工作的重要组成部分,今后将在优化营商环境、助力经济高质量发展方面发挥越来越重要的作用。以法院为核心、以主管部门、行业协会和机构代表为支持配合的司法技术服务共同体,必须牢固树立服务中心、服务大局思想,充分发挥各自优势,在聚焦提高司法技术服务水平、增强人民群众司法满意度和获得感上努力贡献自己的力量。

帮信罪现状及源头治理的初步探讨

◇ 赵 岳

赵岳,东营市垦利区人民法院刑事审判庭法官助理。

内容提要 自 2015 年帮助信息网络犯罪活动罪(以下简称帮信罪)设立以来,我国帮信罪涉案数量迅速增加,涉案人员数量和金额规模庞大,已成为信息网络犯罪中的重要一环,严重危害了人民群众的生命财产安全。新时代我国高质量发展和"平安中国"的建设,对帮信罪行为的治理提出了新的要求。本文基于系统视角,以帮信罪为研究对象,结合定量分析和定性分析方法,分析我国帮信罪行为时空分布、涉案人群等特征,进而从源头治理角度提出对策。未来我国在帮信罪治理过程中,更应注重对重点人群、重点领域、重点手段和重点环节的有序管制,提升对帮信罪的综合治理水平,进而应对新形势下日渐突出的信息网络犯罪形势,维护网络安全,保障社会稳定和人民幸福生活。

关键词 帮信罪 互联网 电信诈骗 年轻化

近年来,随着科技的进步和经济的发展,我国互联网也迅速发展。互联网尤其是移动互联网的普及为居民的工作和生活提供了便利,极大提高了社会的运行效率和人民的生活质量。与此同时,互联网的发展给违法犯罪提供了新型作案手段,信息网络犯罪也随之变得愈发严重起来。信息网络犯罪频发背后,离不开日渐增长、形式各异的"帮助行为"的推波助澜。

为打击信息网络犯罪背后的各种"助力",2015 年颁布的《刑法修正案(九)》增设了帮信罪,此后帮信罪也逐渐成为刑事案件中的高发罪名。最高人民检察院网站的相关数据显示,2021 年全国检察机关以帮信罪共起诉 129 297 人,该罪已成为各类刑事犯罪中起诉人数排名第三多的罪名;2017～2021 年间,帮信罪的案件量在全国涉信息网络犯罪案件中

的占比为 23.76%,排名第二;2022 年 1～9 月期间,以帮信罪被起诉的有 92 576 人。自帮信罪设立以来,涉及案件频发,案件数量迅速增长,涉案人员众多,涉案金额规模庞大,已经成为危害我国网络安全和社会秩序的重要因素,严重阻碍了我国的高质量发展,成为社会范围内亟须治理的一个重要问题。

因此,以帮信罪为主要研究对象,厘清帮信罪的具体内涵和认定范围,从实际数据和案例出发分析近年来我国帮信罪的特征,进而基于系统全局视角,分析帮信罪治理过程中各环节存在的问题,并提出相应的综合治理对策,对防范治理帮信罪、打击信息网络犯罪具有积极且重要的现实意义。

一、帮信罪的内涵和认定

为应对新时代背景下日益增加的信息网络犯罪行为,遏制信息网络犯罪帮助行为,2015 年《刑法修正案(九)》增设帮信罪,并于 2015 年 11 月 1 日开始施行。帮信罪主要指行为人明知他人利用信息网络实施犯罪,而为其犯罪提供互联网接入、服务器托管、网络存储、通信传输等技术支持,或者提供广告推广、支付结算等帮助的犯罪行为。2019 年 11 月 1 日起施行的《最高人民法院、最高人民检察院关于办理非法利用信息网络、帮助信息网络犯罪活动等刑事案件适用法律若干问题的解释》明确了帮信罪的"明知推定""情节严重"及其他有关认定标准,列举了典型的帮信罪行为,为司法实务部门提供了具体的参考。2021 年 6 月 17 日起施行的《最高人民法院、最高人民检察院、公安部关于办理电信网络诈骗等刑事案件适用法律若干问题的意见》也进一步丰富了相关内容。

帮信罪的认定具有以下特点。帮信罪的客观行为指的是为利用信息网络实施犯罪的人提供帮助的行为。其犯罪主体以自然人为主,同时单位也可构成犯罪。主观方面,帮信罪要求为"故意",且要求行为人对他人的网络犯罪行为具有主观"明知"。虽然帮信罪属于帮助犯罪,但是构成帮信罪并不以上游犯罪成立为前提,即帮助者本身的帮助行为已经构成犯罪,上游犯罪是否成立、是否存在免责事由都不会影响帮信罪的认定。

当前,关于帮信罪的认定和量刑仍存在一定争议,主要集中于两方面。第一,帮信罪是否属于帮助行为的正犯化,是否对罪行认定和量刑产

生较大影响。当前理论和实务多数反映出帮信罪能够单独立罪,是对帮助行为的正犯化,但不完全违背共犯从属性原则。第二是"明知推定",实务中多数司法机关认可"可能知道"这一较低的证明标准,即不需要证明帮助者知晓被帮助者的具体犯罪为何,只要证明帮助者知晓自己可能协助了犯罪活动,本罪的主观要件即满足,但笔者认为综合认定规则将更利于对帮信罪的认定。

二、帮信罪的特征分析

本文主要以 2017～2022 年为研究区间,以帮信罪为研究对象,在搜索中国裁判文书网、最高人民检察院网站、元典智库案例研判系统,阅读相关文献后,对相关案件数据进行了梳理和分析,得到帮信罪案件的部分特征。

(一)帮信罪案件的时空分布特征

涉帮信罪案件的时空分布特征能反映犯罪行为的发展趋势和演变,对帮信罪行为的分析和治理具有重要意义。搜集帮信罪案件数据并采取横向、纵向相结合的分析方法,发现帮信罪行为的时空分布具有鲜明特征,近年来呈现出案件数量快速增长,涉案地区广泛而案件分布较为集中的特征。

以年份为尺度,对涉帮信罪案件进行纵向分析。从涉案人数看,根据最高人民检察院网站的相关数据,2018～2021 年期间,全国检察机关起诉帮信罪的人数分别为 137 人、499 人、13 673 人和 129 297 人,2022年上半年起诉人数为 6.4 万人,如图 1 所示。

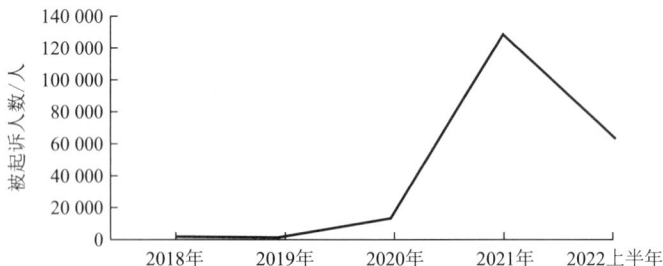

图 1　全国检察机关以帮信罪起诉人数(数据来源:最高人民检察院网站)

据元典智库案例研判系统统计,2017～2022 年间,全国帮信罪案件裁判数量分别为 27 件、92 件、248 件、7 180 件、56 743 件和 13 359 件,如

图 2 所示。由图 2 可发现,2017～2021 年期间,我国涉及帮信罪的案件数量增速迅猛,2021 年相关案件数量达 2017 年的 2 000 余倍,2021 年帮信罪案件在涉网络信息犯罪案件中的占比超过 50%,成为网络信息犯罪中最多的案件。而 2022 年涉帮信罪案件数量较 2021 年出现明显下降,说明 2020 年"断卡行动"等信息网络犯罪治理行动对帮信罪行为形成了严重打击,治理成效显著。然而,案件数量仍处于高位,涉案人数仍居高不下,单个案件涉及人数更多,共同犯罪案件增多,说明随着互联网技术的不断发展,帮信罪在一定程度上呈现出更加复杂的态势,未来仍需对帮信罪予以高度重视和系统治理。

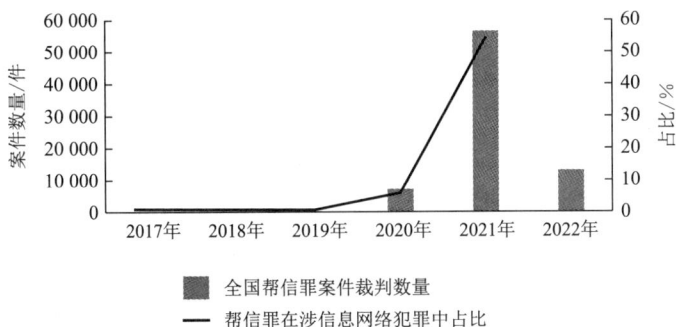

图 2　全国帮信罪案件裁判数量及其在涉网络信息犯罪案件中的占比

（数据来源:元典智库）

以省级行政区为尺度,对涉帮信罪案件进行横向分析。笔者通过查询元典智库案例研判系统得到 2017～2022 年及 2021 年、2022 年我国帮信罪主要地域分布图,分别如图 3、图 4 和图 5 所示。

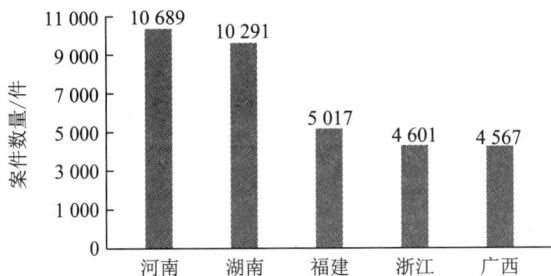

图 3　2017～2022 年我国帮信罪主要地域分布图

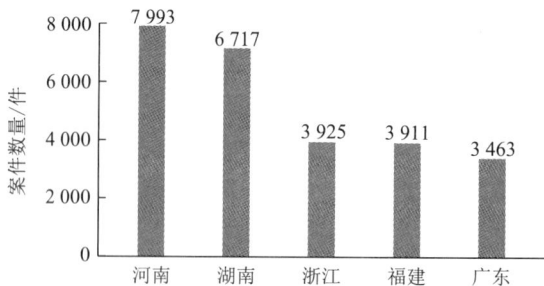

图 4　2021 年我国帮信罪主要地域分布图

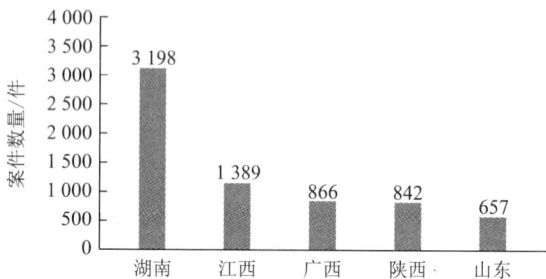

图 5　2022 年我国帮信罪主要地域分布图

根据相关数据可得,2017～2022 年期间,涉帮信罪案件地区分布较为广泛,31 个省、市、自治区内均有发生。涉帮信罪案件主要分布于我国中部地区和东南部沿海地区,如河南、湖南、福建、浙江、广西等地,与互联网产业发达地区和电信诈骗分布地区存在一定程度重合,反映出帮信罪作为一种信息网络犯罪与诈骗罪等犯罪行为具有高度的相关性。根据 2022 年帮信罪主要地域分布数据,河南省相关案件大幅下降,说明该省帮信罪治理卓有成效,而湖南、江西、广西等地案件数量仍较多。我国帮信罪案件状况逐渐改善,但部分重点地区帮信罪治理方式需进一步改善,治理力度需进一步提高,治理能力需进一步提升。

(二)案由分布特征(案件关联特征)

从涉帮信罪案件案由分布来看,帮信罪作为其他犯罪行为的帮助犯罪和下游犯罪,一方面表现出了与其他信息网络犯罪行为尤其是上下游犯罪行为间的极强关联性特征,另一方面又具有其自身的鲜明特征,即无须认定上游犯罪即可进行裁定。在 2017～2022 年的信息网络犯罪案件中 95.97% 的案件案由为帮信罪(图 6),同时其他案由主要涉及掩饰、隐瞒犯罪所得罪等罪名。此外,将图 3 与我国电信诈骗罪等相关案件的地域分布情况做对比发现,两者均在河南省、浙江省、福建省、湖南省等地高发,进一步反映出帮信罪的帮罪犯属性,体现出其与电信诈骗等其他信息网络犯罪行为诈骗罪高度关联。

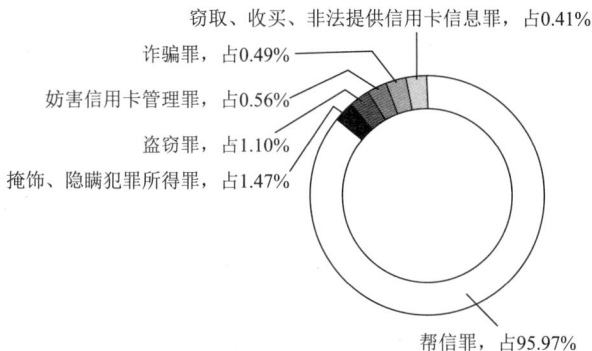

窃取、收买、非法提供信用卡信息罪,占0.41%
诈骗罪,占0.49%
妨害信用卡管理罪,占0.56%
盗窃罪,占1.10%
掩饰、隐瞒犯罪所得罪,占1.47%
帮信罪,占95.97%

图 6　2017～2022 年信息网络犯罪案由分布

（三）帮信罪涉案人群特征

如图 7 所示,中国司法大数据研究院正式对外发布的《涉信息网络犯罪特点和趋势(2017.1～2021.12)司法大数据专题报告》显示,2017～2022 年期间,近 90％帮信罪被告人年龄在 18～39 岁之间,青年人群成为帮信罪的高发群体,在校学生、刚进入工作的人群成为帮信罪的"主力"。

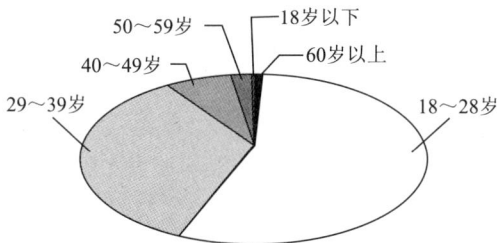

50～59岁　18岁以下
40～49岁　60岁以上
29～39岁　18～28岁

图 7　2017—2021 年我国帮信罪被告人年龄分布

从涉案人员学历和职业看,低学历群体占据多数。根据最高人民检察院公布的数据,在 2022 年上半年起诉的案件中,66.3％的帮信罪被告人为初中以下学历,52.4％帮信罪被告人为无业人员。有学者基于大量帮信罪相关有效判决书研究发现,本科以及以下学历人群为帮信罪重灾区,尤其是初中以下学历人群更是帮信罪的高发人群;也有部分被告人具有稳

定的工作,即担任公司法定代表人、部门总监或公司职员;而大学本科以上学历、民营企业尤其是科技公司收入较高者涉案人数持续增加,犯罪行为主要表现为开发软件、提供技术支持。总之,涉案人群呈现出日益多样化的趋势。

从涉案人员以往犯罪情况看,被起诉人员中近90%没有犯罪前科,系初犯。有刑事处罚前科被告人占比较低。

综上,帮信罪涉案人群主要包括以下三种:一是在校学生,由于较少接触社会,缺乏阅历,同时法律观念和自我保护意识相对淡薄,容易受到不法分子蛊惑,轻信不法分子谎言,或被利益打动,参与出售、转卖、出租银行卡等行为,为上游犯罪活动提供支付清算渠道,进而构成帮信罪,这也反映出帮信罪门槛较低的特征;二是科技公司尤其是互联网公司从业者,参与相关软件编写或其他技术服务,为上游犯罪行为提供相关技术支持,进而构成帮信罪;三是金融行业或通信行业从业者,利用职务之便或内部特权,办理大量不记名、非实名银行卡或电话卡,为其他信息网络犯罪提供了作案工具,进而构成帮信罪。

(四)帮信罪涉案领域特征

我国数量庞大的涉帮信罪案件涉及的领域众多,既包括工作过程,也包括招聘、实习、兼职等领域。青年人群是帮信罪的高发群体,尤其是在校学生和待业青年,更是长期成为帮信罪的主要犯罪群体,其背后反映的招聘、实习、兼职等领域内的帮信罪问题已成为值得关注的重要问题。现有案例统计分析发现,部分网络招聘平台存在监管缺位等情况,如忽视对招聘企业相关工商信息、资质信息及招聘信息的审核,导致部分求职者掉进陷阱,配合相关企业或个人的违法行为,在无意中构成帮信罪。还有部分学校管理不严格,监督缺位,在组织实习或发布就业指导、校内就业信息时未能对相关企业单位或个人进行严格审核,最终导致学生在实习、就业中被骗,参与信息网络犯罪的上下游犯罪过程,甚至直接参与信息网络违法犯罪活动,最终触及帮信罪。

(五)帮信罪媒介工具特征

帮信罪的行为方式和作案手段(图8)主要包括支付清算、技术支持、广告推广及其他形式的各项帮助。其中,《涉信息网络犯罪特点和趋势(2017.1～2021.12)司法大数据专题报告》显示,帮信罪作案手段多样,其中超过半数案件的作案手段为提供支付结算帮助。有学者对与帮信罪有关的1 081份判决书进行分析,同样发现提供支付结算帮助行为的被告人

占比超过 50%,提供技术支持的被告人占比近 30%。

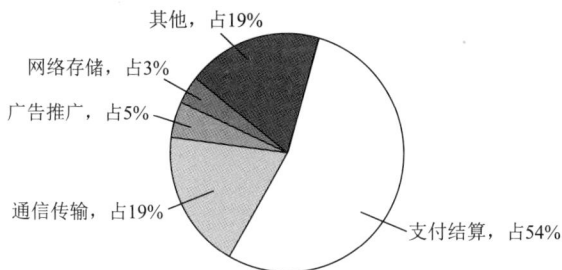

图 8　2017～2021 年帮信罪主要作案手段

帮信罪行为作为一种帮助犯罪行为,主要与上游信息网络犯罪尤其是电信网络诈骗、网络赌博等违法犯罪行为高度关联。现实案例中主要有以下几种作案手段和行为方式:第一,非法注册大量不记名电话卡,出售、转卖、出租电话卡和银行卡等,帮助提款转账,或帮助犯罪分子套现,为其他违法犯罪行为提供支付结算帮助等行为;第二,通过自身技术能力或其他方式手段提供、出售、出租、转卖专业设备、技术支持等,如提供批量注册相关软件、GOIP 设备(虚拟拨号设备)等,导致犯罪行为数量增加或犯罪行为更为便利;第三,通过自身技术能力或其他方式手段,开发应用于违法犯罪行为的黑产软件,如秒拨 IP(国际互联网协议)等,逃脱运营商和法律的监管。

三、帮信罪的源头治理

帮信罪案件激增背后,折射出一些社会治理特别是网络治理问题,部分相关问题还较为突出,需要加强源头管控、前端预防、协同治理。要想从根本上改善我国帮信罪高发的现状,就要努力做到从"治罪"到"治理",尤其是坚持源头治理。基于我国帮信罪案件规模数量庞大、涉案人数众多且多为初犯等特征,我国应基于系统全局视角,对帮信罪进行积极的源头治理,杜绝为其他信息网络犯罪提供帮助行为进而触犯帮信罪。本文以源头治理为视角,提出以下对策建议:

1. 提高犯罪成本,削减犯罪动机,控制帮信罪总体数量。只有针对帮信罪犯罪动机发力,才能真正从源头上控制帮信罪案件的数量。从犯罪经济学角度分析帮信罪的动机,犯罪收益大于犯罪成本是导致帮信罪的根本原因,追求物质利益是帮信罪的深层动机,帮信罪行为人付出的直接

成本和间接成本均处于较低水平。因此,提高帮信罪的惩罚金额是削减帮信罪动机、控制帮信罪源头的重要方式。应通过进一步完善法律法规,保持高压态势,严格执法,提高司法办案能力,加大对帮信罪的打击力度,提高其犯罪成本,进而减少帮信罪源头人数。

2. 坚持诉源治理,关注重点区域,开展专项整治行动。我国中部地区和东南部沿海地区是帮信罪的高发地区。应进一步加强诉源治理,各地区之间建立帮信罪信息互通机制,积极学习河南等地的治理经验;针对帮信罪发生的重点区域,开展专项整治行动,加强对相关违法犯罪行为的宣传和科普,增进当地群众的法律意识,同时做到及早发现、及时处理相关信息网络犯罪行为,避免人民群众触及帮信罪或减小帮信罪涉案规模。

3. 针对重点人群和重点领域进行宣传教育。大学生、无业青年等群体是帮信罪的主要群体,这些人群往往缺乏社会生活经验,易被不法分子蛊惑,唯有切实提高其守法意识和防范意识,才能从源头减少帮信罪的犯案人数。因此,要大力宣传帮信罪的各种形式和危害,让更多人做到知法懂法进而守法。可以与高校思政、保卫部门合作,通过开展讲座、在学校张贴海报、学生群转发案例等方式,提高在校学生的法律意识和防范意识,避免因不法分子引诱而不小心触犯帮信罪。

4. 关注重点领域,协同重要平台共同治理。帮信罪呈现出在多个领域范围内发展的态势,尤其是招聘求职领域、金融领域和互联网领域。应协同银行、电子支付企业加强对个人银行账户及电子支付账户的监管,进行风险控制,从技术上减少银行、支付账户的买卖,切断提供支付结算帮助犯罪的手段;协同招聘互联网平台企业,加强对相关企业或个人执照、资质等方面的审核和监管,切断其他违法犯罪或诱骗导致帮信罪的源头;协同运营商等,清理非法改号软件,及时禁用高风险接入点,断绝其与人民群众的接触进而控制帮信罪源头。

5. 针对作案手段,进一步加强对设备工具的源头管理。部分通信设备和工具由于在生产、销售、使用等环节缺乏必要的规范,同时流通环节缺乏相应监管,容易被用于违法犯罪。金融领域内,部分人员以对公账户为违法犯罪分子提供买卖交易、收款转账、取款提现等支持。因此,要加强对设备工具的源头管理,规范相关工具设备的生产、销售等环节,并对流通环节加强监管力度,做到设备流向留痕,避免其被用于犯罪行为;加强对相关支付工具的监管力度,加强户主人脸识别、大额转入转出审核等。

6.打击上游违法犯罪行为,控制帮信罪源头。帮信罪是一种帮助犯罪,而其他违法犯罪行为则是帮信罪的源头。当前我国信息网络犯罪呈现出全链条、多元化的特征,帮信罪的地域分布也显示出与其他信息网络犯罪较强的关联性。唯有加大对上游违法犯罪的打击力度,才能真正断绝导致帮信罪的源头。

法学论坛

破产重整投资人违约认定及变更路径分析

◇ 韩丰收

韩丰收，东营市广饶县人民法院机关党委专职副书记、民三团队负责人。

内容提要 根据我国企业破产法的规定，如果投资人违约放弃投资，导致重整计划无法执行，就只能宣告债务人破产，由破产重整程序转为清算程序。虽然《全国法院破产审判工作会议纪要》规定了重整计划变更的适用条件及情形，但并未明确投资人放弃投资及严重违约的情形。本文对司法实践中重整投资人违约暴露的问题做了梳理和分析，重点从实务层面探究变更重整计划投资人的救济途径与救济机制，从而维持拯救困境企业、保护债权人利益最大化及破产重整效率之间平衡，促进法治化营商环境优化。

关键词 重整计划执行 投资人变更 重整效率

2018～2022年全国各级法院审结破产重整案件2 801件。破产重整对促进生产要素优化组合和企业转型升级，让企业重新焕发生机活力，具有显著的优势。在各地法院的破产重整实践中，投资人在重整计划执行过程中违约或者放弃投资的情形屡见不鲜。而企业破产法关于重整计划的执行仅有6条规定，系第89～94条。根据企业破产法相关规定，法院在批准重整计划的同时，终止重整程序，但从某种意义上讲，重整计划的执行才是破产企业真正重整的开始，它直接决定了困境中的企业最终可否拯救成功，债权人的清偿利益可否得到保障。然而，根据企业破产法的规定，在重整计划执行过程中，如果投资人放弃投资导致重整计划无法执行，就只能转为清算程序并宣告债务人破产。显然，这种操作提高了破产程序的效率，但是没有实现破产程序在拯救困境企业、保护债权人利益最大化及破产重整效率之间的平衡，值得进一步商榷。

一、一起破产案件引出的问题

（一）基本案情

2021年12月4日，法院裁定批准了以A公司为投资人的某集团公司重整计划草案，某集团公司进入为期2年的重整计划执行期，投资款共分3笔支付。在重整计划执行期间，A公司在支付第二笔投资款时即出现逾期，经管理人组织召开全体债权人会议，延后了支付期限。投资人支付第三笔投资款前再次明确向管理人和法院提出，因为自身财务问题，将无法按期支付投资余款。此时，B公司同意按照法院已经批准的某集团公司重整计划确认的重整偿债资金和偿债期限执行重整计划，成为新投资人。

（二）存在的困难和问题

就该案的处理，面临以下问题：（1）投资人在支付第二笔投资款时即出现逾期，该行为的性质应当如何认定和规制？（2）投资人明确无法支付投资尾款的性质如何认定，如何处理？（3）在破产重整程序中，如何应对投资人的违约问题？

二、重整计划的性质界定

在判断投资人逾期支付投资款的性质时，需要首先界定重整计划的性质。现行企业破产法仅仅将重整制度作为仍具有挽救价值危困企业的拯救制度引入，但未对重整计划的概念或性质予以界定。在研究重整投资人的违约问题前应当先对重整计划的性质进行分析。我国学者对于重整计划性质的争论有三种代表性观点：第一种观点是"司法文书说"，认为重整计划是以债权债务清理方案和债务人企业振兴措施为内容的法律文书，经法院裁定批准后与生效的裁判文书效力等同。第二种观点是"决议说"，认为重整计划应当被视为一种决议法律行为，属于依多数决原则形成的决议。因为重整计划经债权人会议的多数同意票通过，并且对投反对票者和未参加表决者均能产生约束力，所以这一特点与决议法律行为相一致。第三种观点是"特殊合同（协议）说"，认为重整计划的本质是一种经过司法确认的合同或者是当事人之间达成的关于破产重整事项的多方协议。

笔者认为，"司法文书说"过于强调了法院在重整计划形成过程中的主导作用。实质上重整计划是通过各利害关系人协商后形成，再由债权

人会议表决通过后由法院确认效力的,即重整计划是债权人充分发挥意思自治,通过协商达成的特殊"合同"。法院对表决中各方分组和表决程序进行合法性审查,在重整计划符合法律规定、公平原则、债权人利益最大化原则、利益平衡原则和具备可行性的情况下,法院并不会过多干涉,法院的批准裁定是对自治结果的司法确认。而"决议说"混淆了重整计划本身和通过重整计划的决议之间的关系,尽管重整计划以多数决原则表决,但类似于决议的表决行为是重整计划中各方当事人达成合意的一种特殊方式,并不影响重整计划本身的"合同"属性。在重整计划执行中往往需要债务人、投资人、债权人及有关机构等各方的配合,任何一方不执行或消极执行,都将导致整个重整计划拖延甚至执行不能。企业破产法仅规定了债务人不能执行或者不执行重整计划的处理方式,而未对投资人违约导致重整计划无法执行该如何处理进行规制。

王欣新教授在《破产法前沿问题思辨》一书中指出:"重整程序中的重整计划具有合同的外观,如经各方当事人间的协商订立等形式,所以其具有合同的法律性质。但重整计划是破产法上的合同,即特别法上的合同,优先适用破产法而不是由合同法调整,所以不能以合同法的一般规则评判重整计划。"重整计划是重整利害关系人之间通过协商达成的特殊"合同",其特殊性主要有两方面:一是重整计划的各方当事人通过债权人会议以多数决方式达成一致的合意;二是重整计划经过法院的批准后才能对相关方产生约束力。但是合意方式与生效规则的特殊性并不能从根本上改变重整计划的合同属性,由此也决定了在重整投资人违约时,合同相关理论和法律法规在一定程度上可以用于解决此问题。

三、重整投资人常见违约情形

从实践情况看,重整投资人的违约情形主要有以下几种:

1. 投资款不能严格按照投资协议支付。重整投资人介入债务人的重整程序,往往是通过取得债务人股权或资产的方式,而取得上述财产则要支付一定的投资款,故支付投资款不到位是最常见的重整投资人违约情形。一旦投资人未能按时支付对价或支付对价不足额,极有可能阻碍重整继续顺利执行甚至造成执行不能,企业破产。这也是实践中最为常见的违约行为。

2. 债权受偿方案未能达成。债权受偿方案的制定往往基于对债务人可偿债财产的测算评估以及重整投资人对于偿债资金的安排,同时在制

定过程中为了平衡各方利益,需要与各利害关系人进行沟通协商。如果重整投资人在预估债务人的资产价值时存在一定偏差或者对债务人继续经营后所能带来的收入预估过于乐观,最终可用于偿债的资金少于债权受偿方案所需要的资金,尤其是在重整计划中作出留债安排的,大多会将企业重整后的营业收入作为偿债资金的来源,这种因重整投资人的主观原因导致不能按照债权受偿方案向各债权人清偿债务的情形可以认定重整投资人违约。

3.重整投资人未能兑现其作出的承诺。为了能够在表决过程中取得更多债权人的同意,保证重整计划顺利通过,重整投资人可能会对利害关系人作出一定承诺,如承诺重整计划执行过程中不裁员;承诺在一定时间内取得行政许可或批准等。这些承诺促成了重整计划的表决通过或直接成为重整计划的一部分。虽然企业破产法规定重整计划由债务人执行,但在实践中重整计划的执行需要多方共同努力,一旦重整投资人对各利害关系人作出的承诺不能兑现,势必会对重整计划的执行产生不利影响,甚至导致重整计划无法继续执行,如因为重整计划由债务人执行而不追究因重整投资人违约而需要承担的责任显然不合理,故重整投资人不能实现其承诺的,应认定重整投资人违约,管理人或债务人应参照与之签署的重整投资协议中的违约条款或者直接依据法律规定追究重整投资人的责任,以保证利害关系人的利益不因重整投资人违约而有减损。

需要进一步思考的是,重整计划具有合同属性,那么民法典合同编中不可抗力及情势变更等制度是否可以适用于当重整计划执行过程中因客观情势等因素出现执行不能的情况,从而得以变更重整计划甚至减轻或免除重整投资人的部分义务。民法典第590条第1款规定:"当事人一方因不可抗力不能履行合同的,根据不可抗力的影响,部分或者全部免除责任,但是法律另有规定的除外。因不可抗力不能履行合同的,应当及时通知对方,以减轻可能给对方造成的损失,并应当在合理期限内提供证明。"可以在重整计划执行过程中参照适用上述规定。民法典第533条第1款规定:"合同成立后,合同的基础条件发生了当事人在订立合同时无法预见的、不属于商业风险的重大变化,继续履行合同对于当事人一方明显不公平的,受不利影响的当事人可以与对方重新协商;在合理期限内协商不成的,当事人可以请求人民法院或者仲裁机构变更或者解除合同。"《全国法院破产审判工作会议纪要》第19条规定:"债务人应严格执行重整计划,但因出现国家政策调整、法律修改变化等特殊情况,导致原重整

计划无法执行的,债务人或管理人可以申请变更重整计划一次。债权人会议决议同意变更重整计划的,应自决议通过之日起十日内提请人民法院批准。债权人会议决议不同意或者人民法院不批准变更申请的,人民法院经管理人或者利害关系人请求,应当裁定终止重整计划的执行,并宣告债务人破产。"从以上条款可以看出,现行企业破产法对重整计划可变更的情形规定得较窄,虽然是未封闭式列举,但是根据同质性解释规则,与上述两种情况分量相同的其他特殊情况很少存在。实践中导致重整计划无法执行的原因更多的是市场发生的异常变化或波动(如原先的重整计划无法适应新的市场情况等)。在这种情况下终止重整计划执行并宣告破产不是唯一的应然法律后果,在具有重整的必要性和可能性时,可以适用情势变更制度对重整计划进行变更。但在适用情势变更制度时应当考虑到,意向重整投资人在介入企业的重整程序前必然充分了解企业重整的风险性和不确定性,同时还应当考虑的是重整投资人参与重整为取得资产或权利支付的对价往往是低于市场价格的。在付出成本较低情况下重整投资人的抗风险能力得以增强,所以重整计划执行过程中适用情势变更制度应当谨慎对待,避免重整投资人利用该制度推脱其应当履行的义务,使得重整计划失去其应有的约束力。

四、重整投资人违约责任的认定及处理

应将重整投资人违约区分为根本违约与非根本违约两种情况。在重整投资人构成根本违约导致重整计划的目的已经不能实现,重整程序不再具有继续进行的价值时,管理人或利害关系人可以向法院申请裁定终止重整计划的执行,或者更换投资人;而在重整投资人非根本性违约时,如重整计划还有执行的意义和可能性,应积极促进重整计划的继续执行,提高企业重整成功的可能性。

(一)根本违约情形下的选择

民法典第563条规定:"有下列情形之一的,当事人可以解除合同:(一)因不可抗力致使不能实现合同目的;(二)在履行期限届满前,当事人一方明确表示或者以自己的行为表明不履行主要债务;(三)当事人一方迟延履行主要债务,经催告后在合理期限内仍未履行;(四)当事人一方迟延履行债务或者有其他违约行为致使不能实现合同目的;(五)法律规定的其他情形。"根据重整计划所具备的合同属性,可以适当使用上述条款来判定重整投资人是否构成根本违约。如构成根本违约,管理人

或利害关系人可以要求终止重整计划,宣告债务人破产,并追究重整投资人的违约责任。如果债务人仍然具有重整价值,宣告破产显然不是最优选择。以下重点讨论通过变更重整投资人,继续推进重整程序的路径。

法学论坛

1. 变更投资人合法性问题。虽然按照企业破产法第 93 条的规定,债务人不能执行重整计划的,应当裁定终止重整计划的执行,并宣告债务人破产。虽然该条中有"应当"二字,但我们不能忽略"应当"的前提,即"经管理人或者利害关系人请求"。换言之,由重整转入清算的前提是,管理人或利害关系人不再"相信"破产企业可以通过重整计划被"拯救",希望转入清算以更大程度地保障债权人利益。当债务人自身架构不适合执行重整计划时,或当其不配合执行重整计划时,管理人或利害关系人可能会产生此种"心态"。但当客观原因导致重整计划无法执行时,管理人或利害关系人往往不会产生此种"心态"。相反,它们可能更倾向于对重整计划进行变通,以消除客观原因带来的不利影响。本着有利于困境企业重整成功的目的,应当对引发重整计划变更的特殊情况作广义解释,交给债权人会议充分讨论决定,更多地尊重利害关系人的意愿。因此,重整计划无法执行的,并不当然导致转入清算程序,应允许对之进行必要、适当的变更。

2. 变更程序问题。(1)经过债权人会议决议变更。从程序上看,对于重整计划变更表决事项,应适用与重整计划表决相一致的程序。不同之处在于,对于重整计划变更,应提交给遭受不利影响的债权人组和出资人组进行表决,未受影响的债权人无须参与表决。《全国法院破产审判工作会议纪要》第 20 条规定了重整计划变更后的重新表决与裁定批准:"人民法院裁定同意变更重整计划的,债务人或者管理人应当在六个月内提出新的重整计划。变更后的重整计划应提交给因重整计划变更而遭受不利影响的债权人组和出资人组进行表决。表决、申请人民法院批准以及人民法院裁定是否批准的程序与原重整计划的相同。"因此,变更投资人应以重整修正案的形式提交债权人会议(遭受不利影响的债权人组和出资人组)分组表决。

(2)经过管理人申请,法院裁定变更。根据企业破产法的规定,重整计划的制定主体有债务人、管理人,在债务人自行管理模式下,重整计划的制定主体系债务人;在管理人管理模式下,重整计划的制定主体系管理人。不同的是,进入重整计划执行阶段,以债务人执行为原则,以管理人执行为例外。《全国法院破产审判工作会议纪要》第 19 条与 20 条规定,

重整计划变更的申请主体及重整计划的制定主体均系债务人或管理人。但在重整计划执行期间，为防止债权人、债务人、出资人等利害关系人滥用变更申请权，为个人私利任意提出变更重整计划的申请，在重整计划在执行过程中确需变更的，债务人或相关利害关系人应当首先向管理人提出申请，由管理人审查后向法院提出变更申请。变更后的重整计划或重整计划修正案应限定在由管理人向法院提起申请（其他利益主体可向管理人提出，管理人审查后向法院申请），由法院依法裁定。

3. 重整计划中载明了无须债权人会议决议的，法院可依申请直接裁定更换投资人。如果重整计划已载明了无须债权人会议决议即可按照原条件决定新的重整投资人，管理人向法院申请更换投资人的目的在于推动重整计划的执行、保障债权人的利益，且没有侵害相关主体利益，那么法院可依申请直接裁定更换投资人。各地法院也有这样的案例。例如，安徽省马鞍山市花山区法院在安徽 XD 公司破产重整中，裁定认为"XD 公司重整计划已经本院批准发生法律效力，该重整计划载明，法院裁定批准重整计划后，若出现重整投资人不执行重整计划的情况，管理人将在经花山区法院批准后，按照本重整计划确定的重整偿债资金和偿债期限决定新的投资人执行本重整计划。现重整计划确定的投资人上海 CJ 企业发展有限公司严重违约放弃投资，备选投资人亦放弃投资。管理人申请本院批准马鞍山市 ZX 建设有限公司作为执行 XD 公司重整计划的新投资人，旨在尽快推进 XD 公司重整计划的执行，保障债权人合法权益。该申请符合 XD 公司重整计划约定，未损害债权人利益，亦不违反法律法规的规定，应予支持"。

（二）非根本违约情形

民法典第 577 条规定："当事人一方不履行合同义务或者履行合同义务不符合约定的，应当承担继续履行、采取补救措施或者赔偿损失等违约责任。"重整投资人构成违约但并未构成根本违约导致重整计划执行不能时，可以适用上述条款，管理人或相关利害关系人可以请求重整投资人承担如下违约责任：

1. 继续履行重整计划。民法典第 579 条规定："当事人一方未支付价款、报酬、租金、利息，或者不履行其他金钱债务的，对方可以请求其支付。"第 580 条第 1 款规定："当事人一方不履行非金钱债务或者履行非金钱债务不符合约定的，对方可以请求履行，但是有下列情形之一的除外：（一）法律上或者事实上不能履行；（二）债务的标的不适于强制履行或者

履行费用过高;(三) 债权人在合理期限内未请求履行。" 在重整计划执行过程中,如果重整投资人并非根本违约,也并非拒绝执行整个重整计划,而只是拒绝执行重整计划中其所应当履行的某一部分内容,或者拒绝履行的部分可以转换为金钱债务的,可以参照上述条款要求重整投资人继续履行,当然前提在于不损害相关利害关系人的利益以及存在继续履行的可行性。

2. 采取补救措施。在重整计划执行过程中,如果因重整投资人原因导致重整计划部分内容无法落实到位,那么对于某些具有可替代性的内容,重整投资人可以采取补救措施予以解决。例如重整投资人在重整计划中确定以物抵债,但物灭失或者无法用于抵债的,重整投资人可以采用其他等值的资产予以代替或者现金清偿。

3. 赔偿损失。重整投资人违反重整计划约定构成违约的,相关利害关系人应当被赋予请求其赔偿损失的权利。因重整投资人过错导致迟延清偿债务或者迟延支付投资价款的,可以请求其支付迟延履行违约金。因重整投资人违约而使得债权人债权受偿比例降低或者使得债务人财产减损的,可以请求重整投资人赔偿相应损失。

五、如何应对重整投资人违约

1. 通过重整协议将投资期限限定在启动重整计划之前。为了在一定程度上降低重整投资人违约的风险,管理人可以在招募重整投资人阶段预设投资期限,甚至可以通过与重整投资人签署的投资协议将重整投资期锁定在重整计划草案提交债权人会议表决前,重整投资人应在表决前将全额投资款支付至管理人账户。

2. 在重整计划中明确允许投资人可变更及变更规则。在企业具有挽救价值情况下,为了保障各方当事人的利益,可在重整计划中明确允许投资人可变更并注明相应的变更规则。如果仅因为原重整投资人不能执行就"终止重整计划的执行,并宣告债务人破产",可能对债权人的利益更为不利,且无法实现困境企业复兴的目标。因此,为提高破产效率,保护债务人、债权人利益,建议在重整计划中载明:"法院批准重整计划后,若出现重整投资人不执行重整计划的情况,管理人将在经法院批准后,按照原条件或按照设定的变更投资人规则决定新的重整投资人"。

3. 变通表决,采用非现场会议方式审议。考虑到重整计划执行的效率原则,建议在重整计划中载明,当遇重整计划修正或调整时,可以采用

非现场会议的方式进行表决并审议。例如,管理人可采用邮寄、通信或网络会议的方式进行表决,以极大地提升破产重整计划执行的效率,节省时间及各项费用成本。

4.预设"违约金条款"。为了保证重整程序有序推进,降低重整投资人不完成承诺或怠于履行其义务的风险,管理人往往会在招募公告中明示重整投资人在被确认后应当缴纳履约保证金,若投资人无法履约,则保证金不予退还。但在重整实务中,重整投资人往往不愿在重整计划执行前缴纳过高的保证金,同时缴纳的保证金往往难以覆盖其违约给各方利害关系人造成的损失,这就导致重整投资人的违约成本较低,难以起到规制重整投资人的作用。为了使得重整投资人有违约责任意识,可以参照民法典中关于合同违约金的约定,在重整计划中约定一定数额的违约金或者约定因违约产生的损失赔偿额的计算方法。

人身安全保护令司法实践问题研究

◇ 薄婉琪

内容提要 人身安全保护令具有时效性强、适用范围广等特点，但因现阶段我国保护令制度缺乏相应配套措施辅助执行与监督，其在司法实践中申请数量增长缓慢。因此，重点分析与探究人身安全保护令配套措施的发展具有显著的历史与现实的必要性。本文通过梳理人身安全保护令制度的起源及现状，剖析我国人身安全保护令配套措施体系的困境及成因，分析对比美国相关制度，为我国人身安全保护令配套措施体系提出全面具体的逻辑框架和切实可行的实践措施，试图为我国人身安全保护令制度的不断完善贡献力量。

关键词 人身安全保护令 保护令制度的起源及现状 完善建议

薄婉琪，东营市东营经济技术开发区人民法院综合审判庭法官助理。

一、人身安全保护令制度概述

人身安全保护令制度是"舶来品"，早在17世纪的英国便设立相关法律规范以保护公民人身财产权益，此后逐步被各国借鉴改造，成为法律全球化的一大特色内容。研究人身安全保护令制度的起源，对全面分析保护令制度的现状、深度剖析其配套措施的重要性有重要价值[1]。

（一）域外人身安全保护令的起源及发展

学界内大部分学者认同人身安全保护令制度起源于英美法系，而后得到逐步发展成熟并为大陆法系国家吸收借鉴。英国的令状诉讼制度开创了人身安全保护令制度的先河，开启了"以令状模式为基础，事前干预和事后惩罚紧密联系"的人身、财产安全保障机制[2]。

美国在英国的基础上，进一步将人身安全保护法律化、体系化。美国宾夕法尼亚州于17世纪60年代末期通过的《防止虐待之保护法案》创造性地提出处理婚姻家庭纠纷的新途径，标志着美国人身安全保护进入

① 吴宇，柯汝，李秋瑜. 人身安全保护令的立法缺陷及完善建议——兼论人身安全保护令的首部司法解释[J]. 萍乡学院学报，2023，40(1):61-66,77.

② 陈亦可. 论人身安全保护令执行主体的现实困境及其出路[J]. 沈阳大学学报（社会科学版），2022,24(5):455-461,523.

新纪元。从此以后，新西兰、日本等也陆续将人身安全保护令制度纳入防治家庭暴力的法律体系。自此，人身安全保护令制度逐步成为世界各国预防、治理、惩处家庭暴力的重要法律移植内容。

（二）我国人身安全保护令的起源及发展

1913年出台的《天坛宪草》是我国首次明确人身安全保护令的法规，但受制于当时落后的社会观念及不完备的法律体系，保护令制度的发展缓慢且未有效运用于实践。直至2008年最高人民法院第一次公布《涉及家庭暴力婚姻案件审理指南》，正式确认将人身安全保护令制度引入我国社会主义法治体系。随着反家庭暴力法的出台，我国家庭暴力防治进入法规时代，走向新发展阶段、开启新规制篇章。人身安全保护令制度成为促进家庭幸福、维护家庭和睦不可或缺的一环[1]。

2020年全国法院审理结案的婚姻家庭类案件纠纷共有164.9万件，有2 169份人身安全保护令被陆续签发。可以看到，当前我国签发人身安全保护令的份数较婚姻家庭案件是极少的。自反家庭暴力法出台以来，2016～2017年全国人民法院共签发执行人身安全保护令1 591份，2018年签发2 154份、2019年签发2 004份。可以看到，当前我国人身安全保护令签发份数呈缓慢上升趋势，但相较于全国婚姻家庭案件数量明显过少，仅为审结的家庭暴力案件的千分之一，明显未达到设立保护令制度的立法目的。我国反家庭暴力法中人身安全保护令制度仍存在法律依据不足、执法主体不明、举证困难、无配套措施等问题，以致该法律的现实意义不能充分体现，亟须补足和完善[2]。

二、我国人身安全保护令配套措施体系概述

（一）我国人身安全保护令配套措施体系的概念

目前我国没有对人身安全保护令准确的官方概念，亦没有人身安全保护令配套措施体系的相关定义。知名学者夏吟兰教授认为："人身安全保护令是为预防家庭暴力，保障保护令申请人心理健康及人身自由，法院根据法律规定、按法定程序发出的家庭暴力施暴人应该实施特定行为或者停止、禁止实行特定行为的命令。"笔者结合反家庭暴力法之内涵及夏吟兰教授的观点得出如下观点：人身安全保护令配套措施体系是指法律规定法院、公安、政府、社区、社会组织等相关机构联合行动，运用民事、刑事、行政、社会力量对施暴者予以制裁，以保护家庭中弱势群体合法的精

① 韩青秀. 人身安全保护令的司法适用问题研究[D]. 贵阳：贵州民族大学，2021.

② 唐轩怡. 人身安全保护令执行制度研究[D]. 湘潭：湘潭大学，2021.

神、人身、财产利益的各种方式,包括申请人权利救济体系、被申请人矫治体系、社会监测体系等。随着人身安全保护令配套措施体系的进一步完善,其法律内涵也会更加丰富。

(二)我国人身安全保护令配套措施体系的实施困境

现行反家庭暴力法中关于人身安全保护令配套措施的规定严重缺失,有大量法律空白地带,为法院和当事人适用人身安全保护令造成一定难度。

1. 申请人救济途径单一。我国目前对申请人的保护仅有人身方面的救济途径,救济效果有限。鉴于家庭暴力案件存在主体特殊性,应当充分考虑依附于被申请人的人群(如老人、未成年、没有经济来源的妇女)的后续生活状况,消除申请人因丧失赡养、抚养及扶养费用而不敢申请保护令的担忧。

现行法律对于人身安全保护令被申请人的打击停留在行政处罚层面,仅对暴力行为进行较为轻微的处罚,忽视被申请人应承担的其他后果。实际上,被申请人除了应当为其违法犯罪行为付出代价,还应承担申请人因其暴力行为产生的直接经济损失、生活安置费用等多项经济补偿后果①。

2. 被申请人矫治机制不健全。反家庭暴力的核心目的在于防治暴力行为,使施暴者认清错误后回归家庭,以此达到"小家和睦,大家和谐"。矫治机制作为预防再犯的重要途径之一,在我国人身安全保护令制度中未得到充分体现。在惩罚力度薄弱的现行家庭暴力法规之下,单纯依靠处罚难以杜绝被申请人二次犯罪,而有效的心理辅导、精神治疗、行为矫治才是杜绝再犯的关键。

3. 社会管理与监测系统缺失。所谓人身安全保护令社会管理系统,主要是指以家暴上网、联动征信系统等方式扩大对被申请人造成的社会后果。所谓人身安全保护令监测系统,主要是指通过定期回访、按时报告近期动态等途径监督保护令届满后被申请人的悔改情况。

我国目前尚无人身安全保护令的社会管理与监测体系,对保护令届满失效后的家庭暴力状况无法跟踪回访,缺乏持续的法律威慑力。

4. 缺乏事前预防机制。根据反家庭暴力法第 23 条之规定,现行法律规定的能够向人民法院申请签发、执行人身安全保护令的条件有以下两种:其一,已遭受家庭暴力;其二,面临家庭暴力的现实危险。在司法实践

① 胡樟. 我国人身安全保护令制度的实践与完善研究 [D]. 湘潭:湘潭大学,2021.

中,多数申请人通过提交出警记录、伤情诊断书等方式证明曾遭到过家庭暴力,以此申请保护令。然而,在申请保护令的诸多案例中,仅仅以面临家庭暴力的现实危险为由申请人身安全保护令的情况少之又少。可以看出,现行规定下申请人举证面临现实危险较为困难,在没有专项规定及专业人员、机构的辅助下申请人提供的证据也难以被采信。因此,有效的事前预防机制不仅可以将家庭暴力扼杀于摇篮之中,也能为申请人举证面临现实危险提供切实可信的证据①。

5. 各机构配合不足。人民法院是人身安全保护令的执行机关,但因为其缺乏国家强制力作为实施保障,需要当地公安机关的配合。在实践中,部分公安机关仍存在"家庭暴力属家务事,警察不应介入"的观念,对人身安全保护令的惩罚、监管力度较弱。居民委员会、村民委员会虽为基层群众性自治组织,有辅助保护令实施的职责,然而因其缺乏家事辅导员等专业人才,在实践中不能长久有效地矫治家庭暴力行为。

三、美国人身安全保护令配套措施体系分析

(一)概　述

美国作为承袭、发展英美法系的代表国家,其反家庭暴力的体系成熟完备。早在 20 世纪六七十年代,大量美国妇女饱受家庭暴力的侵害,最终掀起女权运动,成为美国打响反家庭暴力的第一枪。美国政府从此意识到妇女保护制度的不足,高度重视家庭暴力,并在 1976 年出台的《防止虐待之保护法案》中将防治家庭暴力上升至法律层面。该法案第一次以法律形式明确赋予了妇女申请人身安全保护令不以离婚诉讼为前提的权利,打开民事权利救济新路径。随后,美国相继出台多部相关法案以巩固人身安全保护令制度,其相关的配套措施也逐步完善。为了更专业、快速地惩治家庭暴力,美国多个州的基层法院设有专门处理家暴案件的法庭。直至今天,美国每年有近 1/5 的家庭暴力受害者取得人身安全保护令,人身安全保护令已经成为美国人遭受家庭暴力后最主要的法律救济途径。

(二)对申请人的救济措施

1. 经济救济。美国建立了一套对被申请人的经济强制措施,以此保护申请人因家庭暴力受到的经济损失。美国法院可决定将汽车、住所、家庭财产以及家庭债权等交给申请人单独使用、处分,最大程度弥补申请人的损失。值得一提的是,为了维持无法经济独立的申请人的日常生活,美国法院有权强制被申请人为申请人支付安置新住所的费用。不仅如此,

① 李易媛. 我国人身安全保护令制度研究 [D]. 长春:长春工业大学,2021.

受害者因申请人身安全保护令所支出的所有诉讼费用、律师费用,还有治疗家庭暴力行为所付的医疗费用及住院期间的营养费用、误工费用都可申请由被申请人支付,充分照顾各类申请群体的生活。

经济补救是民事领域的主要救济途径之一,强制被申请人对申请人进行经济补偿、经济赔偿,有利于切实保护申请人的物质生活,以此彰显人身安全保护令制度在民法体系中的重要地位。

2. 免费庇护所。美国为家庭暴力的受害者提供专门的妇女、儿童庇护所。根据人身安全保护令的期限种类,申请人可在不花任何费用的情况下在庇护所内居住一个半月,特殊情况下可延长居住时间至两年。值得一提的是,2018 年的 12 月 20 日美国通过了《宠物与妇女安全法案》,这项法案旨在保护在家庭暴力当中受到迫害的家庭成员,并为这些家庭成员提供一个可以携带宠物的家暴庇护所。但目前全美只有 3% 的家暴庇护场所可以接纳宠物。根据美国媒体的报道,部分施暴者通过虐待动物控制伴侣,有接近 1/3 的家暴受害者由于担心宠物会受到家暴而推迟甚至放弃向庇护所求助。

此项措施为生活难以维持的弱势群体提供最基础的庇护,解决申请人居住问题,体现人文关怀,与我国社会主义初级阶段的基本国情相适应,可切实借鉴运用到我国人身安全保护令配套措施中[1]。

(三)对被申请人的矫治措施

1. 心理疏导。美国为从根源上解决家庭暴力问题,过半数州授权法官命令施暴者在保护令生效期间按时进行强制心理疏导或心理治疗。在接受心理辅导期间,被申请人不仅要接受精神上的适当干预治疗,还需要摄入一定的药物,以此改变暴力行为,与家庭成员和睦相处。

将心理辅导引入家庭暴力犯罪矫治中,不仅是对法律矫正作用的体现,更能起到预防二次犯罪的作用,利于被申请人真诚悔改、杜绝再次犯罪的隐患并回归家庭,对家庭和谐、社会和睦有长远益处。

2. 严格距离监测。美国部分州基于家庭暴力程度、危害的不同,设立了严格的距离监测制度。马萨诸塞州采用全球定位系统来随时定位并掌握被申请人的行动轨迹,系统会在双方距离不足 400 米时立即通知警方,通过物理隔离以最大限度地保护申请人的人身安全。

此项制度虽然对防治家庭暴力、保护申请人人身安全有重要保障,但过于耗费时间、财力和警力,笔者认为可适用于家庭暴力犯罪的累犯或暴力危害较大的被申请人。

① 陈瑜. 论人身安全保护令制度的施行困境与完善 [J]. 广西质量监督导报, 2021 (5):185-186.

黄河江司法

四、我国人身安全保护令制度的完善

（一）多方面救济申请人权益

家庭暴力犯罪问题始终是社会关注的焦点事件之一，仅靠法院、公安机关难以全面推进家庭暴力防治工作。人身安全保护令作为反家庭暴力法规中的重要制度之一，需要从申请渠道、救援机构、救助基金等多方面展开，以充分发挥其优越性。

1. 开通快捷通道。人身安全保护令注重时效性，强调在暴力发生时对申请人进行保护。一份快速生效的保护令对申请人而言胜过一份完整的司法裁判书。因此，我国应当大力推进人身安全保护令快捷申请通道的建设，在基层法院为人身安全保护令组建专业小组并开通特殊窗口，力争在 24 小时之内将保护令申请处理完毕，以快速有效地阻隔暴力行为。

2. 组建救援机构。家庭暴力犯罪与普通犯罪区别较大，其执行方式应当遵循特殊规则。当前，我国进行家庭暴力的救援主体停留在法院、公安、妇联、居委会以及村委会，还未组建专业化救援团队。我国可借鉴英国相关机制，设置单独的反家庭暴力小组，并且在由女性警官组成的防治家庭暴力部门中立成一个工作组，以更为有成效的工作方式救济申请人的合法人身权益。

3. 成立救助基金。对申请人的经济救助应当遵循以被申请人赔偿为主，以政府、社会救济为辅的原则。在被申请人不愿或者不能及时进行经济赔偿时，政府部门和社会机构应当主动承担责任，保障无力独自生存的申请人的物质生活，体现人文关怀。

4. 提供资金保障。人身安全保护令的实施需要大量的资金支持。2021 年 12 月出台的《江苏省反家庭暴力条例》规定："县级以上地方人民政府将反家庭暴力所需经费纳入同级财政预算……乡、镇政府、街道办事处应当做好辖区内家庭暴力的预防、处置、受害人救助等相关工作，给予必要的经费保障。"这为全国其他地区的政府提供了完善反家暴体系的新思路[①]。

（二）完善被申请人矫治机制

当代反家庭暴力立法的目的逐渐从报应、恐吓主义向事前预防、医疗矫治、人道主义修复转变。被申请人矫治机制是以社会力量为基础，通过各社会机构对被申请人进行监督、整治、辅导，以此降低再犯可能性，减少

① 李友铭.我国人身安全保护令的实施问题研究[D].长沙:湖南大学,2021.

打击犯罪的成本。

1. 设立心理疏导机构。家庭暴力的主体与其他违法犯罪不同,法律对其打击的目的也有所差异。反家庭暴力重点在"防"不在治。我国可设立专业化家庭暴力辅导机构,在人身安全保护令生效期间强令被申请人按时多次进行心理访谈,从而达到使其诚心悔改、杜绝再犯的效果。

2. 引入社区矫正制度。基层法院和公安机关作为人身安全保护令制度的核心执法主体,虽然已不断下沉基层、向人民群众靠拢,但受人力物力的限制,不能对所有的暴力案件都迅速反应。而居委会、村委会贴近公民的生活,可对申请人进行快速及时的救济,并且居委会、村委会设有文化宣传部门,能够辅助专业心理辅导机构对被申请人进行思想教育。

3. 参与社会服务。对人身安全保护令被申请人进行行为矫治的重中之重是社会教育。仅靠惩治家暴行为并不能根治施暴者的暴力心理与暴力习惯,其再犯可能性也较高。在司法实践中,可根据保护令内容的不同区分被申请人参与的社会服务种类,以此培养其社会责任感、增强法律意识。但应当注意实施过程中要秉持科学化、专业化、人性化、个性化的理念,提高社会劳动执行效率,强化被申请人的劳动成就感,有效协助被申请人复归社会。

（三）搭建社会管理与监测系统

人身安全保护令具有时效性,只能在短时内将申请人隔离在家庭暴力之外,无法对保护令期限届满后的暴力行为进行监测,缺乏持续的法律威慑力。一套严密完善的社会管理与监测体系能够有效地长期规制被申请人的行为,时刻警示其家庭暴力行为应承担的后果。

1. 定期回访。家庭暴力是一种长期暴力行为,仅靠人身安全保护令在短期内矫治被申请人的暴力行为较为困难,也无法保障申请人保护令期限届满后的安全。因此,在居所社区内设置网格化服务管理,通过网格员定期走访、巡查保护令实施情况,及时受理、跟进、转达家庭暴力受害人的信息,在对申请人进行长效保护的同时,亦可对被申请人产生持续的法律威慑力[①]。

2. 推进家暴信息联网。在如今互联网技术发达的时代,为了更好地精细化、系统化规制家庭暴力行为,有学者提出建立人身安全保护令数据库,将每一起家庭暴力案件全国联网,将数据库信息向法院、检察院、公安局开放,在核心个案和关键节点可向相关社会组织开放。通过这个数据

① 刘浈.《反家庭暴力法》中人身安全保护令制度研究 [D]. 西安:陕西师范大学,2021.

库提高家庭暴力监管效率,保护受害人的人身权益,推动高效司法。但应当注意保护被申请人的个人隐私,确保其正常生活不会因此受到干扰。

3. 纳入征信系统。犯罪成本低是家庭暴力犯罪频发的主要原因之一。可以利用成本效益原理,将家庭暴力犯罪与社会信誉、社会福利挂钩,加重被申请人的犯罪后果,使其在进行暴力行为时有所顾虑。我们可以借鉴吸收英国的相关做法。英国行政机关按照家庭暴力犯罪程度实施相应处罚,若被申请人被判处2.5年及以上监管,则将其备案在"家庭暴力登记簿"中。登记簿中的各项内容将会定期传送到警察局和社会公益机构等,从而限制被登记者获得相应社会福利、从事相关职业的权利。

(四)强化配套措施的法律可操作性

目前人我国人身安全保护令的配套措施缺失,法律规范存在大量空白,典型指导案例较少,人民法院、公安机关、基层组织及社会组织在司法实践中可参照的标准不明,急需完备的法规来系统指导保护令的实施。

1. 细化执行主体权限。人身安全保护令的顺利实施得益于多方主体在家庭暴力行为的不同阶段进行审判、执行、监督,当前反家庭暴力法中仅说明"人民法院是执行人身安全保护令的机关,公安部门以及基层群众性自治组织等应当协助执行",并未对各部门怎样分工、如何配合作出详细界定。可依据保护令内容及各机关的特点细化执行主体的权限[1]。

2. 发挥典型案例的指导作用。2020年11月25日,最高人民法院联合全国妇联、中国女法官协会共同发布人身安全保护令十大典型案例。这对于鼓励家庭暴力中受侵害者积极捍卫自身权利,指导基层法院准确落实反家庭暴力法有较强的针对性和现实指导价值。以典型案例阐明法律内涵,有助于维护司法公正和彰显司法权威,也能起到警示教育作用。

(五)体现人文关怀

1. 减收或者免收相关费用。家庭暴力的受害者以妇女、未成年人、老年人等弱势群体居多,他们通常存在经济困难,难以负担人身安全保护令的法律服务费用、司法鉴定费用等。因此,现行法律可就申请人的经济状况适当减收或免收保护令申请、实施的相关费用,消除申请人经济上的后顾之忧。减收、免收的相关费用可由被申请人支付或纳入政府机关财政支出。

2. 适当照顾弱势群体心理。未成年人心理承受能力较低,人民法院在执行人身安全保护令时应当适当兼顾其心理,使其能够正常生活、学

① 蔡卓君. 人身安全保护令的实施困境及优化路径 [J]. 百科知识,2020(36):17-18.

习,免受二次伤害。公安机关在办理未成年人受侵害的家庭暴力案件时,应当采用适合其特定年龄及心理承受能力的方式进行询问,部分情况下委派女性工作人员与未成年人接触,减缓其心理压力[1]。

(六)与其他法令联动

1. 保护令与人格权禁令相辅相成。目前,我国民法典人格权编独立成编,充分彰显了人格权法独特的价值和功能。人格权禁令作为人格权编的新增制度,旨在及时制止侵害人格权的行为,防止损害后果扩大造成不可逆转的损害,强化对人格权的保护。人格权禁令与人身安全保护令在设立目的、适用条件、实施程序上有诸多相似之处。值得一提的是,人身安全保护令仅针对家事领域的暴力行为进行规制,而人格权禁令不拘泥于某个专门领域,力图保护所有人的人格平等、人格尊严及人身自由。从当前法律体系来看,我国人格权禁令的法律规范较少,实践中基本参照人身安全保护令的程序实施。2021年重庆市高级人民法院发出辖区内首份人格权禁令,其在充分进行形式审查和实质审查后,考虑到受害者与施暴者已离婚分居的事实,将受害人申请的人身安全保护令改为人格权禁令发出。由此可以看出,人格权禁令和人身安全保护令在不同领域相辅相成[2]。

2. 家庭教育令为保护令提供精神导向。于2022年1月1日起施行的《中华人民共和国家庭教育促进法》顺应时代发展的需要,以法律形式确认未成年人的监护人应当承担实施家庭教育的主体责任,用正确的思想、适合的途径及行动教育未成年人秉持优良作风、良好品德,并引导全社会注重家庭、家教、家风,促进家庭幸福与社会和谐。可见,家庭教育令重在"指导"监护人不得以教育孩子为借口实施任何形式的暴力行为,但后续惩罚力度不足;人身安全保护令则以具体、有力的法令禁止监护人对未成年人使用行为、精神暴力,并规定了保护令的执行主体以促使其有效推进。因此,家庭教育令为人身安全保护令提供了精神导向,从思想、道德层面督促家长注重家庭和谐、摒弃暴力行为[3]。

人身安全保护令制度及其配套措施的立法设计与司法实践是一项需要全面与细致相结合的历史性工程。首先,在立法时应当注重其顶层设计、构建宏观布局,奠定坚决抵制家庭暴力的整体基调。其次,在适用中应当立足社情民意、精准对症施策,充分照顾各类保护令申请人的具体情况。与其他立法例相比,我国人身安全保护令是一个新兴制度,存在着较

① 农江.人身安全保护令制度困境探究[J].法制与社会,2020(26):5-6.

② 牟芯玉,余红.人身安全保护令实现的阻碍及对策[J].哈尔滨学院学报,2020,41(8):59-62.

③ 夏阳.我国人身安全保护令制度研究[D].南昌:江西财经大学,2020.

大发展空间,在法律依据和配套措施体系方面留有许多空白,以至于在司法实践中没有固定模式,应立足个案解决问题。本文以人身安全保护令制度为切入点,重点分析保护令配套措施体系在实施中的困境,深度挖掘其成因并提出解决路径。因笔者学术水平有限,调研范围较窄,对人身安全保护令的现状掌握不全面,提供的对策较为稚嫩,对于文章中的不足之处,请读者批评指正。

互联网涉金融纠纷电子证据认定及举证责任问题分析

◇ 项安迪

项安迪，东营市东营区人民法院民二庭金融团队法官助理。

内容提要 近年来，互联网对金融行业产生了颠覆性的影响，网络金融借贷规模呈现迅猛发展的势头，与此相伴而生的是高速增长的网络金融借款案件，同时法律规定滞后、实践经验匮乏等司法隐患逐渐凸显。如何认定在线签约电子合同的效力、如何分配电子证据举证责任，亟待深入探讨和思考。本文以具有代表性的银行网络金融借贷业务为突破口，围绕上述难点问题进行研究，为现有司法实践提供参考。

关键词 互联网金融借款 电子证据 举证责任

近年来，"互联网+"战略的逐步推进、人们日渐旺盛的融资需求等对金融行业的服务和金融产品的创新带来多方面的影响。金融机构为提升金融服务水平、便捷客户需求开通了多种线上网络借贷业务，这对优化营商环境、促进经济发展起到了积极促进作用。

面对国家金融发展的大局和新形势，最高人民法院强调要加强金融审判工作，紧紧围绕服务实体经济、防控金融风险、深化金融改革三项任务，妥善审理各类金融案件。最高人民法院坚持问题导向，服务金融发展大局，先后出台《关于人民法院为防范化解金融风险和推进金融改革发展提供司法保障的指导意见》《关于进一步加强金融审判工作的若干意见》《关于加强区块链司法应用的意见》等规范性文件，并及时规范裁判准则，为金融业快速发展提供了良好的法治环境。

但由于我国目前对互联网金融缺少专门立法，普通诉讼程序法中鲜有涉及互联网金融纠纷的有关规定。在互联网金融交易中一般通过非面对面方式订立合同，以确定主体之间的权利义务关系，这种伴随着网络软

件、硬件技术的升级而产生的新型合同方式给司法实践带来了新的难题。在审理互联网金融纠纷时,关于证明事项、证明要求、证明责任等内容缺少统一的裁判标准,如何认定电子证据的证明效力、电子证据举证责任分配等成为案件办理过程中的新问题、新挑战。自 2019 年以来,东营区人民法院陆续受理网贷案件 100 余件,并且案件数量有明显激增的趋势,未来将大量涌现。如何妥善处理这类案件成为当前审判工作的重点。

一、问题的提出

【案例】中国建设银行股份有限公司某支行诉任某某金融借款合同纠纷案。原告诉讼请求:判令被告任某某偿还借款本金 31 597 元、借期内利息 1 564.70 元、逾期还款罚息 1 557.62 元(以上共计 34 719.32 元),以及自 2021 年 4 月 16 日至实际清偿之日的借期内利息及逾期还款罚息;本案的诉讼费用由被告任某某承担。在案件诉前调解过程中,原告提供证据:一是"快 e 贷"借款合同、"快 e 贷"借款合同一般约定条款各一份,用于证明 2019 年 8 月 19 日,被告向原告借款 31 600 元,借款期限自 2019 年 8 月 19 日至 2020 年 8 月 19 日,贷款利息 5.25%,贷款逾期的,罚息利率为贷款利率上浮 50%。还款日为借款额度到期日。借款用于日常消费。合同自借款人点击"确认"并完成电子渠道验密操作后生效。二是贷款资金流向一览表一张,用于证明原告依约向被告出借 31 600 元。三是中国建设银行个人贷款对账单,用于证明借款到期后,被告未依约偿还借款本息,其行为构成违约。经多次沟通协商,原、被告双方达成还款协议,该案已调解结案。

(一)互联网金融借款的操作流程及共性特征

1.具体操作流程。互联网金融借贷即商业银行以互联网为媒介,设立供借款人借款的融资平台,借款人通过移动通信终端使用金融机构网站、APP 软件或微信公众号登录账户后自助申请借款的借贷方式。借款人登录账户必须绑定其在该金融机构开户的银行卡号及预留手机号,按照平台指引递交各类贷款所需信息。金融机构根据借款人在该金融机构是否已办理公积金、房贷、车贷等贷款业务,综合评定借款人的授信情况,确定借款授信额度。借款人通过点击获取已绑定手机的短信验证码进行身份验证后与金融机构签订数据电文形式的电子合同。金融机构内部系统审核后向借款人与该金融机构网站、APP 或微信绑定的银行卡发放贷款。借款人的申请、身份核对、审批、网签、放款等所有流程均可在线上完成，无须到金融机构柜台办理，无传统金融机构借贷业务的纸质版合同，亦无借款人亲笔签字。贷款的种类除个人信用小额贷款外，还包括权益类质押贷款①。

2.共性特征。一是涉诉金额低，风险小。涉网金融案件具有共性多、交易定式化、类型类同等特点。涉网案件当事人身份信息经过了网络服务商、金融机构的验证。涉网交易的当事人认同网络交易规则，对在线行为的效力和后果有所认识。网上金融借贷数额大多在50万元以下，借款期限较短，还款形式以到期一次性还本付息或分段还息、到期一次性还本的方式为主，基本无须担保。二是自助性强，流程简易。互联网金融借款改变了传统的面对面到金融机构处办理借款的模式：借款人通过手机、电脑或银行的自助终端一体机便可按提示完成申请；金融机构采用技术手段进行人脸面部识别、身份证网上核验、公民征信网络查询等，确认借款人身份。金融机构为了抢占市场份额和提高客户体验，一般会尽可能简化产品流程，贷款从申请到发放基本上几分钟就可以完成。三是电子化，所有步骤均在线上完成，以短信验证码为密钥签订银行的模板化、格式化电子合同。与传统金融借款不同，案件证据材料主要是电子证据，呈现无纸化特征，无双方签字盖章的纸质版合同。

（二）互联网金融借款面临的新问题

1.涉互联网金融借款案件激增，金融机构往往一次性起诉数十起互联网金融借款案件，进行批量诉讼。金融机构提供的借款人信息不准确，手机号码多为空号、住址不详或无人居住，无法进行诉前调解；部分案件即便在通信运营商处协查到了被告的联系方式，也出现被告消极应对、不配合法院送达、缺席应诉的情形。网签合同大多数没有对法律文书的送达进行约定，需要公告送达，因此案件审理周期普遍在2个月以上。

2.民事诉讼中电子证据的规范匮乏，电子证据的认定及举证责任分配成为难题，亟须确立裁判规则。我国民事诉讼中对电子证据这一新形式证据的规定零散不成体系，无统一的认定裁判标准；司法实践中可供参考的司法判例很少，法官在该领域的专业知识也较少；金融机构提供的证据均是其自行制作的还原借款、放贷过程的打印件或截图，举证主体与证据来源趋同，在大多数借款人缺席应诉的情况下，增加了法官审理网络借贷事实的难度。

3.诉讼中涉及大量电子证据，金融机构存在举证不到位，应对诉讼

法学论坛

① 王银华，杨希楠.互联网金融风险防范研究——以互联网金融借款纠纷的裁判规则及电子证据的认定为视角[J].辽宁公安司法管理干部学院学报，2020（1）：99-104.

准备不充分的问题。在网络金融案件中,当事人向法庭提供的证据往往为从系统中直接导出并打印的信息材料,无第三方认证机构认证,证据形式仅表现为系统电子数据向纸质材料的转化,不能反映证据来源、产生过程,未能达到民事诉讼法对证据形式的要求,缺乏证明力,难以作为认定案件事实的依据。如借款凭证仅为打印件,没有银行签章,这使金融机构面临着电子证据的举证困难问题。金融机构的委托诉讼代理人分为律师代理和金融机构内部员工代理。在律师代理的案件中,由于律师大多对网络借贷流程不了解,缺少电子证据领域的专业知识,导致案件事实陈述不清、举证不到位;在金融机构员工代理的案件中,由于员工缺少法律知识,不了解诉讼程序及相关法理,导致举证不到位,不利于查清案件事实。

二、互联网金融借款案件中电子证据的审查与认定

以建设银行"快 e 贷"为例,在证据认定时,要想达到高度盖然性认定网贷事实的证明标准,银行就应提供借款人在该行开卡及开通电子银行的申请表或开通手机银行时的拍照影像,用以证明借款人具备通过移动通信终端申请线上贷款的资格,银行发放贷款的银行卡系借款人本人申请且在其本人名下。另外,还需提供员工渠道整合平台截图、电子合同打印件、发放贷款的银行卡交易明细、借款人还款明细等证据材料,用于证明线上借款合同的诺成过程,且证明银行已向借款人实际发放了贷款。

但现实情况是不同银行后台系统开发、设置不一致,对后台信息的提取、电子证据的提供无法统一格式,这就产生了法官在证据认定过程中是统一适用同一个举证标准,还是根据每个银行的实际情况具体分析的问题。基于电子证据具有专业性、易损性、隐蔽性,根据《最高人民法院关于民事诉讼证据的若干规定》,审判人员在对电子数据证据进行审查与核实,认定电子数据有无证明力和证明力大小时,主要从真实性、关联性、合法性三个方面着手。另外,还应审核电子证据的完整性,客观全面推定案件事实。

(一)真实性的审查与认定

根据我国电子签名法第 5 条的规定,符合下列条件的数据电文,视为满足法律、法规规定的原件形式要求:"(一)能够有效地表现所载内容并可供随时调取查用;(二)能够可靠地保证自最终形成时起,内容保持完整、未被更改。"可见电子签名法对于电子证据认定是否原件,主要是从内

容的角度来判断的。

电子证据真实性审查的最终目的在于证明待证的网络借款事实是真实的,不存在伪造、增加、删除、修改等情形,其审查内容主要包括来源的真实性和内容的真实性两方面。依据《最高人民法院关于民事诉讼证据的若干规定》第93、第94条的规定,对电子证据的真实性进行综合判断。

银行作为有资质、经审核批准设立的金融机构,同时作为电子证据的保管方,提供的证据材料可参照一般金融借款合同纠纷的举证形式,即金融机构按照书证的方法予以保管、固定,并注明打印的时间、取证人等信息,就可视为完成了初步举证责任。

若银行能够提供带有借款人电子签章的电子合同,或无电子签章但能够提供业务办理当日向借款人名下银行卡绑定的手机号发送短信的证明材料,或提供借款人 IP 地址信息、使用网银盾记录等其他能够识别借款人身份的材料,可综合推定电子证据内容的真实性。

（二）关联性的审查与认定

我国法学界认为,关联性指的是证据内容的事实与案件事实之间存在某种联系。关联性是实质性和证明性的结合,不涉及证据的真假和证明价值。

在互联网金融借款诉讼案件中,关联性审查的重点在于是否为当事人本人实施了该行为,以及当事人所确认协议的具体内容。一般来说,互联网金融借款对本人身份的审核有着确定的框架性标准。

关于电子证据的关联性,即电子证据与待证事实之间具有一定的客观联系,也就是说,凡当事人提交的电子证据只要能够在一定程度上对证明案件事实产生实质性影响,都可以认定其具有关联性[1]。

（三）合法性的审查与认定

证据的合法性是指证明案件真实情况的证据必须符合法律规定的要求。证据的合法性要求:第一,证据主体合法,是指形成证据内容的个人或单位须符合法律的要求,反之证据主体不合法也将导致证据的不合法;第二,证据形式合法,是指作为证据不仅要求在内容上是真实的,还要求形式上符合法律规定;第三,证据材料的取得方法合法,证据能否成为法院认定案件事实的证据还要看该证据材料的取得方法是否符合法律的规定。

关于电子证据的合法性,主要是对电子证据取证过程中主体、程序、工具的合法性进行审查,即仅以合法方式收集的电子证据才具有证明力,

① 王畅,范志勇.互联网金融案件中电子证据制度的适用[J].法律适用,2018(7):109-115.

而对通过非法途径获取的电子证据不予采信。电子数据证据在制作、储存、传递、获得、收集、保全、出示等各个环节都不得使用窃取、入侵他人网络系统等非法方法，也不得侵犯他人隐私权和个人信息权等合法权益。

（四）完整性的审查与认定

因电子证据具有易篡改的特征，所以应注意审查电子证据是否完整。电子证据只有具备完整性、可靠性才能够作为证据使用。电子证据完整性包括电子证据生成、存储、传输整个过程的完整性。

审判人员应对电子证据及附属信息的完整性进行审查，该种审查主要依靠技术分析。如第三方认证机构认定。自我国电子签名法实施后，具有电子认证业务的电子证据第三方认证机构逐渐在市场上涌现，且其出具的材料具有证明效力。我国电子签名法第 16 条明确规定："电子签名需要第三方认证的，由依法设立的电子认证服务提供者提供认证服务。"《电子认证服务管理办法》《电子合同在线订立流程规范》等配套性规定也逐步推出。目前市场上也大量出现了开展证据存管、电子认证等业务的电子证据第三方认证服务机构。在司法实践中，一般法院对于第三方认证电子借贷合同的证据效力，认为其电子签名已获得国家权威认证机构认证，并且有相应的数字证书和时间戳等技术手段保障其完整性和客观性，因此可以认定其具有法律效力。

另外，可以通过司法鉴定。因为国家对电子证据进行鉴定的规定较少，鉴定机构也无公认的操作规则和统一的流程，且鉴定所需时间较长，所以司法鉴定这一层面需要再深入探究。

三、互联网金融借款案件的举证责任分配

法官应增强分配举证责任的灵活性，根据案件审理的实际情况和借款人的应诉情况确定不同的举证责任分配方案。

（一）借款人缺席应诉时的举证责任

在借款人缺席诉讼的情况下，应适当加重金融机构的举证责任，以防出现借款非借款人本人终端操作的虚假诉讼发生。审理时应注意以下几点：

1.审查金融机构能否提供向借款人发放网络借款的银行卡开户信息及开通电子银行的申请信息等材料，其提供的材料能否证明借款人具有办理网络借款业务的渠道。

2.应着重审查金融机构提供电子证据的真实性、完整性，审查其能否

提供自身在办理该网络借贷业务时核验过借款人身份信息,如发送短信验证码的留痕信息、手机号码是否为借款人预留的手机号码;审查金融机构能否提供对借款人授信额度审核的依据,如借款人在该金融机构是否有房贷,房贷是否发生了逾期还款,最后一期的还款情况等。

3. 审核金融机构提供的电子证据是否经过篡改、伪造等,如能否提供员工客户渠道信息截屏,截屏的信息能否体现借款人申请该业务的时间、借款数额、借款期限、放款时间与电子合同打印件的内容一致。

4. 综合审查金融机构提供的证据材料能否反映完整的借款过程,是否形成了完整的证据链,各证据间能否相互佐证,能否推定出网络借款事实。

如金融机构未能尽到以上举证责任,则应承担举证不能的后果,法院在审理中对其主张的事实不应予以认定。

(二)借款人参加庭审时的举证责任

1. 借款人辩称账户被盗用冒用情况下的举证责任。借款人以他人盗用、冒用电子银行账户或银行卡已挂失等非本人操作抗辩的,应参照信用卡纠纷案件中对盗刷卡情况的处理。如果借款人能够证明发生网络借款业务时其已向金融机构挂失或报警,或能够提供电子借款合同发生时其已向手机通信商注销原银行卡绑定手机号,从而证明借款人管有的银行卡不具备唯一辨识性的情况,应视为借款人已尽到了对银行卡的保管义务。金融机构负有安全保障义务,若未尽到该义务则应当承担责任。

2. 借款人辩称账户明细存疑情况下的举证责任。借款人以已经还款或收到款项与金融机构提供的明细不一致作为抗辩理由的,应提供进一步的证据,证明该反驳主张。

四、电子数据存证及应用

互联网金融纠纷的基础和核心证据是电子合同,换言之,只要有效实现电子合同存证,上述司法认定的难点和不确定性就可极大改善。随着互联网金融整治工作的不断深入,监管部门已经对电子签名、电子认证等电子数据存证提出了明确要求,各地行业自律组织也相继出台网络借贷电子合同存证业务指引等规范性文件。合法有效的电子数据存证将不再成为问题。

依据最高人民法院发布的《关于加强区块链司法应用的意见》,未来几年,数字金融交易将逐渐摆脱时空限制,实现全业务全流程网上运行,必然促进建成法院与社会各行各业互通共享的区块链联盟,形成较完备的区块链司法领域应用标准体系。在区块链互联网金融交易中,法律关系的发生、变更、消灭均在互联网上操作,案件事实网上留痕、案件信息可溯源,当事人只需要通过网上平台电脑端或手机 APP 经人脸识别和实名身份确认后,通过网上诉讼平台中的电子存证平台及司法区块链平台将案件信息录入后,便能随时随地进行司法调解、司法确认、申请执行等一站式司法服务。探索利用区块链分布式记账技术设计编码,通过事前、事中、事后、时间、地点、人物等多维度的连接化解数据生成的认证困难,实现司法诉讼中证据固定、隐私保护、信用评价、文书精简等功能[1]。

金融是国之重器,是国民经济的血脉。东营区法院将不断适应社会发展对法院工作的多元司法需求,充分发挥审判职能,继续加大专业化审判力度,以多元纠纷解决机制为依托,依法、公正、高效地解决各类互联网金融纠纷,对互联网金融领域出现的新情况、新问题,及时分析研判,探索防范和化解互联网金融风险的对策,为互联网金融的整体法治环境提升和优化提供司法保障。

[1] 杜涛.我国互联网金融纠纷多元化解机制的构建[D].南昌:江西财经大学,2020.

有关医疗美容损害责任纠纷的审理思路

◇ 彭婷婷

内容提要 医疗美容是指运用药物、手术、医疗器械以及其他具有创伤性或者不可逆性的医学技术方法对人的容貌和人体各部位形态进行修复与再塑的美容方式。医疗美容侵权诉讼案件是医疗损害责任纠纷中较为特殊的一种侵权责任纠纷。它与普通的救治伤者的医疗行为并不一样,也不同于日常的美容行为。本文通过多个不同案件列出医疗美容诉讼案件在司法实践中存在的法律适用冲突问题,厘清医疗美容损害责任过错的证明责任、医疗美容损害责任因果关系的证明主体及标准等审理思路。

关键词 医疗美容责任纠纷 举证责任 过错责任

彭婷婷,东营市河口区人民法院民事审判第二团队法官助理。

一、医疗美容侵权诉讼举证责任制度的争议

举证责任分配制度在医疗美容侵权诉讼实践中出现了一些问题:(1)举证责任倒置使得作为服务者的医疗机构一方举证责任加重,甚至经常会出现无法举证进而承担不利后果的情况;(2)由于消费者(即需方)承担较少的举证责任,只要其认为该美容手术无法实现自身的手术要求,就存在产生纠纷的可能性,导致该类型诉讼案件增多,亦存在有些案件无法达到诉讼的程度,导致诉累。"谁主张谁举证"制度在一定程度上减轻了医疗机构的举证责任,但在司法实践中不易操作,且因法律规定中对因果关系举证责任的界定模糊,使得在法律适用问题上出现了争议。有学者认为,关于医疗行为与损害结果之间因果关系的举证责任应在医疗机构一方;还有学者认为,根据过错责任归责原则,由提出侵权请求的患方承担举证责任,患方无法提供的则应主动申请鉴定。该两种思路在司法实践中并未达成一致。

在举证责任分配对因果关系的证明责任规定得并不明确的情况下，法律赋予了法官较大的自由裁量权。现实生活中大多数法官并不具备相关的医学知识，甚至对医疗美容行为本身的接受程度亦有所不同。在司法解释明确将医疗损害鉴定意见作为判案参考的情况下，有的法官在判断案件事实、处理案件时会将医疗损害鉴定意见的结论直接作为依据作出相应裁判。医疗美容行为本身具有特殊性，即医疗美容的"失败"不同于普通就诊医治行为的"失败"，就医者在医疗美容中所遭受的"侵害"也不同于普通患者在普通诊疗行为中遭受的损害。若法官只依据司法鉴定结论作出判决，则在某种程度上属于未查清案件基本事实。

二、我国医疗美容侵权诉讼的现状与基本思路

目前医疗美容侵权在举证责任分配、责任承担主体等方面尚没有统一的定论，基层法院的法官在审理医疗美容侵权案件时，在查清案件事实方面存在一定的困难。下面笔者用 1 个案例探讨该类案件审理的难点。

2008 年 6 月 29 日，王某某前往北京某医疗美容医院进行面部皱纹整形、隆下巴、下眼袋整形手术，并支付了 26 200 元医疗费。2008 年 7 月 16 日，该医疗美容医院承诺给王某某进行下颌缘松弛和眉峰不高的免费治疗[①]。2008 年 10 月 23 日，该医疗美容医院针对王某某眉峰偏低、下颌缘脂肪少量堆积伴松弛的问题进行眉上切口提眉术、下颌缘吸脂术。2009 年 12 月，王某某起诉到基层法院，认为手术失败需要修复，要求医疗美容医院返还手术费 26 200 元，赔偿误工费 12 000 元、修复费 18 000 元、鉴定费 2 350 元。审理中王某某与医疗美容医院共同选择鉴定机构对涉案手术是否存在损害后果、医院的诊疗行为是否存在过错、损害后果是否可以修复、修复需要费用等项目进行司法鉴定。鉴定结论认为，诊疗行为存在的问题有：术前检查不全面、术前谈话内容不够具体明确、手术记录不详细等。对王某某的损害后果，鉴定结论认为，"下颌缘吸脂高低不平"与术前照片对比，可见双侧下颌缘有凹陷，稍见不平整，"整体搭配不协调"无法评价；关于修复费用，鉴定结论认为"下颌缘吸脂高低不平"项目中可修复，自体脂肪移植需 3 次，每次费用 6 000 元、注射人工填充材料费用因医院而异，总体费用较高。经审理，一审法院判决，北京某医疗美容医院返还王某某医疗费 20 000 元并赔偿王某某后续手术费 18 000 元、误工费 6 000 元。判决后，该美容医院不服，上诉至二审法院，后又申请撤回上诉。法院裁定准许撤回上诉，双方按一审判决执行。

① 寇姗,陈特,洪子夫.医疗美容损害赔偿纠纷的法律适用——王某与北京某医疗美容医院医疗损害赔偿纠纷案评析[J].中国美容医学,2012（12X）:818-819.

从上述案例可以看出,医疗美容侵权案件应当首先区分是医疗美容还是生活美容。二者区别主要体现在以下几个方面:(1)定义不同,医疗美容是指采用带有创伤和入侵功能的医疗装备和其他医学技术来修正和再造人体外观和身体各部位,而生活美容则通过非医疗性手段,对人脸部、颈部、背部等进行皮肤护理、按摩等美容护理。由此可以看出,医疗美容是一种医疗行为,而生活美容是商业服务行为。(2)机构准入门槛不同,生活美容机构仅需持本人及本店员工的有关证件到政府相关部门申请批准即可;医疗美容机构则须符合《医疗机构基本标准(试行)》,还须按照《医疗美容服务管理办法》以及《医疗机构管理条例》《医疗机构管理条例实施细则》的有关规定办理设置审批和登记注册手续,经卫生行政部门登记注册并获得《医疗机构执业许可证》后方可开展执业活动。(3)两者从业人员资质不同,医疗美容机构实行主诊医师负责制,主诊医师必须具有执业医师资格;生活美容机构的从业人员通过各类短期(例如社会上为成人开放的技术学校)学习培训,学制通常比较短,在1～3个月之间,且无国家认可的统一的技术职称认定。(4)服务项目不同,医疗美容项目分为美容外科、美容牙科、美容皮肤科和美容中医科等诊疗科目;而生活美容机构则主要从事形象设计、发型设计及理发、化妆品销售及化妆技巧、皮肤护理、保健按摩、健胸、减肥等包含保养或保健性的美容服务。

其次应解决面对因美容引发纠纷如何选择法律进行适用。如前文所述,医疗美容是一种医疗行为,而生活美容仅仅是一种商业服务行为。因此,在实务中,因医疗美容造成患者损害引发纠纷的,在性质上应属于医疗损害赔偿纠纷;因生活美容造成消费者损害引发纠纷的,在性质上则属于一般人身损害赔偿纠纷。基于此,《北京市高级人民法院关于审理医疗损害赔偿纠纷案件若干问题的指导意见(试行)》(京高法发〔2010〕第400号)第二条规定:"患者一方与美容医疗机构及开设医疗美容科室的医疗机构之间发生的医疗美容损害责任纠纷,适用本意见处理。因在非医疗机构进行美容引起的损害赔偿纠纷,按一般人身损害赔偿纠纷处理。"在上述案例中,双方之间形成了医疗服务合同关系,此法律关系中王某某应对存在诊疗行为和损害后果承担举证责任,被告对医疗行为符合诊疗规范、诊疗行为与损害后果没有因果关系承担举证责任。最后辅之以鉴定意见予以综合考虑。上述案件的司法鉴定意见书载明,医疗机构在术前告知、检查、手术记录方面确有疏忽之处,而正是由于上述疏忽影响了就诊者决定是否签订合同、合同内容究竟为何,以及术后如何保养避免"失

败"，因此医疗机构的确有过错，并非与就诊者的损害后果没有关系。本案中医疗机构构成医疗侵权，应承担相应赔偿责任。

三、完善医疗美容侵权诉讼举证责任

目前随着人们对自身容貌越来越重视，而医疗美容成为很多人的选择，故医疗美容侵权案件数量逐步上升。该类案件的争议点较多，本文主要侧重谈论其中的双方举证责任分配问题。

（一）对医疗美容损害责任过错的证明

医美患者应当提交相关医疗机构具有过错的证据，但法院可以根据个案的具体情况区分医美患者是否容易举证证实相关内容。如果通过医美患者提交的证据就已经能够证明相关医疗机构存在过错，就不必再通过鉴定程序予以证明；若医美患者无法证实自己的主张，则可启动鉴定程序，辅助还原事实；若因医疗美容机构不提供病历等原因导致案件无法顺利进行，则法院可推定医疗美容机构一方存在过错。

（二）关于医疗美容损害责任因果关系的证明

因果关系是侵权法律关系的基本构成要件之一，因果关系的证明责任主体落在医美患者一方，但实践中患者一方不太容易证明因果关系，所以实践中因果关系的证明大多是通过医疗鉴定程序实现的。一般情况下，若患者能够证明自己在医美机构的整个治疗过程中遭受到损害，且医美机构的行为与患者的损害后果之间存在因果关系，法院即可推定患者提交的证据已达到相应的证明标准的要求，即法院可结合具体的案情，判断医疗行为和损害之间是否存在因果关系。

但在实践中，具体应注意以下几点：（1）患者一方提供用于证明因果关系的证据必须达到民事证据要求的高度盖然性，即从事医美行业的人员以一般的医学经验知识就可以判定两者之间可能有因果关系，那其提交的证据就无法达到高度盖然性，则不能推定存在因果关系，举证责任无法转移；（2）因果关系推定后，医疗机构一方被法院要求对因果关系进行举证时，可从是否存在医美行为、该行为是否产生了损害后果及是否有其他介入因素等方面进行举证，但其证明标准应当高于患者的证明标准；（3）当医患双方对因果关系的证明程度相当时，应恢复到原始状态，由患者承担举证责任，若无法举证则应承担相应的不利后果。法官作为一个具有生活常识及法律知识的中间审判者，应通过医患双方提交的证据对案件具有一个基本的、全面的把控，尽量还原案件事实，综合判断是否造

成了重大医疗过错。

四、结　语

　　医美行业纠纷的增多代表着人们对美的认识开始多元化,但是应清醒地认识到,不管是普通的手术还是医美手术都存在一定的风险,我们应该理智对待医美行为。目前实践中对于医美侵权案件中的特殊因果关系应该如何处理尚无定论,若双方举证无法达到证明目的,法官通常会启动鉴定程序并依据鉴定结论作出判决。若能在举证责任分配上形成统一的规则,则会对基层法官在查明案件事实上有很大的帮助。

共同担保人之间相互追偿权问题探析

◇ 张　艳

张艳,东营市广饶县人民法院立案庭法官助理。

内容提要　民法典第 392 条(即物权法第 176 条)规定了人保和物保并存时担保权的实现规则,但未规定混合担保人之间的追偿权,实际上是否定了《最高人民法院关于适用〈中华人民共和国担保法〉若干问题的解释》(以下简称《担保法司法解释》)第 38 条关于混合担保人之间可以相互追偿的规定。《最高人民法院关于适用〈中华人民共和国民法典〉有关担保制度的解释》(以下简称《民法典担保制度解释》)采担保人相互追偿权否定说,但对于在同一份合同书上签字、盖章或者按指印的,推定相互承担连带共同担保责任,进而肯定了相互追偿权,这一定程度上缓和了否定说引发的道德风险和不效率。基于体系融贯的要求,应否定担保人基于民法典第 524 条第 2 款、第 700 条的法定债权转让、法定代位权变相取得相互追偿权。

关键词　追偿权　共同担保人　担保责任　连带责任

一、共同担保追偿权相关概念的厘清

共同担保是指为了维护债权人利益,在同一债权设定多个担保,从而导致同一债权上有两个以上担保并存。共同担保根据担保形式,主要分为共同保证、共同抵押和混合担保。混合担保是指被担保的债权同时存在人的保证担保和第三人提供的物的担保(抵押、质押)。共同保证分为按份共同保证与连带共同保证,保证人与债权人约定了保证份额的按份共同保证,保证人按照各自份额承担保证责任,不能相互追偿;没有约定保证份额的,保证人承担连带责任。保证的方式有一般保证和连带责任保证,主要解决与债权人之间的关系。

共同担保人之间的追偿权是指共同担保中履行担保责任后的担保人

对其他担保人具有的追偿权。共同担保人之间的追偿权一直是实务中争议很大的问题。

二、法律规范的冲突

我国担保法第 12 条规定:"同一债务有两个以上保证人的,保证人应当按照保证合同约定的保证份额,承担保证责任。没有约定保证份额的,保证人承担连带责任,债权人可以要求任何一个保证人承担全部保证责任,保证人都负有担保全部债权实现的义务。已经承担保证责任的保证人,有权向债务人追偿,或者要求承担连带责任的其他保证人清偿其应当承担的份额。"这确认了保证人可向债务人或其他保证人任意行使追偿权的正当性。而在《担保法司法解释》第 20 条中却规定:"连带共同保证的保证人承担保证责任后,向债务人不能追偿的部分,由各连带保证人按其内部约定的比例分担。"第 75 条规定了共同抵押人的追偿权:"同一债权有两个以上抵押人的,债权人放弃债务人提供的抵押担保的,其他抵押人可以请求人民法院减轻或者免除其应当承担的担保责任。同一债权有两个以上抵押人的,当事人对其提供的抵押财产所担保的债权份额或者顺序没有约定或者约定不明的,抵押权人可以就其中任一或者各个财产行使抵押权。抵押人承担担保责任后,可以向债务人追偿,也可以要求其他抵押人清偿其应当承担的份额。"该条虽未否定内部追偿权主张,但设置了债务人优先清偿与其他保证人后位担责限制。

我国物权法第 176 条规定:"提供担保的第三人承担担保责任后,有权向债务人追偿。"按《担保法司法解释》第 38 条的规定,同一债权既有保证又有第三人提供物的担保的,债权人可以请求保证人或者物的担保人承担担保责任。当事人对保证担保的范围或者物的担保的范围没有约定或者约定不明的,承担了担保责任的担保人可以向债务人追偿,也可以要求其他担保人清偿其应当分担的份额。为及时回应司法实践疑惑,最高人民法院在 2019 年《全国法院民商事审判工作会议纪要》(以下简称《九民纪要》)第 56 条就追偿权问题作出了针对性规定:"被担保的债权既有保证又有第三人提供的物的担保的,《担保法司法解释》第 38 条明确规定,承担了担保责任的担保人可以要求其他担保人清偿其应当分担的份额。但物权法第 176 条并未作出类似规定,根据物权法第 178 条关于'担保法与本法的规定不一致的,适用本法'的规定,承担了担保责任的担保人向其他担保人追偿的,人民法院不予支持,但担保人在担保合同中约定

可以相互追偿的除外。"此种解释路径先将物权法第176条限缩解释为保证人向债务人的追偿权的肯定，而回避保证人相互追偿问题，再采用同一法律位阶中"新法优于旧法"原则，回溯到《担保法司法解释》第38条对该前述问题采取否定说，同时突出例外约定的意思自治准则。该条释义明确，担保人之间没有约定时，混合担保人、共同保证人、共同抵押人均不可以相互追偿。该观点符合民法典第392条的立法精神和价值取向，可作为处理担保人之间追偿权问题应遵循的规则。

我国民法典第392条规定："被担保的债权既有物的担保又有人的担保的，债务人不履行到期债务或者发生当事人约定的实现担保物权的情形，债权人应当按照约定实现债权；没有约定或者约定不明确，债务人自己提供物的担保的，债权人应当先就该物的担保实现债权；第三人提供物的担保的，债权人可以就物的担保实现债权，也可以请求保证人承担保证责任。提供担保的第三人承担担保责任后，有权向债务人追偿。"第700规定："保证人承担保证责任后，除当事人另有约定外，有权在其承担保证责任的范围内向债务人追偿，享有债权人对债务人的权利，但是不得损害债权人的利益。"该两条的文义解释又将保证人相互追偿问题置于空白地带。《民法典担保制度解释》第13条又规定，同一债务有两个以上第三人提供担保，担保人之间约定相互追偿及分担份额，承担了担保责任的担保人请求其他担保人按照约定分担份额的，人民法院应予支持；担保人之间约定承担连带共同担保，或者约定相互追偿但是未约定分担份额的，各担保人按照比例分担向债务人不能追偿的部分。

同一债务有两个以上第三人提供担保，担保人之间未对相互追偿作出约定且未约定承担连带共同担保，但是各担保人在同一份合同书上签字、盖章或者按指印，承担了担保责任的担保人请求其他担保人按照比例分担向债务人不能追偿部分的，人民法院应予支持。

共同保证人除约定为连带共同保证及多个保证人在同一合同书上签字、盖章或按指印的之外，除非共同保证人相互之间有约定，否则相互之间没有追偿权。

总之，关于共同担保人之间的追偿问题，担保法《担保法司法解释》、物权法《九民纪要》、民法典及相关解释对此均作出了相应的规定，但互相之间不尽一致。从具体规定看，担保法《担保法司法解释》对担保人之间的追偿持肯定说；物权法第176条《九民纪要》第56条对担保人之间的追偿持否定说；《民法典担保制度解释》第13条在否定说基础上

列举了可以追偿的例外情形,可以称为有限说。

三、不同理论之争

对比现行法律规范存在的冲突,有关担保人之间能否追偿,亦存在两种不同的理论:一种认为可以追偿,即肯定说理论;一种对追偿持否定态度,即否定说理论。对比解读这两种理论,有助于正确理解和适用法律,合理处理法律规范的冲突。

(一)肯定说理论

在《民法典担保制度解释》实施后,部分学者从解释论角度论证追偿权肯定说,认为肯定追偿权契合意思自治,亦符合效率,通过对民法典第700条的目的解释能够证立共同保证人之间可以相互追偿,进而类推混合担保人之间可以相互追偿[①]。也有观点认为,共同保证为连带责任,适用民法典第519条连带责任追偿规则[②]。还有学者认为,如不允许担保人之间相互求偿,容易引发潜在的道德风险。如某一担保人的关系人受让主债权后,仅向其他担保人主张担保权利,在实质上免除自身担保责任的同时,加重了其他担保人的责任。

(二)否定说理论

从《中华人民共和国物权法释义》一书中的观点看,全国人民代表大会常务委员会法制工作委员会持否定说理论,其认为不能追偿的理由有4个:一是在各担保人之间没有共同担保意思的情况下,相互求偿缺乏法理依据,也有违担保人为债务人提供担保的初衷;二是担保人相互求偿后,还可以向最终的责任人(即债务人)求偿,程序上费时费力,不经济;三是每个担保人在设定担保时,都应该明白自己面临的风险,即在承担了担保责任后,只能向债务人追偿,如果债务人没有清偿能力,自己就会受到损失,为避免出现此种风险,担保人就应当慎重提供担保,或对担保作出特别约定;四是如果允许担保人之间相互求偿,其份额的确定是一个相当复杂的计算题,可操作性不强。

四、对共同担保人追偿权法律规则的解读

目前我国立法采纳担保人相互追偿权的全面否定说,但对于承担担保责任的担保人来说,其可以通过与债权人签订债权转让协议的方式,取得向其他担保人求偿的权利。依据法不禁止即自由的私法理念,通过签订书面债权转让协议的方式迂回取得实质性的追偿权,并没有法律规定

① 贺剑.担保人内部追偿权之向死而生——一个法律和经济分析[J].中外法学,2021,33(1):102-124.

② 杨代雄.《民法典》共同担保人相互追偿权解释论[J].法学,2021,474(5):115-131.

黄河江司法

① 高圣平.民法典担保新规则的解释与适用[J].法庭内外,2020（9）:9-19.

② 崔建远.补论混合共同担保人相互间不享有追偿权[J].清华法学,2021,15(1):5-14.

的形式障碍。为了避免过度优待债权人以及对承担责任的担保人不公平,有学者认为,民法典第 700 条"享有债权人对债务人的权利",不能简单地基于文义,解释为保证人仅对债务人主张主债权。该情形属于债权的法定移转,与第 547 条进行体系解释,保证人得以享有债权人对债务人的权利,也取得与债权相关的从权利。结合第 699 条,承担保证责任的保证人也取得对其他保证人、其他物上保证人的担保权利①。但问题在于,该规避行为是否具有正当性。从债权转让的要件看,对受让人并没有身份限制,担保人自然可以与债权人协商,通过受让债权的形式取得债权,但其能否取得依附于该债权上的从属性权利,则应当进一步分析。实际上,债权人对于债务人的债权一经保证人承担保证责任便消失了,从属于该债权的抵押权因从属性规则也随之消灭了,保证人无从主张②。

我国民法典第 392 条、第 700 条的文义解释将保证人相互追偿问题置于空白地带,基于私法中"法无禁止即自由"原则可推论保证人依据债权人针对连带债务的任意选择权可进行内部追责,但先前《九民纪要》所采观点与既定适用难免导致民法典出台后的规则冲突与实务障碍。具体而言,对于保证人,其可以以第三人身份代为履行,也可以以债权转让形式受让该债权,但是其最终能否要求其他担保人承担一定份额的责任,则受到我国民法典所采取的保证人之间不能追偿基本立场的限制。申言之,保证人无法通过迂回手段变相取得对其他保证人的追偿权。司法实践中,当担保人通过债权转让方式主张权利时,有法院不允许保证人受让债权,这无疑侵害了当事人之间基于利益最大化的交易自由。只是,在我国采取担保人之间相互追偿权全面否定说的背景下,即便担保人与债权人之间通过债权转让形式取得代位权,但结论上同样无法要求其他担保人承担责任。《民法典担保制度解释》第 14 条采取了更为直接的否定方式,即担保人受让债权应认定为承担担保责任,不能迂回取得追偿权。

矛盾纠纷多元化解决背景下家事调查员制度构建研究

◇ 莫晓霖

内容提要 近年来随着法律体系的完善和各种制度、规范内容的增加，我国在保障民事主体的实体权利方面取得了长足的发展。但随着公民文化水平的提高和法律意识的增强，诉讼案件数量日益增多，员额法官面临的工作量压力也日益增大。婚姻家事纠纷是一种十分重要的民事纠纷类型，其妥善处理对维护社会和谐稳定、推动经济社会的长久发展具有不可忽视的作用。本文主要从社会背景出发，通过明确家事调查员的概念对家事调查员制度的必要性和可行性进行分析，辅之对家事调查员的历史实践进行阐述，从多方面提出对家事调查员制度的建构设想。

关键词 家事调查员制度 矛盾纠纷多元解决 司法辅助地位

莫晓霖，东营市河口区人民法院仙河法庭法官助理。

一、矛盾纠纷多元化解决背景的概念解析

为了应对诉讼案件增多的现实情况，近年来社会各界探索出了纠纷多元化解决方式。例如，将仲裁作为劳动争议纠纷案件的前置程序，工伤认定及赔偿由劳动局工伤部门负责。笔者所在的东营市河口区仙河镇隶属东营市东营港管辖，东营港成立了矛盾调解中心，该中心在化解众多化工企业与提供劳务者之间薪资发放的矛盾上发挥了巨大作用。

在法院受理的诉讼案件中，婚姻家庭纠纷是不可忽视的重要类型。在处理婚姻家庭纠纷时，除了应用诉讼程序外，还可以将家事调解员制度作为前置程序。

二、矛盾纠纷多元化解决背景下家事调查员制度建构的必要性和可行性分析

（一）缓解弱势方举证难问题

家事纠纷主要发生在具有稳定亲缘关系的家庭成员、亲属之间，当大家感情和睦地生活在一起时，并无纠纷发生。对于日常生活中对方的过失，包括出轨、家暴等事实，当事人可能在权衡各方因素后选择继续共同生活下去，那么自然不会特意留存这方面的证据，甚至很有可能在对方道歉、表示悔过之后当面销毁证据。只有当两人间的矛盾上升到无法在家庭内部妥善解决的地步时，才会选择诉诸法院。需要指出的是，婚姻诉讼原告方通常是在婚姻生活中处于弱势一方的当事人。再加上婚姻诉讼证据往往涉及双方的情感隐私，如上文中提到的离婚案件中对婚姻破裂承担主要责任的当事人在婚外情方面会有极为隐秘且难以揭露的关键性证据，受害一方当事人在初次发现后往往忽视对证据的收集和保存，造成婚姻诉讼陷入举证困难的尴尬境地。更为棘手的是，在婚外情、家暴的取证方面我国目前还未出台详细明确的法律规定，法律制度上的漏洞使得受害方当事人在离婚诉讼中的赔偿请求权更加难以实现。考虑到在传统中国家庭结构中男性作为强势的一方，在财产、受教育水平、社会人脉方面相对女方具有较大优势，并且在司法实践中也常常遇到家庭主妇对对方婚后收入情况及家庭具体财产数额都不甚了解的状况。

由此可见，婚姻诉讼中的证据收集难度较大，而鉴于法官在民事诉讼中历来不站在"绝对中立"位置上的传统，相较于其他民事诉讼，婚姻诉讼办理更耗时耗力。法官可以根据案件具体情况委派熟练掌握法律规定的家事调查员，让其运用自身丰富的知识储备、良好的沟通能力和敏锐的信息捕捉能力尽可能地了解并化解当事人之间的情感纠葛，最终形成书面调查报告，从而为司法裁判提供依据。

（二）满足当事人适时审判请求权的要求

婚姻诉讼隶属于民事诉讼，而意思自治原则是民事诉讼法的基本原则，因此案件是否适时审判的标准不能全部交由法院认定，应赋予当事人一定的自主权。所谓适时审判请求权，是指当事人有权要求法院在适当的时间、以适当的方式进行审判，防止不当程序的使用造成对当事人合法权益的损害。诉讼程序的法定性要求诉讼程序必须在法定期限内按照法定方式进行。适时审判核心在于保证审判活动按期进行，既不能操之过

急又不能过慢。因为过急会导致当事人不能充分行使诉权,法官对案件事实和证据的审理也缺乏耐心;过慢易造成司法资源的浪费,导致纠纷延迟解决。

婚姻诉讼的证据具有隐秘性和复杂性。对于采用何种方式取得的证据具有合法性等的规定都较为复杂,且在某些方面存在漏洞。家事调查员在保障当事人适时审判请求权方面具有极其重要的作用:一方面,可以有效避免由法官判案数量大、个案精力分配少造成的婚姻案件处理"浮于表面""注重流程"的状况,家事调查员在走访调查后所做的有关当事人双方心理、情感、财产等状况的书面报告和自身意见,可以让法官更好地了解案件事实、发挥主观能动性;另一方面,由于家事调查员的介入适当缩短了原本复杂的婚姻案件的审判进度,极大地防止了双方当事人在影响案件公正审判的关键证据(如离婚债务、情感纠葛等方面)上相互抵赖、拖延扯皮,因而对节约司法资源、维护司法公正权威具有极其重要的作用。

(三)维护未成年人权益的必要保障

根据我国民事诉讼法的规定,民法上完全民事行为能力人具有民事诉讼能力。完全行为能力人是指年满18周岁,能够正常辨认和控制自己行为能力的人;而与此相反,限制民事行为能力人和无民事行为能力人不具备民事诉讼能力。因此,未成年人作为限制民事行为能力人,需要其法定代理人代理其行使民事诉讼权利。当前社会经济迅猛发展,社会文明程度上升和人们受教育水平普遍提高,因此未成年人在生理和心理上的成熟度及对社会基本现象的认知能力都有所提高。需要特别指出的是,未成年人在近年来的婚姻诉讼中的地位愈发重要,往往具备身份关系及财产关系纠纷的重要利害关系人地位。

关于对未成年人诉讼行为能力的年龄要求,《德国家事事件与非讼事件程序法》第159条第一款规定:"子女年满14周岁时,法院应当听审子女本人。程序仅涉及子女的财产时,若从事件的种类来看没有必要的,可以不听审子女本人。"第二款规定:"子女未年满14周岁时,若子女的倾向、关系或意愿对裁判具有意义或者因其他原因而显得有必要,则应当听审子女本人。"

我国现行民事诉讼法、民法总则等法律法规对诉讼中未成年人具有诉讼行为能力的年龄均无特殊规定,又因为我国没有类似于德国为保护未成年人利益而专门设立的可在诉讼中单独作为诉讼参与人的程序辅助人制度,因此家事调查员在法官指导下行使调查取证权,从而最大限度地

保护未成年人利益就显得尤为重要。婚姻诉讼中当事人双方可能长期吵架或者分居，这带给未成年人难以愈合的心理创伤。对未成年人而言，父母虽然感情不和但至少生活在一起，离婚必然导致家庭的分崩离析，哪怕他们对此早有预见，但真正面对时仍会觉得难以接受，甚至有逃避行为。再加上现代社会部分年轻夫妻虽为人父母但极其缺乏责任感，可能会发生互相推诿都不愿意承担教育监护子女义务的现象。这种情况对未成年人心理打击很大，甚至会导致过激行为发生。此时家事调查员可借助自身具备的专业心理咨询知识，通过心理测评机制和心理疏导机制适时对未成年人心理问题进行纾解，保证未成年人的身心健康，使其能够正确接受父母离异的事实，而不至于作出危害社会的不适当行为。

三、家事调查员制度践行现状

（一）山东省武城县人民法院的案例

2016年10月，农村妇女徐某云以不堪忍受丈夫家庭暴力为由起诉离婚。武城县法院在接受起诉状后先派出家事调查员了解情况。家事调查员经过走访发现，徐某云家的经济条件很差，房子在全村是最破的，孩子辍学在家。在通过村干部了解徐某云的婚姻情况后，家事调查员又来到徐某云家调查。面对家事调查员，徐某云坚持说丈夫家暴让其忍无可忍，但是她又提交不出家暴的证据。随后经过一上午的开庭调解，双方的态度虽有所缓和，但徐某云依然不同意与丈夫和好，并且在法庭上反复诉说家庭生活困难和孩子辍学的问题。

这使法官认识到，只有彻底解决这两个困扰徐某云的问题，这对夫妻才有可能重归于好。之前一年的辍学状态以及长期紧张的父母关系给孩子带来了巨大的心理压力。在法院的心理辅导室，心理咨询师孙老师通过做深呼吸、摆沙盘、聊天等方式和孩子充分交流。这期间，法官也带着孩子参观法庭，讲解法律知识并和她一起做游戏。经过一下午的心理辅导，孩子的精神状况大有改观。随后法院的家事审判改革小组召集教育、民政等部门的负责同志一起协商，民政部门表示徐某云家符合救助条件可以给予救助，教育部门也表示尽快安排孩子复学。此时压在徐某云心中的两块大石头才算被搬走，她也最终同意和丈夫重归于好。

武城县的家事调查员选用流程：先由当地司法社工团体、司法局、团委、妇联等政府部门及基层群众组织推荐，再经人民法院选任为正式司法辅助人员。家事调查员的选任标准：具备良好的沟通调查能力、熟悉村（社

区)事务和当地风俗、具有基层工作经历且能够熟练处理家庭矛盾。家事调查员利用自身所具有的专业知识和长期从事群众工作所积累的社会经验，通过走访邻居、社区、当事人工作单位了解当事人的婚姻家庭状况，综合评定各方因素，确认属于"婚姻死亡"还是"婚姻危机"，并依照所掌握的信息向法院据实出具书面调查报告，就焦点问题提出解决建议。

在这个案件中，能够看到法庭在婚姻诉讼审理方面发生了较大变化。以往的法官断案极少关注当事人心理、感情因素；而在上述案件中，不论是开庭前的家事调查、对儿童的心理疏导，还是与政府其他部门的沟通协作，都是法官在分析具体案情基础上所作出的举措。这个案例说明，家事调查员介入有助于法官主动掌握案情、提高办案成效，也有助于加强政府各部门的沟通协作，努力实现社会和谐。法官的工作重点更加体现出以人民为中心的服务宗旨。更加注重情感修复和沟通调解是家事改革的最大亮点。正如国家二级大法官杜万华在接受记者采访时所说："家事改革要想成功，不能单靠人民法院单打独斗。如何调动社会力量，建立一支常态化的家事调解队伍，是一道不易破解的难题。在这方面，各地法院应该大胆尝试，作出积极有效的探索。要把家事审判改革和当前社会多元化化解纠纷机制结合在一起。"

（二）南宁市江南区人民法院的案例

南宁市江南区人民法院自 2015 年 11 月起推行家事调查员制度。最高法在全国范围内推行家事调查员制度时，就曾以文件形式将江南区人民法院在家事调查员制度方面的相关经验作为典型案例加以推广。对于法官来说，家事案件纠纷具有复杂性、封闭性，但对于家事调查员来说，由于她们自身在社区里属于比较有威信、较容易得到他人信赖的一类人，可能对于案件当事人双方具有一些了解，再借助调查走访、交流沟通的方式，能够在有限时间内对争议焦点有较为清楚的了解，对法官的工作方向也有指明作用。举例来说，2017 年 1 月，江南区人民法院受理妇女玉某诉丈夫赵某要求离婚案件，丈夫赵某认为夫妻二人感情尚未破裂不同意离婚，妻子也拿不出充分证据，案件审理陷入僵局。若按照以往情况，法官为求"速战速决"，在证据不充分的情况下判决二人离婚，这种"和稀泥"的做法不仅不利于社会稳定，也不能够真正化解纠纷。法院派出社区家事调查员对此二人家庭、感情等方面进行调查。家事调查员在走访邻居、居委会和二人好友后，与夫妻二人分别进行谈话交流。一系列工作之后，家事调查员了解到小两口经常吵架的原因在于和父母居住在一起，因观

念不同并且缺乏沟通，导致二人矛盾频发，实则夫妻二人感情很好。家事调查员将此情况汇报给审判法官，最后在法官和家事调查员的共同调解下，妻子决定撤销离婚诉求，并且采纳法官建议，和丈夫一起在外租房居住。一个月后家事调查员再进行走访时发现二人已重归于好。

这则案例说明家事调查员制度的运用不仅可以减轻法官在审理家事案件时的压力，而且通过家事调查员对案件情况进行更为细致准确的了解后，提出更加有效的方法解决当事人之间的矛盾，降低家庭破裂的可能性，也极大提高了案件的审理效率和质量，对节约司法资源、提高资源利用率起到了良好推动作用。在案件处理过程中也得到了当事人的一致好评。最高法在对江南区法院的家事调查员制度进行推广时提出，该制度打破了以往靠强制且死板的法律手段来处理家事纠纷的模式，运用温情审判、人文关怀的方式来为法官判案提供帮助，并且将这一做法延伸到审前判后。家事调查员还可以在调查的过程中与案件当事人展开更深层次的交流，指导当事人重新修复感情，保持家庭的完整与稳定，这些做法值得学习与推广。

四、家事调查员制度的建构路径

（一）明确家事调查员的法律辅助人地位

目前一些地方法院从街道办事处、当地妇联、教育工作者、机关干部、人民陪审员、未成年人保护组织等社会机构中临时聘任家事调查员。这些家事调查员虽是兼职的，但对其兼职期限并未做详细规定，也没有规定法院解聘的依据和方式，因此家事调查员的法律地位需要进一步明确。家事调查员根据家事审判法官要求、在职权范围内独立进行调查取证，最终向法院提交书面调查报告。家事调查员仅在法院认为有必要的情况参与法庭调查，在绝大多数情况下，并不出现在真实庭审现场，这就有可能造成某些应当适用的证据未被适用、家事调查员自身的权益得不到保障的情况。法律对家事审理法官对调查报告的认可度及判决应参考家事调查报告等相关事项并未有硬性规定，且在很多试点地区，家事调查员无权参与案件执行，法院对执行情况的审查也不会向家事调查员反馈，因此应当明确家事调查员的法律辅助人地位。这对于保障家事调查员合法权益、提高案件执行力度、优化执行情况、更好地对当事人进行救济显得尤为重要。

家事审理法官一改民事诉讼中法官消极中立的角色定位，在家事裁

判中起着重要作用。其不仅是推动家事纠纷顺利解决的力量，更需要对当事人之间复杂的情感纠纷作出正确裁决，还应通过化解纠纷了解案件背后深层次原因，积极化解矛盾、调整修复当事人之间的关系。家事调查员的法律辅助人地位，在法官指导的前提下有权依照专业知识，独立行使职权，结合自身对于案件的理解进行调查，最后独立提出对家事纠纷事实的调查意见，不受他人或者组织的干扰。但家事调查员行使职权必须服从法官的命令和指挥，对于法官要求查清的事项必须首先进行全面、细致的调查。家事调查员所做的调查是事实调查，事实调查属于不需要口头辩论的、非正式的、非讼案件特有的、由家事法院进行审查资料收集的调查。

（二）严格遴选家事调查员的具体标准

在当前家事审判改革过程中，由于各地区家事调查员遴选标准不统一，部分地区选人标准过低，这在一定程度上也给改革增添了阻力。确立家事调查员统一遴选标准，不仅有助于打造一支专业化、高效化的家事调查员队伍，更是凸显司法公信力的重要途径。这其中最重要的一点就是明确家事调查员的选任渠道。

笔者认为，结合当前我国经济发展不平衡现状以及各地法院普遍存在"案多人少"的困境，家事调查员遴选应该采取选任制和聘用制并举的形式。

选任制即考生需通过国家或者最高法组织的专门考试，拥有法学本科或者以上学历，已获得法律职业资格证书，考试内容除法律知识外，还包括基础心理学、教育学、社会学、犯罪学等内容，其宗旨在于发掘并培养具备丰富知识面、具有较高法律素养的家事调查人才。这部分调查人员数量不在多，而在"精"。通过选任制取得家事调查员资格的属于全职家事调查员，享有公务员待遇，但不纳入法院正式编制。

对于聘用制渠道选用的家事调查员，目前我国司法实践已提供许多有益借鉴。例如，《徐州市贾汪区人民法院审判工作实施意见（试行）》规定，家事案件按照普通程序审理时，家事调查员应从有心理咨询师资格或有婚姻家庭矛盾纠纷调解、未成年人教育及其他类似工作经验的陪审员中选取；综合已有的成功司法实践经验，应当明确，聘任制家事调查员属于法院聘任的工作人员，是兼职调查员，数量上应多于全职家事调查员（这是出于对国情及减轻法院财政负担的考虑）。每月由法院专门人员统计其空闲时间，以确保在进行调查工作时有人可用。应当特别强调的是，

兼职调查员的作用不可忽视。其选任渠道包括社区居委会、心理咨询机构、律师事务所、在职或者退休教师、未成年人保护组织等社会机构工作人员，还可以是民政部门、公安机关、法院、检察院已退休的干部或者工作人员，也可以是曾经担任人民调解员、人民陪审员的人。条件是具有丰富知识面，善于与人沟通、交流，熟练当地方言、风俗习惯和社情民意，具备丰富的群众工作经验(一般应具有 5～8 年经验)和社会阅历，对家事工作具有高度热情。主审法官依据每个婚姻案件的具体案情，随机选派 3～5 个家事调查员组成家事调查小组进行调查，调查之前应由法院合议决定其中 1 人作为家事调查小组负责人，统筹协调整个家事调查工作。

具体聘任流程及标准由法院院长联合法院人事部门负责人及家事审判法官共同商议决定，对于最终人选予以公示和备案，他们的工资和福利待遇由法院财政予以保障。

(三)建构家事调查员的培训考核机制

部分选任制家事调查员是刚刚走出校园步入社会的大学生，他们虽具有丰富的理论知识，但是实践经验和沟通能力欠缺，尤其在面对当事人敏感复杂的情绪时缺乏应对经验，尚需培训正确反应态度和处理方式；部分聘用制家事调查员缺乏法律知识，不具有高层次的法律专业水平，在实际履行家事调查任务时缺乏程序意识。出于保持家事调查员队伍的专业化、正规化、高效化水平的考虑，应当要求法院联合妇联、民政局、共青团等相关政府部门或者影响力较大的社会团体进行相关培训。家事调查员应接受调解技巧、心理疏导技巧、社会调查方法等方面的培训，邀请心理学、犯罪学、教育学、社会学等方面专家就典型案件中应具备的沟通技巧采取示范传授、播放视频直观教学、分组进行场景模拟训练等方式进行传授。家事调查员应熟悉婚姻方面的法律法规，因此法院要定期组织学习《中华人民共和国民法典》《中华人民共和国反家庭暴力法》及各级法院颁布的有关家事调查员的最新要求，并以考试形式考核，保证家事调查员掌握最新法律知识，不断提高法律专业水平，坚持做到法律知识学习常态化。

发挥执行职能　优化营商环境

——以法院执行力度和执行"温度"关系的衡平为研究视角

◇ 张　倩

张倩,东营市东营经济技术开发区法院执行局法官助理。

内容提要　2020 年 11 月 16 日,习近平总书记在中央全面依法治国工作会议上指出:"强调严格执法,让违法者敬法畏法,但绝不是暴力执法、过激执法,要让执法既有力度又有温度。"基层法院作为强制执行的前线,必须发挥执行职能,持续攻坚克难。本文从一例执行案件出发,探索执行力度和执行温度在优化营商环境中的意义,以及两者在实践中的衡平措施等,以推进法院执行职能在地区营商环境中的革新。

关键词　执行职能　强制执行　执行温度　营商环境

一、困惑:一则案例引发的思考

案例简介:某水泥制品有限公司(以下简称某水泥公司)与某建设集团股份有限公司买卖合同纠纷。

2022 年 1 月,某水泥公司因未偿还法院判决给付的工程款 80 万元,被申请人申请强制执行。东营开发区法院受理该案后,对该公司进行了网络查控与线下调查,并联系企业负责人,告知其及时履行。"我们当然是想还钱的,只是今年收益确实不好,我们的货款还没回笼,实在是没钱了。"负责人李某无奈地说。东营开发区法院在依法对水泥公司的法定代表人采取限制高消费措施的同时,开展了实地调研。经分析研判认为,该公司确实是由于货款未收回而陷入暂时性困境,如果继续生产经营,能恢复还款能力。如果对该公司的厂房、设备和银行账户采取查封或冻结措施,虽然能结案了事,但作为一家民营小微企业,该水泥公司就会无法正常经营,很快陷入绝境。案件虽然执结了,但一家企业"死"掉了,还有数

十名工作人员面临再就业的问题。

于是,执行法官多次组织双方当事人说明相关情况,权衡利弊。"我们可以采用'放水养鱼'这种相对灵活的执行措施,对建设公司的设备、账户等进行'活查封'。"执行法官提议,"这样吧,你们两家企业毕竟是合作伙伴,以后还会有合作机会。水泥公司可以正常生产经营,资金周转过来后,申请人也可以逐步实现债权,维护自身权益。"在执行法官的努力下,双方达成了分期付款的执行和解协议。

东营开发区法院坚持依法依规、寓法理人情于执行之中,灵活采取强制执行措施,通过以"放"促"养"实现双赢,在保障当事人合法权益的同时,为小微企业纾困解难,为优化营商环境贡献了法院力量。

故,法院该如何把握执行力度和"温度"关系的衡平是优化法治化营商环境在执行阶段应当关注和思考的问题。

二、思辨:法院强制执行力度和"温度"关系的衡平

(一)优化法治化营商环境的必要性

一是推进全面依法治国的重要内容。全面依法治国,建设社会主义法治国家,是中国特色社会主义的本质和要求,也是人类文明进步的重要标志。社会主义市场经济本质上是法治经济,是依法治国战略的重要组成部分。中央全面依法治国委员会第二次会议强调,法治是最好的营商环境。多年改革开放的经验告诉我们,改革开放越深入,经济越发展,就越离不开法治,新时代构建开放型经济新体制也需要法治。就当前的营商环境而言,还存在着许多的突出问题,比如经济交往中利益失衡、道德失范,侵犯企业知识产权的现象频频发生,这些都需要通过法治保障。为把优化营商环境进一步纳入法治化轨道,国务院公布了优化营商环境条例,并于2020年1月1日起施行。优化营商环境条例作为我国优化营商环境的第一部综合性行政法规,将为各类市场主体投资兴业提供制度保障[1]。二是完善国家治理体系的重要途径。党的四中全会提出,要坚持和完善中国特色社会主义制度,推动国家治理体系和治理能力现代化。而要想实现国家治理体系和治理能力现代化的目标,就离不开法治的保障。建构法治化营商环境是实现国家治理现代化的重要内容和举措。伴随着以"一带一路"建设为代表的国际经济合作新体制的形成,我国经济发展体系日趋成熟、完善。作为国家治理现代化的重要标志之一,营商环境建设,其重要性和必要性日益显现。因此,法治化营商环境是实现国家治理

① 眭鸿明.建构法治化营商环境的意义、内核及路径[J].群众,2019(10):17-19.

现代化的必然要求。对照国家治理体系和治理能力现代化的要求,当前我国法治化营商环境仍存在一定的不足:有的操作规则实用性、可操作性不强;有的管理者特别是领导干部的法治意识不强,法治观念较弱。这些都亟须通过法治的途径来更好地优化营商环境,从而推动我国国家治理体系和治理能力现代化更进一步。三是顺应人民对法治需求的重要举措。当前我国社会主要矛盾已经转化为人民日益增长的美好生活需要和不平衡不充分的发展之间的矛盾。人民美好生活需要越来越广泛,表现在对物质文化生活有更高的要求,同时对法治、公平、正义等方面的要求也越来越高。建构法治化营商环境,必须坚持以人民为中心的发展思想指引,保障公民积极参与立法,协助执法,监督司法。只有构建出安全、规范、井然有序的法治营商环境,才能让投资者、企业家等在内的人民群众有更多的幸福感、获得感,才能满足新时代人们对法治的需求。因此,构建良好的法治营商环境,需要平衡好经济交往过程中的各种利益关系、规范协调好经营者的各种行为。四是顺应经济全球化的客观要求。在百年未有之大变局下,我国已成为世界第二大经济体、第二大货物贸易国。当下,我国的经济发展面临着许多机遇,但同时也面对着许多前所未有的风险和挑战。这些风险有的来自国内,有的则来自国外。国内方面,国内经济下行压力加大,消费增速减慢,有效投资增长乏力;国际方面,有的发达国家对我国采取加征关税、技术封锁等举措。一方面,优化法治营商环境有助于打破当前发展过程中遇到的瓶颈,从而更好地释放内生动力,更好应对国内外的风险和挑战,更好地适应经济全球化趋势;另一方面,构造良好的法治营商环境,才能更好地满足各类企业在全球化过程中"走出去"和"引进来"的需要,为我国经济社会的发展提供不竭动力①。

(二)当前构建法治化营商环境存在的法律问题

一是营商环境法律制度体系相对滞后。改革开放以来,我国经济社会发展虽然取得了举世瞩目的成绩,但是营商环境法治体系建设仍比较滞后,不能很好地为市场经济营商环境提供保障,这一直是亟待解决的问题。十八大以来,伴随着经济社会的发展一系列改善知识产权保护、完善营商环境发展的政策与法规相继出台,比如2019年外商投资法、优化营商环境条例的出台,弥补了我国在专门优化营商环境法律法规方面的空白,有助于进一步营造法治化、公平化的营商环境②。当前,中国经济立法也进入新时代,虽然我国社会主义市场经济相关的法律体系已初步建立,但是需要完善的地方仍然很多。比如,有的领域个别立法之间存在相互

① 辛华.用法治打造良好营商环境[N].中国市场监管报,2019-05-21(1).

② 华小鹏.法治是最好的营商环境[N].河南日报,2019-03-31(3).

冲突,有的领域立法的完善修改存在落后经济社会发展需要的矛盾。古罗马著名法学家塞尔苏斯曾说过:"法是善良和公正的技艺。"在市场经济中,最为重要的一部分就是公平竞争,但公平竞争不可能自发地形成,而是需要法律提供保障。二是部分司法领域存在审判不公、执行不严的现象。司法机关要强化法治意识,通过严格规范公正司法为企业的合法权益撑腰,在营造良好营商环境的过程中消除司法不公的现象。比如,在最高人民法院公布的一系列关于民营企业的典型案例中,就包括了最高法改判的张某中案以及顾某军案。这两个案件的改判说明:一方面在司法领域存在着一些经济案件不公正审判,损害企业家、企业合法权益的现象;另一方面,案件的改判释放了一个强烈的信号,即要让每个企业家都感受到法治的公平正义。面对着经济全球化下纷繁复杂的市场经济秩序,如果不公正司法,就会给企业家人身、民营企业声誉、企业财产权带来巨大的损害,不利于我国法治化营商环境的发展。三是诚实守信的契约精神较为缺失。在市场经济中,倡导的是自由、平等、守信的契约精神,人们只有共同遵守自由、平等、诚信的契约精神,才能营造一个良好的市场经济环境,才能保障各项营商活动顺利进行。然而,目前却存在许多不守诚信的情况,比如有的企业依法经营、诚信守约的意识还不够强;有的经营者严重失信,存在拖欠工程款、承诺的相关事项不兑现等行为,成为诚信红黑榜的"老赖"。这些"老赖"的行为会破坏良好的市场经济秩序。构建法治化营商环境,就是要将守信贯穿于经济交往的各个环节,使守信成为全体人民的自觉行动。再比如,有的地方政府"新官不理旧账",特别是在招商引资过程中,许承诺时没有充分考虑是否切合实际、是否可行,以致在项目实施过程中遇到困难而难以兑现承诺,使企业产生不满情绪。

(三)法院执行在优化营商环境中的重要性

好的营商环境会助力社会主义市场经济健康成长,而法治则是最好的营商环境。司法不仅是维护社会公平正义的最后一道防线,同时也为经济社会繁荣发展提供有力司法服务和保障。人民法院在积极主动为民营企业发展提供坚实法治保障、营造良好法治环境、服务经济社会发展等方面有着不可替代的作用。总而言之,司法在优化营商环境方面的功能和作用愈发凸显。

人民法院通过发挥审判职能作用,从民商到刑事再到行政各审判领域,从市场准入到市场交易再到市场退出各市场环节,平等保护各方主体权益、严格规范交易行为、在法治框架内调整利益关系,可以更加有效地

维护社会关系稳定和生产生活秩序,增强市场交易的可预见性,更好服务保障各类市场主体创新创业创造。

而法律的生命力在于实施,裁判的意义在于执行,执行是公平正义最后一道防线的最后一个环节,判决后,执行的效率直接关系到企业的生死存亡。如果被执行公司能在法院规定的时间内自觉履行,则一般不会对公司及法人产生什么影响。如果不自觉履行,则法院可查封、扣押、冻结并处分被执行公司的财产。如果仍不能执行完毕,则可采取将被执行公司法人代表加入限制消费和失信被执行人名单、拘留法定代表人等执行措施,严重影响被执行公司以后的生产和经营。执行工作一直是"老大难",被执行人规避执行、逃避执行仍是执行工作中的主要矛盾和突出问题。法院以强有力的强制执行措施倒逼涉案企业尽快履行相关义务,从而形成反规避执行的高压态势和全社会理解支持参与执行的良好氛围。

(四)优化营商环境中让执法有温度的现实意义

准确理解让执法有温度,其中最为关键的是善意执行。在实际的执行工作中,法院每一个强制执行措施的落实都对各方当事人具有影响,这就要求人民法院在执行过程中不仅要强化善意文明执行理念,而且应依法保障各方当事人合法权益。

善意文明执行,让执行有"温度",这对一线执行干警意味着自身素质应有更高水平的改变,既要向被执行人释明各种执行措施可能造成的影响和后果,通过多种方式纾解企业困境,盘活企业资产,平衡债权人、债务人、出资人及员工等利害关系人的利益,还要与申请执行人充分沟通,取得其理解。申请执行人在向人民法院申请强制执行,面对执行人员提出的善意执行方案时,容易有抵触情绪,说出这样的话:"我们在诉讼时申请法院查封了××的设备,你们为何不拍卖?是不是有人情在里面?我们要投诉你们不作为。"任何善意文明执行的基础都是执行工作的强制性,要准确理解善意文明执行理念,提高善意文明执行的可操作性,坚持维护当事人合法权益与促进企业生存发展并重,审慎使用强制执行措施,灵活采用"活扣""活封"、财产置换等执行举措,助力企业纾困解难。以优化营商环境、精准服务企业为宗旨,对资金周转困难、仍有发展潜力、存在救治可能的企业设置合理的执行宽限期,最大限度减少执行对企业的不利影响,帮助企业获得再生。推动执行工作持续健康高水平运行,打造法治化营商环境,为经济社会发展提供更加优质的司法服务和保障。使人民群众在执行工作中感受到司法的人文关怀和温暖,实现法律效果和社会

效果的统一。这便是坚持具有"温度"执行的现实意义。

三、释疑:探索"刚柔并济"之路

(一)优化法治化营商环境的普适之式

1.健全法律规范体系,为优化营商环境夯实良好的制度基础。法律是治国之重器,良法是善治之前提。健全社会主义市场经济法律规范体系是保障经济持续健康运行的现实需要,也是打造法治化营商环境的重要基础。当今世界正处于经济全球化背景下,要求我们从构建良好营商环境的需求出发,积极适应新发展形势和市场经济发展新要求,统筹推进重点领域立法,深入推进科学立法、民主立法、依法立法,提高立法质量和效率[①]。比如,针对很多企业提出的融资难的问题,要进一步完善融资担保法律制度,以便于企业融资。再比如,针对时常发生的企业债务追讨难的问题,要完善债权保障制度,防止恶意逃债的现象发生。只有建立健全市场经济法律规范体系,制定出高质量、精细化的营商法规政策,才能让市场主体感受到安全感和稳定感。

2.严格规范执法,为优化营商环境提供良好的法治保障。严格规范执法是构造法治化营商环境的重要方面,政府行政执法部门必须严格、规范执法。具体来说,严格规范执法活动就是要做到以下几点:一是明确执法主体的权限、程序,将行政执法活动具体化、公开化,以增强执法工作的透明度。贯彻落实好执法错案追究责任制度,以及考核奖惩制度,以防止因错误的执法行为损害到经营主体的积极性。二是不断推进反垄断和反不正当竞争执法,以保障市场竞争环境公平有序。一方面要通过严格执法来打击市场上的一系列非法行为,如强迫交易、附加不合理交易条件、搭售商品等;另一方面要严格依据新出台或修改的法律进行执法,2019年反不正当竞争法进行了修改,就是为企业创造公平竞争市场环境提供的又一法律保障。

3.维护司法公平正义,为优化营商环境提振良好的发展信心。依法平等保护各类所有制主体的合法权益,激发经济主体活力是打造法治化营商环境的重要着力点。众所周知,公平公正的司法活动可以定分止争,同时司法还是经济社会的晴雨表,在营造法治化营商环境中处于重要地位,不可或缺[②]。为了构造良好的营商环境,要做好以下几点:一是要公平公正审判以保护好企业家的合法权益。许多法院出台了各类针对民营企业审判的意见。比如,有的法院就印发了《关于审理金融机构借贷纠纷案

① 李一览.关于新形势下优化营商环境的几点思考[J].智库时代,2018(27):34-35.

② 王燕霞.营造法治化营商环境的着力点[N].河北日报,2019-09-18(7).

件的若干意见》，对金融资金借贷裁判尺度进行了统一，积极推动解决民营企业融资难的问题。二是法官要不断加强学习，继续深化商事审判和严慈相济执行的理念。在商事审判活动和执行过程中，要想最大限度减少对涉案企业正常经营活动的不利影响，就要求法官具有很高的综合素质和司法能力。一线法官还要精通国内外的商事法律和涉执行的各项制度，了解一系列法律制度背后的深刻法理。这样一来，有助于法官办理案件，减少误判率，提高执行落地力和增强司法公信力。

4. 弘扬遵法守信观念，为优化营商环境创造良好的社会氛围。遵法观念是法治的基石，同时也是构造法治化营商环境的一项重要内容。诚信是中华民族的传统美德，同时也是社会主义核心价值观的重要内容之一。针对营商环境上出现的一系列不遵法守信的行为，要做好以下几点：一是要大力宣传遵法守信的观念，到企业或者社区开展法律及诚信方面的讲座，提高人们的遵法守信的意识，使社会少一些"老赖"；二是不断健全完善社会和组织守法信用的记录，更加完善守法诚信行为褒奖机制和全社会违法失信行为惩戒机制。使守信这一观念成为全社会共同追求的目标和共同行动，自觉维护公平竞争的市场环境，从而营造整个社会诚实守信的良好氛围。

（二）法院在优化法治化营商环境方面的具体执行措施

法院要想做到强制执行有力、善意执行有温度，就需从"暖企""护企""安企"三个方面展开。以企业信用修复"暖企"行动为牵引，以善意文明执行"护企"行动、执行信访突出问题攻坚化解"安企"行动为支撑，坚持严格依法执行与善意文明执行并重、鼓励诚信与惩戒失信并重、府院联动以综合治理、创新机制以长效治理的原则，采用公正高效规范文明执行，综合运用信用修复、教育督促、失信约束等措施，与政府相关部门紧密配合，推动辖区法治化营商环境持续优化、社会信用总体水平持续提升。

一是企业信用修复"暖企"行动。对法院内纳失企业进行清查摸底，全面掌握纳失措施在不同时期、不同主体、不同情形的适用现状；对企业失信被执行人进行分类施策、集中清理，按照"谁认定、谁审查、谁修复"的原则，根据企业不同状况（在业、停产停业、破产）和案件执行情况（在执、终本、终结）制定不同修复方案，逐案核查处于纳失状态的企业，对符合法定条件的集中撤销或者删除纳失；并会同信用综合管理部门指导帮扶诚实守信自律企业及时申请信用修复，惩戒约束失信企业，倒逼其履行相关义务；严格适用纳失措施的条件和程序，加强失信惩戒措施适用的规

范性、精准性,确保新增纳失企业符合法定标准。以失信预告树做好暖企的"预警牌",以护信缓冲筑好活企的"蓄水池",以守信激励唱好助企的"重头戏"。综合推动失信企业信用惩戒与修复机制进一步完善,全面压降严重失信主体数量,促进辖区信用综合评价水平提升。

二是善意文明执行"护企"行动。设立执前和解和快执团队,细化简案识别标准,简案快执、繁案精执。采用"执前和解 + 快执"模式,实现涉企矛盾纠纷提前化解,部分简易涉企案件快执快结。对中小微企业因资金流动困难不能清偿执行债务的,积极引导当事人达成减免债务、延期支付的执行和解协议;遵守严格依法执行与善意文明执行并重的思想,进一步规范执行强制措施的运用和终本结案方式的适用。以涉企类终本案件为重点,完善终本案件评查方法,每月开展终本案件评查,评查结果实行月通报制度。对于违规终本情节严重的,及时启动"一案双查"并予以严肃处理,切实减少和防范违规执行行为发生;依法审慎灵活采取财产保全和执行强制措施,扩大"活封""活扣"适用范围,对法定代表人、负责人谨慎采取拘留、罚款等强制措施,努力减少执行查控措施对被执行人正常生产的影响;积极整合执行资源,持续开展"我为群众办实事"活动,常态化组织涉企业、涉民生、涉金融案件等集中执行行动,持续加大执行力度,依法维护胜诉权益,精准服务"六稳""六保"。组织开展执行案款集中发放、会同大众网等媒体开展执行直播行动。

三是执行信访突出问题攻坚化解"安企"行动。以严格落实信访工作责任为关键,以涉企执行信访为重点,全面排查梳理涉执领域信访突出问题。坚持集中排查和滚动排查相结合,建立健全风险案件动态管理台账,全面掌握涉执越级访、重复访、涉众访以及涉房地产、涉金融、涉政府、有过激言行等执行信访案件,做到全覆盖、无盲区、零遗漏;严格信访案件化解标准,落实执行信访实质化办理要求,发现违规执行坚决予以纠正。对上级法院交办的涉执信访案件,要确保按时完成化解任务。重点案件落实领导包案、实质化解,真正解决一批执行信访"骨头案";及时梳理执行信访投诉和执行异议申请,针对反映案款超期发放、乱查封、超标查封、违规终本等问题,及时通报、责令限期整改,切实压紧压实信访化解责任,对信访反映的突出问题及时启动双查,统筹推进执行信访案件实质化解,努力营造和谐稳定的营商环境。

在强制执行中,既以依法依规"不打折"的各类强制执行手段维护法治化营商环境,做好地基,又以"失信预告、护信缓冲、守信激励"的善意执行意识立好围栏。

四、结　语

具有"温度"的善意执行不是削弱执行强度和力度,恰恰是在加大执行力度的基础上,选择对被执行人生产经营活动影响较小的强制措施,实行"蓄水养鱼"、采用"活封"方式,努力把握好"力度"与"温度"的平衡,做到执行一个案件、拯救一个企业、促进一方发展、保障一方平安,实现新时代执行工作更高层次、更高标准、更高水平、更高质量发展。

"利民之事,丝发必兴;厉民之事,毫末必去。"力度打底、温度加持,宽严相济的司法执行才更能长久、高效。

执行异议案件的多维度分析

——以开发区法院近三年司法实践为研究对象

◇ 张 倩

张倩,东营市东营经济技术开发区法院执行局法官助理。

近年来,执行裁决案件在权利救济、化解矛盾、减少信访等方面愈发显现出独特的功能和价值,不仅有力保护了当事人、利害关系人及案外人的合法权益,还反向规范了执行行为,提高了执行质效。目前,基层法院受理的异议案件类型日趋多样。为查找不足,总结经验,提高执行异议案件的办案效率和质量,笔者对开发区法院 2021～2023 年 6 月期间相关案件的受理及审查情况进行了统计分析。

一、案件的整体情况

(一)案件数量

据统计,2021～2023 年 6 月,开发区法院共受理执行裁决案件 216 件,其中 2021～2022 年的执行异议案件数迅速攀升,2022～2023 年开始呈现下降趋势(图 1)。

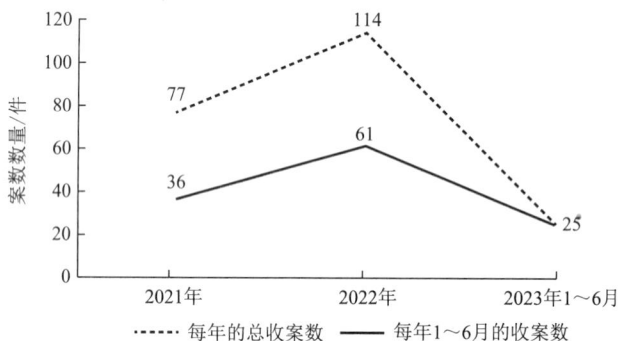

图 1　2021～2023 年 6 月执行异议案件收案数对比图

(二)异议请求事项

执行异议案件的异议请求事项愈发多种多样,如请求中止对房屋的执行,中止对破产债权分配款的执行,解除对房屋、车辆、银行账户、保险、

110

债权的冻结,变更、追加被执行人等。其中,申请事项为变更、追加被执行人的案件占比在 2021~2023 年 6 月期间呈现波动增长趋势(图 2),2023 年较为突出。

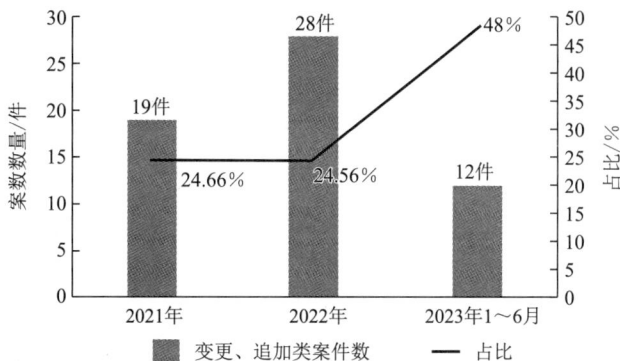

图 2　2021~2023 年 6 月变更、追加类案件收案数对比图

分析发现,执行异议案件中提出异议申请的数量排在前五位的案由有:金融借款合同纠纷 113 件、建设工程合同纠纷 26 件、其他合同类纠纷 21 件、劳动争议纠纷 18 件、婚姻家庭或继承纠纷 7 件。这种现象在一定程度上与开发区法院在执行异议案件中金融类案件占比较大的特殊构成有关。开发区辖区内集中了各大银行、金融机构及各类企业,变更、追加类异议案件占比随着金融类执行案件数量的增多而"水涨船高"。

(三)审查裁决情况

在 2021~2023 年 6 月受理的 216 件异议案件中,经过审查,裁定为驳回异议请求 137 件,约占受理案件的 63.43%;裁定为异议成立 43 件,约占受理案件的 19.90%;批准撤回异议申请 27 件,占受理案件的 12.50%;裁定为部分成立 9 件,约占受理案件的 4.17%（图 3）。

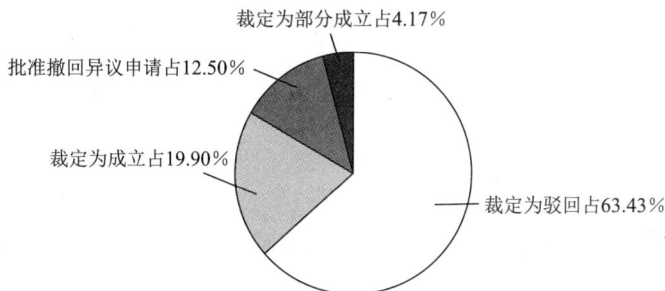

图 3　2021~2023 年 6 月异议审查裁决方式占比图

（四）裁决改撤情况

2021～2023年6月异议案件改撤共有8件,其中2021年、2022年分别4件,在收案数量上升、工作量增加的情况下,仍保持了较低的改撤率。具体情况见表1。

表1　2021～2023年6月执行异议案件改撤情况

时 间	结案/件	改撤案件/件	改撤率/%
2021年	77	4	5.19
2022年	111	4	3.60
2023年1～6月	20	0	0.00

二、主要特点

通过以上对开发区法院2021～2023年6月期间受理的执行异议案件的统计分析,发现其呈现出以下几个特点:

（一）执行异议案件收案数量变化呈现倒"V"形

2021～2022年案件数量上升的原因可以归纳为以下几点:一是随着异议程序制度的逐步完善,程序内救济进入良性发展模式,通过执行异议达到救济的可行性逐渐显现,执行异议制度也逐渐被各类当事人所熟悉和信赖;二是案件执行实施过程中仍然存在执法不规范、程序不完善问题;三是当事人和案外人法律意识正在提升,利用法律武器维护自身正当权益的能力增强;四是存在部分当事人或案外人缺乏诚信意识,为拖延执行而恶意提出异议的现象。

异议案件数量在2023年上半年下降的主要原因:一是法院转变视角,跳出异议"思维圈",注重异议源头化解,化被动为主动,在执行阶段做到了自审、自查、自纠;二是随着执行异议预审查机制的初步建立与试行,裁决法官参与对当事人的异议申请和材料初审环节,并由裁决法官联系实施法官进行案情回溯和研判,对于能由实施法官化解的则在进入异议程序前及时化解,对于符合执行异议立案条件的便加快异议程序审查的前置工作;三是开通执行异议法官热线,在当事人对执行措施产生异议的初步意向时,告知其执行异议热线电话,及时向当事人释法明理、分析可行性,将异议法律咨询服务前置化,增加执行问题与执行异议的化解渠道。

（二）请求事项的类型日趋复杂，且追加、变更被执行人类案件占比波动上升

首先，从所受理的案件看，请求事项多为请求中止对房屋的执行，解除对房屋、车辆、银行账户、保险、债权的冻结等。分析发现，近年来要求变更、追加被执行人的占比增长较快。部分当事人在执行实施阶段，立案后立马进行变更、追加被执行人的执行异议立案程序。其次，有的被执行人会连续以不同理由对同一标的提起多个执行异议，也有不同当事人针对同一事项提起执行异议。从整体看，案件异议请求事项日趋复杂多样，甄别审查难度增大。

（三）从审查裁决的结果看，各裁决方式的案件数量差别较大

裁定驳回异议请求的案件数为137件，占全部异议案件的63.43%；裁定异议成立和部分成立的共计52件，占比24.07%。两者占比差高达39.36%。原因有3个：一是当事人的维权意识在提高，但缺乏证据意识，不能提供有效的证据支持其主张，以致围绕其异议请求的法律和事实都没有有效证据支撑；二是存在部分异议人恶意提出执行异议，意图通过异议程序故意拖延执行的情况；三是部分被执行人与第三人恶意串通，编造虚假事实和证据，企图逃避执行。

（四）改撤率呈逐年下降趋势

从2021～2023年6月的异议案件改撤情况看，改撤率由2021年的5.19%降至2023年上半年的0%，说明法院异议案件的审查质效有了显著提高。

三、存在的主要问题

当前执行异议类案件的审查主要存在以下几个方面的问题：

（一）执行异议案件的审查程序不统一、不完善

虽然民事诉讼法和其解释及《最高人民法院关于人民法院办理执行异议和复议案件若干问题的规定》对执行裁决案件的审查进行了宏观的规定，但在实践中仍存在受理和审查程序不规范的问题。比如，提出异议的期限，召开听证会的条件，执行异议案件的送达范围、公告通知的标准，裁决法官和实施法官对案件的协调衔接程序等都有待健全与完善。同时，因为标准不统一，在不同地区，不同法官采取的办案程序和方法就会略有出入。比如，是否将变更、追加被执行人类的案件列入执行异议案件进行审理，是否可在异议审理期间对还未确定为被执行人的被申请人采取保

全措施等,在不同地区和法院之间有待统一。

(二)异议审查难度逐渐增加

执行异议属于执行救济制度,在现有法律规范有待进一步完善的情形下,还面临审查期限短且只是程序性审查,不能进行实体审查的问题。

从异议审理思维看,存在审判和执行的跨度,表现为沿用审判思维方式、惯性适用执行实施模式。从异议审查看,异议案件应注重证据审查,在分析证据材料逻辑性的同时,需兼顾甄别证据的真实性、合法性、有效性。部分案件面临审查专业性较强的行业材料,在语言和行业知识储备上对审查人员提出了更高要求。从异议主体和类型看,异议案件往往涉及当事人众多,关系错综复杂且异议请求事项的类型日趋复杂,加重了一线干警审限期内高质量办结异议案件的急迫感。从裁判文书看,异议案件涉及的法律门类较多,关系较复杂,在某些问题上又缺乏明确的法律规定。很多异议文书仍存在审查不细、事实认定不清、法律适用不当、说理不强等问题。

(三)异议立案、审查、沟通、反馈环节衔接不顺畅

在实践中,笔者发现执行异议的立案标准不够完善细化,立案预审查的范围较为狭窄,当事人对"异议"的理解存在差异、执行实施与执行裁决间的沟通与反馈有待进一步规范。例如,部分当事人在对执行措施存在不同意见时,便理解为这是对执行有异议进而申请异议立案。然而,这并不能实质化解在执行阶段出现的问题和矛盾,且会因不在执行异议立案范围导致不能立案,进而浪费执行期限。再比如,像第三人在期限内对执行到期债权提出异议的,法院不对异议进行审查且停止对第三人的执行,当事人往往因不了解实情而焦急慌张,不能最快分辨判断出最优解。这些小问题正逐步变成打通环节、高效审理的"绊脚石"。

(四)执行异议案件当事人之间矛盾突出

执行异议往往是当事人对执行行为提出的异议或者案外人针对执行标的提出的异议,争议的处理结果直接影响当事人的切身利益。尤其是在被执行人财产极为有限的情况下,当事人更是极为关注。很多当事人考虑到上级法院复议和下一步异议之诉的时间和金钱成本,即使当事人有提出复议或提起诉讼的救济途径,仍然会对异议审查结果抱有极大的期望,一旦结果对自己不利就作出一些过激的行为。

四、工作建议及对策

随着执行工作规范化建设不断加强,法院越来越重视对执行案件当事人及案外人合法权益的保护,使执行异议复议案件审查工作逐步进入了规范化轨道,案件当事人及案外人能够通过正常的程序表达诉求,维护权益,大大降低了信访、申诉情况的发生。针对在该类案件审查中出现的问题,笔者提出如下工作建议及对策:

（一）不断完善和细化执行裁决案件的审查流程管理

针对该问题,必须加大规范化建设,建立健全相关制度。在预审查、立案和收案、分案、审查、签发、送达、信息公开、审限变更等方面进行统一规范,把严格落实执行异议立案登记制度和无诉权案件一律在立案阶段进行区分。在有关当事人提出执行异议后,先由法官对执行异议进行预审查,使执行裁决案件按照统一的标准和严格的程序进行,保证执行裁决案件的质量和效率。

（二）立足执行工作"一盘棋",强化责任担当,提升业务水平

加强系统观念和执源治理,推进执行实施与执行裁决的协调。实施法官要跳出执行看执行,裁决法官要跳出裁决看执行,裁决审查中要加强与实施团队、执行法院之间的协调联动,致力于解决实际问题。强化责任担当,及时防范化解风险隐患,严格落实司法责任制要求,压紧压实办案责任,杜绝挂名合议情况,充分发挥合议庭、专业法官会议的作用。同时,持续加强业务学习与经验交流分享,强化办案能力的培养,丰富办案方式和办案技巧。对普遍性、规律性问题要及时分析总结,对办案中发现的新情况和新问题要及时调研论证,实现办案能力和办案质效的双提升。

（三）强化事实查明,推动提质增效

1. 要着重解决执行实施和裁决中认定事实不清的问题。牢固树立办案质量底线意识,坚持善意文明执行理念,以高度的责任心落实对当事人合法权益的保护。

2. 要充分认识执行程序中证据审查的重要性。对当事人提交的证据尤其是影响争议事项的关键证据,实施法官要充分听取意见,裁决法官要进行听证并充分质证,保障当事人举证、质证等程序性权利。

3. 裁判文书中要对证据进行综合或逐一分析认定,对是否采纳进行说理,裁判结果必须在事实清楚的基础上作出,既保证裁判文书的严肃性,又确保当事人对裁判文书更加信服。

（四）进一步推进执行审查反馈机制

深化实行异议审查和执行实施双向沟通机制，使异议审查、沟通、反馈环节衔接更加顺畅，从而提高执行异议案件的质量和效率。一是异议审查机构接收新案后，根据请求事情、案件疑难程度查阅执行案卷或向执行实施机构调取相关证据及材料。二是对改撤、变更原因、发现的问题和经复议后维持的案件等情形，及时向执行实施机构反馈。三是执行实施机构在实施中遇到争议问题时积极与异议审查机构沟通。

推行个案化和集中常态化的双渠道反馈机制。一是在异议审理期间，针对疑难复杂、影响较大的案件联系执行实施法官，全面了解案件执行全过程，相关法律问题征求审判庭法官的意见，集体分析研究，共商解决办法。二是加强与上级法院的沟通联系，遇到疑难问题请示上级法院，寻求案件审理思路的帮助。三是通过与执行法官"点对点"式、法官座谈会"面对面"式等方法，对执行异议案件审查中发现的突出、普遍性问题常态化分析、总结、反馈。

（五）加大对恶意诉讼当事人的制裁力度

执行的强制性不应仅仅体现在执行实施阶段，而应体现在执行工作的全部过程。针对执行异议案件审查中发现的滥用执行异议权，利用执行异议制度拖延执行、逃避执行，缠诉闹访的当事人，应当采取必要强制措施，加大制裁力度，该罚款罚款，该拘留拘留，该判刑判刑，起到制裁一个，震慑一片的作用，营造诚信者受奖励、失信者受制裁的良好氛围。

打造黄河口知识产权保护新名片

——垦利法院知识产权审判工作情况统计分析报告

◇ 王晓环

作为上级法院指定的全市唯一审理涉知识产权民事、刑事、行政案件的基层法院,垦利法院紧紧围绕党和国家工作大局,认真落实科学发展观,坚持知识产权审判工作"为大局服务、为人民司法"的工作方针,充分发挥知识产权司法保护的主导作用,不断提升审判效能,依法审理各类知识产权纠纷案件,妥善调节知识产权关系,促进了科技进步、品牌创新和文化繁荣,为建设创新型城市、构建和谐社会提供了有力的司法保障。

王晓环,东营市垦利区人民法院永安法庭法官助理。

一、依法高效审理案件,充分发挥知识产权司法保护主导作用

2019～2022年垦利法院共受理各类知识产权案件664件,审结645件,结案率97%(图1),结案方式如图2所示。2020年案件数量急剧增长后,在诉源治理的作用下2021年、2022年案件数量小幅下降。案件类型出现多样化趋势,但主要集中在知识产权权属、侵权纠纷(图3)。该类案件往往成批量地出现,权利人委托知产代理公司或律师代理诉讼,在较短时间内在一个地域成批量地取证,起诉多名被告人。权利人的维权意识和能力非常强,但被告人的法律意识往往很弱。

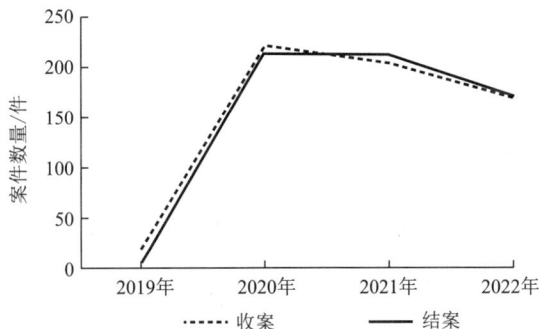

图1 2019～2022年收、结案数量对比

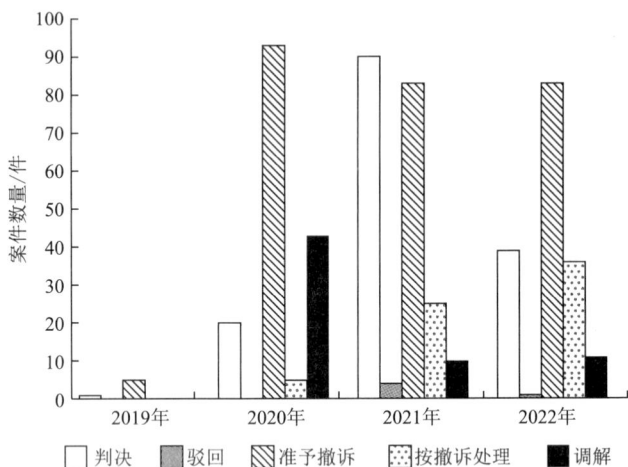

图 2　结案方式柱状图

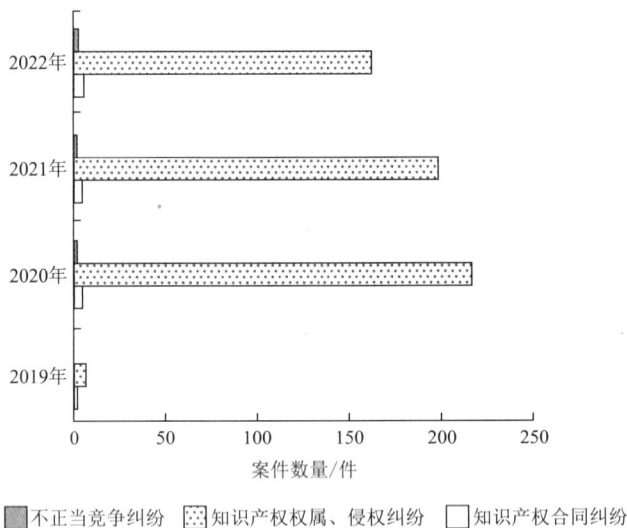

图 3　案件类型统计图

（一）加强商标权保护,助力品牌经济发展

加强商标权司法保护,提升名优企业品牌竞争力,依法审结侵害"潜水艇""周黑鸭"等知名品牌商标案件279件。此类商标权纠纷的原告大多来自北上广深,本地品牌权利人较少,近年来审理中涉及的本地名优企业品牌主要是"欣马酒业""驰中"等;规范服务商标使用,制止依傍他人商标品牌营利的行为,依法保护"老诚一锅"等服务品牌,规制消费服务

领域混淆行为,促进品牌培育创新和企业行业良性发展。

（二）加强著作权保护,助推文化创新发展

发挥著作权案件审判对优秀文化的传播和引领功能,审结著作权纠纷案件 65 件。在我院审理的山东东营"7·18"侵犯著作权案中,尹某、扈某为谋取利益,销售复制的"不忘初心、牢记使命"主题教育辅导用书,社会影响较大,在著作权领域具有代表性。对该案及时受理、开庭、评议,提交审委会进行讨论,并依法进行宣判,维护了权利人的合法权益。加强影视传播、KTV、教材出版等侵权多发领域案件审判力度。高度重视网络直播、短视频、文化创意等新兴产业和文化业态,坚决制止盗版、抄袭等侵权行为,荣获国家版权局 2020 年度查处重大侵权盗版案件有功单位奖励,全省仅有两家法院获得此项荣誉。

（三）加强公平竞争保护,维护法治化营商环境

准确把握公平竞争政策,坚决制止虚假宣传、商业诋毁等不正当竞争行为,审结垄断和不正当竞争纠纷案件 8 件,维护公平竞争环境,激发竞争活力。依法惩处违背诚信原则和商业道德、扰乱市场经济秩序的行为。

（四）建强先进裁判理念,打造知识产权司法保护高地

树立全面保护、严格保护、合理保护的理念,提供精准、高效、可预期的知识产权司法供给,让黄河口知识产权司法名片越来越闪亮。坚持引领规则树权威,聚焦前沿热点,审理了我市首起知识产权公益诉讼案件、首起保护种业安全知识产权案件、首起涉惩罚性赔偿知识产权案件。在案件审理过程中,坚持释法析理,最大限度引导被告自愿履行生效裁判,确保既让胜诉权益得到维护,又促成双方和解,真正实现案结事了。

（五）加大知识产权宣传力度,营造浓厚法治氛围

坚持知识产权审判与宣传双轮驱动,审理的五起案件入选东营市法院知识产权保护十大典型案例,承办的"代某山等假冒注册商标罪、销售假冒注册商标的商品罪案"入选山东法院种业知识产权司法保护典型案例,为统一裁判尺度提供了参考;在知识产权宣传周等时间节点,通过进企业、进商户、进社区、赶大集等形式开展知识产权保护宣讲等系列活动,向社会公众传递知识产权法治理念。

二、深化知识产权司法改革,促进审判体系和审判能力现代化

（一）健全"三合一"审判工作机制,增强司法保护聚合效应

指定政治业务素质过硬的法官集中审理知识产权案件,统一民事、行

政和刑事案件裁判标准,优化审判资源配置,提高司法效率。加大对知识产权犯罪行为的惩处力度,受理知识产权刑事案件13件,审结13件,判处刑罚22人。依法惩处销售复制"不忘初心、牢记使命"主题教育辅导用书谋取利益犯罪行为,震慑了犯罪分子。

(二)强化协同保护,构建知识产权大保护格局

联合公安、检察机关发布《关于知识产权审判"三合一"工作中刑事司法保护问题的意见》,推动知识产权刑事诉讼各环节衔接顺畅、运转规范。会同检察机关出台《关于知识产权刑事案件适用权利恢复制度的意见(试行)》,提高知识产权刑事案件办案质量。与市场监管部门共同推进知识产权领域诚信建设,建议对需要实施失信名单管理的6人进行信用惩戒,形成了信息共享、联动协作的协同保护合力。

(三)加大多元解纷力度,开辟便民新路径

以知识产权审判团队入驻永安人民法庭为契机,与永安镇人民政府调解委员会联合成立安澜调解室,建立342工作机制,提高矛盾纠纷化解效率。开展知识产权纠纷诉前调解司法确认工作,有效降低了当事人的诉讼成本。

(四)完善信息化建设,提升审判效能

全面配置互联网法庭、科技法庭、视频会议室等网络办公办案体系,推进网上立案、在线诉讼、远程开庭、电子送达,推动知识产权审判职能化提档升级。目前已针对当事人不方便到现场参加诉讼的案件运用远程视频系统和微信开庭、调解300余件,既方便了当事人诉讼,又提升了司法效率。

(五)加强审判队伍建设,提升审判能力水平

坚持以习近平新时代中国特色社会主义思想为指导,引导干警深入学习贯彻习近平法治思想,牢记"国之大者",进一步增强完整准确全面贯彻新发展理念的主动性。积极参加全省法院知识产权审判能力提升培训,提升知识产权审判的综合素养,对知识产权审判工作中涉及的技术性、专业性问题及时向上级法院咨询指导意见,确保切实保护权利人合法权益。

三、知识产权审判工作中存在的问题

(一)案件数量持续增长、新型纠纷涌现,审判质效压力大

目前永安法庭在集中审理全市基层知识产权案件的同时,还在积极探索环境资源案件"三审合一"审理模式,并审理辖区内一审民商事案

件,满足群众就近解决纠纷的司法需求。在受理案件数量与院本部持平的同时,还要审理专业化要求高、难度大的知识产权及环境资源类案件。因此,如何在应对案件体量变大、难度升级的同时保持高质高效的审判,是永安法庭必须面对的首要挑战。

（二）知识产权审判的专业性强,涉及领域多,考验着法庭工作团队的综合素养

知识产权与技术互动的特征与生俱来,在知识产权案件(尤其是专利权、商业秘密等案件)中,真正困扰审判人员的往往不是法律问题,而是技术问题,复杂技术事实认定和法律适用难度加大,新领域新业务知识产权保护的权力边界、责任认定对司法裁判提出新挑战。因此,知识产权法官应当具有不同于其他审判人员的专业素养。而法庭合议庭的成员均是之前办理普通案件的法官调整过来的,在审理原有承办案件的基础之上再分配精力进行知识产权类案件的审判、调研等工作,难免力不从心。因此,如何在知识产权审判工作中平衡保护个人权利和公共利益,准确把握多层次价值取向,稳妥处理发展和安全的关系,已成为知识产权案件审判的难点。

（三）风险预警需求,考验着永安法庭的司法延伸工作能力

司法活动具有天然的滞后性,但通过对类案的处理,人民法庭可以掌握一定时期某一区域内的矛盾方向,也可以对矛盾产生的根源进行分析和挖掘。通过对类案矛盾的分析和思考,人民法庭可以提出从根源上解决矛盾纠纷的前瞻性建议。然而目前一些领域侵权假冒案件易发多发、群众反映强烈,个别领域重复性纠纷数量居高不下,大量挤占司法资源,知识产权诚信体系建设需要进一步推进;行政执法标准与司法裁判标准存在不统一现象,司法审判与行政执法衔接协调也有待加强。由此可知,知识产权保护折射在案件中的种种问题,需要永安法庭及时总结并通过各种方式预警和提示风险,这也考验着法庭延伸司法效果、参与社会治理的能力。

四、对知识产权审判工作的几点建议

以永安法庭打造为契机,以专业化审判为努力方向,以改革创新为不竭动力,以执法办案为第一要务,以队伍建设为第一责任,干在实处、务求实效,在知识产权司法保护方面突破创新,努力打造黄河口知识产权司法保护新名片。

一要充分发挥审判职能作用,为加强知识产权保护工作提供有力司法保障。依法严厉打击各类知识产权刑事犯罪,打击知识产权领域的垄断、不正当竞争行为。要在严格执行民法典相关规定的同时,准确适用专利法、商标法、著作权法、反垄断法等法律法规和司法政策,正确使用知识产权民事证据规则,提高知识产权审判质量和效率。

二要坚持能动司法,在做好常规审判工作的同时,将知识产权审判的触角向前延伸,聚焦关键领域风险点,到辖区民营企业特别是高新技术企业进行调研走访、实地指导,为企业知识产权保护和维权行为提供操作指引,保护本地市场主体的商标品牌,推动企业通过自主创新提升核心竞争力。将知识产权审判的触角向后延展,积极与市场监管、商会等部门联合开展普法活动,通过案件分析、司法建议等方式预警和提示风险,驰而不息地将司法服务保障高质量发展落到实处。

三要创新工作机制和方法,一方面重点研究制定符合知识产权审判特点的审判流程管理,严格审限监督,合理配置审判资源;另一方面充分运用多元纠纷解决机制,加强一体化、类型化调解机制,更好地促进矛盾纠纷源头化解、实质化解,在切实提高办案效率的同时主动服务基层社会治理,推动法治与自治有机融合。

四要加强知识产权审判队伍建设,合理调配审判力量,优化审判资源配置,同时积极向在全国知识产权审判方面有较大影响力的法院学习、调研,加强与先进法院的交流与合作,进一步提高自身工作水平,不断提高新形势下做好知识产权工作的能力水平。

广饶县法院环境资源民事案件统计分析

◇ 高德亮

高德亮,东营市广饶县人民法院环资团队负责人。

2022 年,广饶县法院深入推进环境资源审判"三合一"综合配套改革,健全环境资源审判机构,加大环境资源案件审判力度,开启完善生态环境司法保护新模式。近日,广饶县法院对 2022 年受理的环境资源民事案件进行梳理,尝试发现审判规律。

一、环境资源民事案件基本情况及特点

(一)案件数量较低

2022 年,广饶县法院共受理环境资源民事案件 61 件,结案 54 件,结案率 88.52%,与婚姻家庭、劳动争议、合同类等传统民商事案件相比,案件数量较少。

(二)案由分布较为集中

《山东省高级人民法院关于深化环境资源案件"三合一"集中审理工作的通知》中明确的环境资源民事案件共有 4 类 29 个三级案由,而广饶法院 2022 年受理的 61 件环境资源民事案件共涉及 1 类 5 个三级案由。案由为土地承包经营权合同纠纷的案件 32 件、为土地租赁合同纠纷的案件 16 件、为土地承包经营权纠纷的案件 7 件、为相邻关系纠纷的案件 3 件、为供用气合同纠纷的案件 3 件。

(三)案涉主、客体类型多元

61 件环境资源民事案件主体主要涉及基层人民政府、村民委员会、公司法人及自然人四类,其中涉及基层人民政府的案件 2 件,涉及村民委员会的案件 17 件,涉及公司法人的案件 17 件,涉及自然人的案件 30 件。

(四)诉求类别相对统一

在 61 件环境资源民事案件中,原告提出的诉讼请求主要分为解除合同、返还土地、缴纳承包费(租赁费)、支付违约金、继续履行合同、恢复原状(清除地上附着物)等 6 类。其中请求解除合同的 33 件,请求返还土地

的 24 件,请求补缴承包费(租赁费)的 46 件,请求支付违约金的 10 件,请求继续履行合同的 2 件,请求恢复原状(清除地上附着物)的 22 件(含同一案件多个诉求)。

(五)结案方式判决居多

在 2022 年审结的 54 件环境资源民事案件中,判决 28 件,约占结案总数的 51.85%;调解 7 件,约占结案总数的 12.96%;裁定准许原告撤诉 12 件,约占结案总数的 22.22%;裁定按原告撤诉处理 6 件,约占结案总数的 11.11%;裁定驳回起诉 1 件,约占结案总数的 1.85%。

二、环境资源民事审判存在的问题及对策

1. 环境资源案件于 2020 年起初步形成各基层法院设立环境资源审判庭并集中审理环境资源案件的局面,故基层法院审理环境资源民事案件面临起步时间晚、成型经验少、审判人员专业化弱的困境。从事环境资源民事审判的法官在审理案件过程中,应以严谨的态度和最大的耐心深挖案件的成因背景,探究矛盾纠纷的产生根源,达到定分止争的良好局面;同时,应当及时总结案件特点、研究审判规律,从而提高审判效率、沉淀审判经验;上级法院除组织会议和学习外,可整合社会力量搭建交流平台,以研讨会、论坛、沙龙等形式对从事环境资源民事审判的法官进行集中培训,消除观点分歧、统一裁判尺度,与关注环境资源审判的社会各界共商疑难问题、共享成功经验。

2. 环境资源民事案件目前存在的问题主要有:① 总量偏少,可供研究的样本数量有限;② 类型单一,审理的案件主要集中在土地方面,难以在实践中探索环境资源民事审判的深度与广度;③ 案由定性不准确,环境资源民事案件立案及审判法官缺乏对各级案由的深入研究,难以对当事人起诉的案件进行准确定性,导致四级案由使用率极低,从而降低了大数据统计的精准性。在环境资源民事案件审判实践中,各部门法官应加强案件研究,准确识别环境资源民事案件范围,避免案件外溢,深挖案件事实、精准锁定争议焦点并优先适用四级案由,保障数据准确以供调查研究。

3. 环境资源民事案件涉及的土地承包或租赁合同中普遍存在地上附着物难以清除、合同到期或解除后土地难以返还的情形。在上述合同履行过程中,承包人、转承包人、承租人不按土地规划用途经营或建设,如在农用地进行林业种植、在农用地进行非农建设、政府或村委会将农民集

体所有的土地流转给企业进行工业建设等。该行为不仅面临合同违约,更涉及违反土地管理的相关法律及行政法规,且部分永久性建筑在清除地上附着物、恢复土地原状方面难以操作,以致生效法律文书无法得到执行。各级政府应培养依法行政理念,确保土地管理工作沿着正确的政治方向运行,同时应对村民自治组织和社会各界加大土地法律宣传力度,增强法治意识,在土地承包或租赁合同履行过程中自觉形成学法、用法、守法、护法的良好风气,从而减少违法使用土地的情形。

垦利区法院关于民商事案件调解的司法统计分析

◇ 闫顺强

闫顺强，东营市垦利区人民法院执行局科员。

进入 21 世纪以来，人民法院尤其是各地基层法院的案件受理数量持续增长，与此相对应的是基层人民法院的法官数量却没有根本性的变化，审判效率成为社会关注的焦点。最高人民法院为此实施了繁简分流、小额诉讼、当庭宣判等一系列审判方式改革，力图通过提高庭审效率来解决案件激增带来的压力。与此同时，我国民事诉讼法对于诉讼调解的态度也发生了质的变化。1991 年正式实施的民事诉讼法将以前所提倡的"着重调解"改为"自愿合法调解"，以法律规范的形式抑制在民事诉讼中"久调不决"的现象，要求调解不成的案件要及时判决。广大基层法官们面临不断增长的案件数量和严格案件审限的双重压力，对于案件调解率的概念也逐渐弱化，稍调即判成为一种普遍现象。此后人民法院民商事案件调解率一直处于下降趋势。然而，近年来涉诉信访的案件大量增加，当事人对于人民法院的裁决不服，不仅在诉讼体系内通过上诉、申诉解决，还借助于党委、人大等权力、监督机关对于人民法院施加压力，谋求达到自己的目的。在这种方式得到一些效果并且被社会传言放大后，涉诉上访，甚至是越级上访、进京上访成为一种时尚。在人民法院被批评这种现象与构建社会主义和谐社会要求不符后，当事人更是把信访当作利器。

在这样的状况下，最高法又将目光重新落到诉讼调解这一审判工作机制上来，原因是调解结案的案件所产生的一系列后诉讼现象明显少于判决结案的案件。因此，最高人民法院相继出台了《关于人民法院民事调解工作若干问题的规定》和《关于进一步发挥诉讼调解在构建社会主义和谐社会中积极作用的若干意见》等一系列规范性文件，要求各级人民法院加强诉讼调解工作，提高调解结案比率。各级人民法院为实现这个要求，不仅从诉讼调解的重要现实意义上，而且从诉讼调解的工作模式和

机制上不断加强调研和实践,涌现出如"廊坊经验"等诉讼调解工作的典型。然而我们通过学习发现,目前各地人民法院对于诉讼调解的调研和实践多集中在调解程序性工作规范上,而对于被称为"东方经验"的调解工作中的调解方法问题则少有涉及。审判实践中,一个具有优秀调解能力的法官一定有一套独特的调解方法。这样的调解方法如何有效地传承下去,被更多的法官,特别是年轻一代的法官学习和借鉴,也同样是十分重要的。为此我们通过与法官座谈、向法官和本院部分当事人发放调查问卷、学习兄弟法院调解经验等方式,将大家比较认可的一些调解基本方法予以类型化,希望能为读者提供参考和借鉴。

一、掌握案件调解基础的方法

案件调解需要调解基础,这个论断是我们在组织部分资深法官进行座谈时得到的。为了考证其他法官对这个问题的看法,我们在向从事民商事审判的法官进行问卷调查时,设定了这样一个问题:对案件调解可能性的认识。参与调查的法官们认为"并非所有案件都存在调解基础,即没有调解基础的案件就没有调解的可能性"的占70%。因此可以肯定,审判实践中法官们对于案件调解基础问题,是有比较高的统一认识的,这就是掌握案件的调解基础是进行案件调解的一个重要环节,也是成功进行调解的第一步。

既然调解基础是案件调解的必要条件,那么如何发现调解基础就显得尤为重要。我们在调研期间,向在本院进行诉讼并且经调解结案的一百余位当事人发放了调查问卷。在针对"是什么让你接受了法官的调解"这一问题时,61%的当事人选择了"法官的调解方案基本可以接受"的答案。能够基本上让当事人接受的调解方案的提出,背后正说明了主审法官对于本案调解基础的精准掌握,从而更加印证了我们关于"掌握调解基础是促成案件调解的第一步"的判断。

第一,发现案件调解基础,需要法官对调解工作的重视。在调查问卷中,对于"你所承办的案件,大致有多少做过实质性调解工作"的问题,有57%的法官选择了"80%以上"这个答案。而有趣的是,在对紧接下来的"在有可能调解的情况下,一方当事人不同意调解,你更倾向于……"的设问时,只有38%的法官选择了"采取多种方式调解,争取说服当事人,不轻易作出判决"这个答案。

第二,发现案件调解基础,需要人民法院在工作制度上予以落实。我

们在学习兄弟法院先进的调解经验时,发现他们同样注重对调解基础的发现,并且以制度的形式加以落实,取得了很好的效果。如河北省廊坊市中级人民法院的"四段八步式"诉讼调解方法被称为"廊坊经验",其中第一段的工作主要是获取调解信息,即"除了查清事实、准确适用法律外,还要对个案的特点有充分的了解,根据案情宣讲法律,结合实际情况做当事人的思想疏导工作。"又如,山东省庆云县人民法院在诉讼调解中,要求法官"及时了解案情、吃透案情,就案情详解有关法律规定"。这些适宜的调解操作规程和制度,都能很好地促进法官发现案件调解基础,为案件调解做好准备,值得我们效法。

第三,发现案件调解基础,悉心全面了解案情是要旨。要先悉心了解案件的有关情况,知道当事人的需要和面临的困难,引导双方当事人相互理解,然后出具折中的调解方案。这里强调的细节调解就包括了发现当事人之间调解基础的要旨。这种认识和方法在我们法院的法官中也是有共鸣的。在我们向法官发放的调查问卷中,专门有"你是如何了解调解基础的"问题,并为这个问题提供了四个备选答案:通过阅卷、通过庭审、在案件审理的任何阶段寻找和综合运用这三种方法。其中选择第四个答案的法官占46%,证明通过悉心了解案情以发现调解基础,是大部分法官的通用做法,是他们发现案件调解基础的要旨。

经过调查我们发现,不同类型案件的调解基础被掌握的难易程度有所不同。除一部分案件不存在调解基础,如缺席审判的案件、适用特别程序审理的案件、涉及婚姻效力的案件等,其余案件从理论上讲都是存在调解基础的,只不过有的案件的调解基础容易掌握,有的案件的调解基础不容易掌握而已。在对法官的调查问卷中,我们设定了五种案件类型,即婚姻案件、继承案件、三费(抚养、赡养、扶养)案件、人身损害赔偿案件、合同纠纷案件,让接受调查的法官根据自己的经验对案件基础掌握难易程度进行排序。经统计,三费案件最容易,其余依次为婚姻案件、合同纠纷案件、继承案件、人身损害赔偿案件。另外,我们通过司法统计,计算出近两年内我院这五类案件的调解、撤诉率分别为:61.36%,52.97%,46.30%,50.88%,37.14%,与排序结果较为一致。由此我们可以进一步分析,以感情纠纷为主的案件,如三费案件和婚姻案件,比较容易掌握调解基础,相应的案件调解率比较高;单纯的经济纠纷(如合同纠纷)次之;感情纠纷和经济纠纷相混的案件最不容易掌握调解基础,因此调解率也比较低。

强调这一点,是为了引导法官们如何合理分配有限的司法资源,以最

小的成本获得最大的案件调解率。当然,这个方法只适用于一般情况,对于重大复杂案件和矛盾对立严重的案件,是不能这样简单适用的。

二、弱化是非的方法

根据我国民事诉讼法第85条的规定,人民法院审理民事案件,应根据当事人自愿原则,在事实清楚的基础上,分清是非,进行调解。因此"查明事实、分清是非"是我国民事诉讼调解的一项基本原则。对于"查明事实"这个原则,我们在实践中是不折不扣加以执行的,因为在第一个问题中我们实际已经论述到这一点,不查明案件事实,就无从发现案件调解基础。然而对于"分清是非"在理解上存在分歧,是法官心中分清是非,还是在当事人面前直陈双方的是非? 如果是后者,各个方面对此会有什么样的态度? 相关的调查结果如下:

首先是当事人方面。我们向部分调解结案的案件当事人发放的调查问卷中有设问:"你对法官不当庭指出双方的是非对错的调解方式是何态度? "有35%的当事人选择"无所谓",有61%的当事人选择"很好,免得激化双方矛盾",只有4%的当事人选择了"不满意,简直是'和稀泥'"的答案。由此可以看出,大多数当事人对于当众指明其是非对错的做法是不接受的。通过庭审、举证、质证,法官对是非对错作出怎样的判断,当事人已经明白得八九不离十了。因势利导,我们只要能够适时提出恰当的调解方案,案件就有可能调解。但法官如果不审时度势,非要当众指明是非,被指出过错的一方有可能就会"死不认账",调解之门就彻底地关闭了。

其次是法官的态度。对于调查问卷中"在调解过程中,你是否认为应当对双方当事人讲明是非对错"的问题,17%的法官选择"应当讲明,这是调解的基本原则",8%的法官选择"分阶段而定,进入庭审后必须讲明",28%的法官选择"分案件类型,某些案件不一定有绝对的是非对错",47%的法官选择"看案件情况而定";对于"你认为有意弱化双方纠纷的是非对错是否有利于调解"的问题,有64.5%的法官选择了"是"的答案。由此可以看出,严格按照分清是非原则进行诉讼调解的,只是一少部分法官,而绝大多数法官通过实践体会到有意弱化双方当事人的是非对错对调解是有利的,因此并没有严格按照"分清是非"的原则执行。

东营市中级人民法院制定的《关于强化和规范民事调解工作的意见》中确立的调解原则是:自愿原则、合法原则、效率原则和公正原则;河北省

高级人民法院《关于进一步加强诉讼调解和指导民调工作的指导意见》中确立的诉讼调解工作的原则是:调解贯穿诉讼始终、讲究调解艺术、提高调解效率和坚持自愿、合法原则;山东省庆云县人民法院的调解工作经验为坚持尊重事实、依法调解和情法交融原则。通过列举不难看出,这些法院也认识到有意弱化当事人的是非对错对调解是有利的,因此在制定具体工作原则时有意回避了"分清是非"的法定原则。

由此我们得出结论,对于有意弱化当事人之间的是非对错,广大法官是有共识的,这种共识的来源是实践证明它对促成案件调解是有利的,因此是一个值得推广的调解方法。当然,我们在这里所讲的弱化是给当事人留有余地,不当众宣布是非。更多的法官在做调解工作时,采用背对背的方式,分别向当事人阐明看法,指明对错或不利之处,让当事人明白法官的判断,消除侥幸心理,从而达到促成调解的目的。

三、以判引调的方法

关于这个问题,我们先从"以判压调"的问题谈起。"以判压调"是过去部分法官在诉讼调解的过程中常用的一种方法。其直接的表现是明示或暗示案件当事人,如果不接受法官的调解方案,就会遭到败诉的后果。之所以存在这种现象,根源在于我国诉讼调解制度中,案件的调解和裁判是合一的。法官既是案件的调解者,同时也是案件最终的裁判者。从当事人的角度讲,本来就存在讨好法官、争取同情的诉讼心理,如果法官再以裁判者的身份向其施加压力,当事人委屈着接受调解的可能性就极大。"以判压调"违反了调解的自愿原则,侵犯了当事人的诉讼权利,因此后来被最高人民法院严令禁止。现在,已经没有哪位法官敢在诉讼调解中,直接使用"以判压调"的方法了。

然而,我国诉讼调解制度中裁、调合一的体制对于促成案件调解就没有一点可以利用的价值吗?为了考证这个问题,我们在对法官和当事人的调查问卷中专门设计了这一问题。在对法官的调查问卷中,我们提的问题是:对于审理案件中遇到的对于裁判结果期望值过高而无法调解的当事人,你是否用过以委婉的方式让其了解可能的裁判结果来促成调解?法官们的答案是,选择"经常"的占28%,选择"一般"的占43%,选择"很少"的占18%,选择"不采用"的占11%。对于采用这种方式后的效果问题,则没有一个法官选择"没有任何效果"。在对当事人的调查问卷中,我们的问题有2个:一是调解过程中,法官是否分析过可能出现的

裁判结果,选择"是"的当事人占 61%;二是这种分析是否影响了您的调解意见,50.5%的当事人选择了"是"。

通过以上的调查数据,我们可以看出当下多数法官还是利用了自己既是调解人又是裁判者的地位优势,通过分析案件可能的裁判结果,促使当事人转变固有的调解意见,以达成调解。而对于当事人来讲,这种方法对他们也确实有比较好的促进作用。我们认为这种"以判引调"的方法虽然植根于"以判压调"的生长环境,但是已经发生了质的变化。如果说"以判压调"体现了法官利用强势地位剥夺当事人的诉讼权利,而应当予以摒弃的话,现在法官们所运用的"以判引调"的方法,体现出法官以当事人的利益为核心,运用自己的优势地位,有理有据地向当事人"辨法析理"的优良素质和调解能力,是值得提倡和推广的。宋鱼水同志在天津高院做调解经验报告时也讲到这样一个案例:面对固执己见的当事人,她在合议庭对案件作出合议后,又找到当事人进行交流,向其陈述利害,最终使案件得以调解。这个例子也进一步印证了我们结论的正确性。

四、借力调解的方法

这些年来,案件调解率低的另一个原因就是调解工作本身是一件比较费力的活,远没有判决轻巧,所以法官们也就不太热衷于做当事人的调解工作。回头看看 20 世纪 90 年代以前,法院案件的调解率为什么高?除当时着重调解的制度要求外,还有一点就是法官有许多帮助其做调解工作的"外援"。比如,婚姻家庭纠纷案件,按照当时的做法,必须邀请当事人所在单位工会或住所地居民委员会的代表旁听案件审理,参与调解。又比如,当时的审判组(一审一书的固定搭配形式)又被要求定期下到街道,一方面就地开庭,一方面指导居民调解组织开展工作,因此居委会的调解主任们很自觉地就加入对辖区内诉讼案件的调解工作中。可以说这些调解"外援",由于与当事人有着共同的生活条件、相熟相知的人际关系,与当事人的沟通、交流极为顺畅,加上中国所特有的"熟人社会"特点,当事人对他们的劝慰、引导和建议,是比较容易被接受的,案件也就容易调解。相比之下,现在的法官们不仅面临着案件数量增加带来的工作压力,还要"孤军奋战",容易放弃对案件的调解。

近年来,最高人民法院在一些司法解释和规范文件中规定:司法调解要与人民调解、行政调解衔接;人民法院在案件调解时,可以委托他人调解。这证明最高审判机关同样也认识到了,单凭人民法院自身力量化解

所有的矛盾纠纷是非常困难的,应当调动社会力量参与调解,化解矛盾。鉴于此,笔者在进行课题调研时,把借力调解作为一个问题提出。有关的调查情况如下:

接受调查的当事人对于"你对法官邀请相关单位、居委会、亲属朋友参与诉讼调解,是何意见"的提问,明确赞成和明确反对的各占30%,态度中立的占40%。明确赞成者的理由是中国人多好面子,人多的时候容易调解成功;明确反对者的理由是家丑不可外扬,到法院的事情知道的人越少越好;中立者的意见是有些案件并非参与的人越多越好,因此持保留意见。从法官们的角度看,当事人对于法官邀请他人参与调解的态度是:表示愿意的占38%、比较抵触的占4%、不一定或无所谓的占58%,基本上与当事人自己所表达的意思相符。针对如上调查结果,笔者的分析是:第一,当事人对于法官借助于外力参与诉讼调解是有需要的;第二,即使是反对者,其潜在的理由也是害怕有损"面子",因此从另一角度分析,在案件调解过程中,如果有当事人以外的第三方参与,当事人的有些做法就会留有余地,调解之门就有开启的希望;第三,经过法官的适当工作,还会有一大部分当事人能够接受第三方的调解。

接受调查的法官对于邀请第三方参与调解的态度是:有17%的法官经常采用这一方法,有18%的法官没有采用过这一方法,其余法官采用这一方法的情况比较一般或很少采用。法官邀请参与调解的第三方的范围是:当事人的近亲属,当事人的朋友,居委会、村委会干部,当事人的邻居。在调查问卷的该题中,我们虽然列举了人民调解员和派出所的项目,但没有法官选择这两项,看来实践中也就没有法官邀请过他们。对于邀请第三方参与调解的效果,42%的法官证实在某些案件中作用很大,58%的法官证实有一定的作用,没有法官认为这种方法没有作用。由此看出,在邀请第三方参与调解方面,人民法院的工作还是有待于进一步加强的。虽然法官们都认为邀请第三方参与调解是有作用的,但是经常采取这一方法的法官只占一少部分。人民法院所邀请的参与诉讼调解的第三方的范围比较窄,还基本上限于熟人范围,离所要求的诉讼调解和人民调解、行政调解的对接还有很大距离。审判实践中,尤其在审理一些重大疑难案件时,借助于当地党委、人大、政府的协调,最终圆满地将案件解决,已经成为一条重要的工作方法和经验。虽然这类案件有其特殊性,但可以说明有效借助外力对于调解效果是十分重要的。

五、调解方法总结

发现调解基础、弱化纠纷是非、以判引调和借助外力,是笔者目前总结出的,为大多数法官所认同并被不同程度地在审判实践中运用的四类调解方法。下面讨论的几个问题算是对于这个调研题目的建议。

一是对于各类调解方法的灵活运用和综合运用。笔者试图将调解方法类型化的目的是便于传承,绝不是对调解方法的僵化处理。在具体案件中,一定要针对具体案情灵活加以运用。同时这些方法之间也绝不是相互割裂的,而是相互联系的,因此要想达到预期的目的,还要学会对这些调解方法的综合运用。

二是运用这些方法调解案件的法官还应当有必要的心理调整。法官要有健康的调解心理,按照宋鱼水同志的经验,就是要以"善"的理念去与当事人交流,取得他们的信任,真心为他们办事。审判实践中,诉诸法院的当事人往往存在不同的心理,有时会作出让常人难以接受的行为。这时的法官如果没有良好而稳定的心理素质,就可能连调解的愿望都没有了,调解方法的运用也就无从谈起。

三是调解经验的传承急需制度化。调解方法的掌握和运用,或说是调解经验的传承,关系到新生代法官调解能力的提升速度。一个调解能力非常强的法官必定有着丰富的社会经验和阅历,在调解过程中能够应对各种情况和不同性格的当事人。这些宝贵的经验在法学课堂上是不可能学到的,因此新生代法官在司法实践中急需"充电"。在旧的案件审理工作模式中,固定的审书搭配还可以以师傅教徒弟的方式传授调解经验,而在当前审书分离的工作模式下,书记员们几乎无法接受调解经验的熏陶,更何况将来一旦实行法官和书记员的单独序列管理后,这种可能就更难出现了。因此,建立配套的调解经验传播、学习制度,培养新生代法官的调解能力极为重要。

四是建立调解工作鼓励机制。和判决结案相比,调解在很多时候是比较"费劲"的,需要法官花费更多时间和精力。而目前在诉讼调解的工作机制中似乎只有要求和责任,却没有相应的奖励。现行的诉讼费制度规定调解案件诉讼费退还50%,无疑起到了鼓励当事人积极达成调解的作用,那么为什么不能建立鼓励法官多做调解尝试的机制呢?有些兄弟法院已经在做这样的尝试,比如每年举行"调解能手"评选活动,对于前几名的法官给予表彰和适当物质奖励等。

五是对于调解制度给予法律上的调整。笔者在总结调解的四类方法时感到其在运用过程中都或多或少地存在法律制度上的障碍,因此需要从法律上予以调整。例如,关于借力调解问题,在诉讼程序上如果能够确定某些类型案件,人民法院有依据情况转至诉外调解的职权,那么诉讼调解就会发挥更大的作用。其他的诸如"分清是非"等不适宜诉讼调解工作的原则和制度,则更是应当及早予以调整。

广饶县法院涉未缴纳社会保险请求经济补偿案件分析报告

◇ 赵亭清

赵亭清,东营市广饶县人民法院研究室法官助理。

单位为员工缴纳社会保险是法定义务,用人单位和劳动者必须依法参加社会保险,缴纳社会保险费。

2023 年 3 月 31 日,山东省高级人民法院审监三庭发布《关于审理劳动争议案件若干问题的解答》(以下简称《解答》),就 "劳动者承诺自愿放弃用人单位为其缴纳社会保险费,事后以用人单位未为其缴纳社会保险费为由解除劳动合同请求支付经济补偿金的应否支持" 解答:"用人单位没有履行为劳动者缴纳社会保险费的法定义务,劳动者依据劳动合同法第三十八条的规定要求解除劳动合同,并请求用人单位支付经济补偿金的,应予支持。但劳动者承诺自愿放弃用人单位为其办理社会保险手续并缴纳社会保险费,事后又以用人单位未为其缴纳社会保险费为由解除劳动合同并请求用人单位支付经济补偿金的,有违诚实信用原则,应不予支持。"

《解答》中涉及了 "缴纳社会保险费的法定义务" 与 "诚实信用原则",对民事审判工作中涉 "支付经济补偿金" 纠纷处理具有指导意义。

发生劳动争议,一般情况下,应当先行申请劳动仲裁,对处理结果不服的,才可依法提起诉讼。此类劳动争议经仲裁进入诉讼,也从侧面反映出劳动者和企业之间存在一定矛盾。对此进行研究分析有一定价值,也契合 "小案事不小" 的理念。

故以广饶法院涉未缴纳社会保险解除劳动合同而请求经济补偿的涉诉案件为统计样本,进行分析。以期通过统计分析,为企业合法用工、劳动者权益保障等问题提出意见建议。

一、案件基本情况

（一）案件基本情况统计分析

笔者在中国裁判文书网上对广饶法院的裁判文书进行检索筛选①，选取了 137 件（表 1）涉未缴纳社会保险请求经济补偿的案件。

表 1 涉未缴纳社会保险请求经济补偿案件数量

年 份	2013	2014	2015	2016	2017	2018	2019	2020	2021	2022
案件数量/件	1	1	1	2	13	9	13	38	34	25

从案件案号上看，2020～2022 年涉案数量相对较多，分别为 38 件、34 件和 24 件，体现了员工维权意识的增强。

分析案件发现，存在同一当事人（企业）多次涉案情况，如广饶县城市管理服务中心涉案（或关联）12 起，广饶县城乡环境卫生处涉案 12 起，山东省调水工程运行维护中心东营分中心涉案 8 起，山东大王金泰集团有限公司涉案 6 起，其中多为同时期起诉的同类案件，涉及劳动者超退休年龄、劳务派遣用工或企业破产等情况。

在 137 件案件中，涉关键词"橡胶"23 起，"轮胎"8 起，一定程度上反映出涉未缴纳社会保险问题在此类行业中较为突出。

在 137 件案件中有员工起诉案件 100 件，企业起诉案件 37 件，即多数案件为员工认为在劳动仲裁中合法权益未受到保护。

在 137 件案件中，请求支付经济补偿金获支持案件 71 件，未支持 59 件，驳回起诉 3 件（驳回起诉的理由是仲裁为一裁终局，不服终局裁决向法院提起诉讼不符合法律规定），不予审查 4 件（不予审查的原因是该项主张未经劳动仲裁）。

（二）几种特殊情况

1. 自愿放弃参保承诺。

涉自愿放弃参保的典型案件有三件，其中（2020）鲁 0523 民初 1908 号宋某国与东营 JX 铜业有限公司、东营市 YG 职业介绍有限公司劳动争议案，（2021）鲁 0523 民初 4334 号蒋某元与山东 YS 橡胶集团有限公司劳动争议案，劳动者申请经济补偿金的请求获得了支持；另一件是（2018）鲁 0523 民初 2703 号付某贞与东营 PJ 色织有限公司、东营市 YG 职业介绍有限公司劳动争议案，劳动者签订了《放弃参保申请书》，且社保亦在他处缴纳，故其因公司未缴纳社会保险解除合同而请求经济补偿金的请求

① 数据来源为中国裁判文书网，检索条件：法院名称为广饶县人民法院，案件类型为民事案件，全文关键词为社会保险、经济补偿金，检索时间为 2023-05-31，共检索到 175 篇文书，从中进一步筛选出 137 篇。

未获支持。

2.已缴纳农村合作医疗和社会保险。

在（2022）鲁0523民初1189号徐某川与山东HS橡胶有限公司劳动争议案中，承办法官认为，因社会保险的缴纳收益高于农村合作医疗保险缴纳的收益，根据一般认知，职工应同意停止农村合作医疗保险的缴纳而选择社会保险。若公司未能提交证据证实其告知了员工上述情形或员工得到告知后拒绝公司为其缴纳社会保险，则对员工要求公司支付解除劳动合同经济补偿金的合理主张予以支持。

在（2020）鲁0523民初2291号燕某堂与山东省调水工程运行维护中心东营分中心劳动争议一案中，承办法官认为，原告所领取的城乡居民社会养老保险属于社会保障性福利待遇，与被告应为原告缴纳而未缴纳的职工基本养老保险所应享受的养老保险待遇不属于同一概念。对员工要求公司支付解除劳动合同经济补偿金的合理主张予以支持。

二、经济补偿金未获支持的主要原因分析

根据我国劳动合同法第38条的规定，用人单位未依法为劳动者缴纳社会保险费的，劳动者可以解除劳动合同；根据第46条的规定，劳动者依照劳动合同法第38条规定解除劳动合同的，用人单位应当向劳动者支付经济补偿。

经济补偿金未获得支持的59件案件主要分为以下几种情况：

（一）不存在或不能证明劳动关系

此类案件有34件，多涉及不能证明劳动关系存在或者超退休年龄能否建立劳动关系的问题（实务中对已达到法定退休年龄但未享受养老保险待遇人员与用人单位之间的关系应该如何认定存在颇多争议）。

劳动关系是指用人单位和自然人之间因付出劳动和支付报酬所建立的法律关系。劳动关系的基本特征是双方在用工过程中形成了管理与被管理的人身依附关系。如（2020）鲁0523民初5200号逯某祥与山东省调水工程运行维护中心东营分中心劳动争议一案中，原告提交证据不足以证明其与被告调水中心之间存在人身和经济上的依附性，双方关系被认定为承揽关系。

不能认定劳动关系，在超退休年龄用工（尤其是环卫用工）中体现明显。在涉广饶县城市管理服务中心多起劳动争议案件中，承办法官认为，因原告在原劳动合同履行完毕后已经超过法定退休年龄，除非双方约定

建立劳动合同关系,否则其与用人单位之间不存在劳动关系。

(二)超过仲裁时效或法定期限

此类案件有 12 件。根据劳动争议调解仲裁法第 27 条的规定,劳动争议申请仲裁的时效期间为一年。仲裁时效期间从当事人知道或者应当知道其权利被侵害之日起计算。如果劳动者怠于行使权利,相关请求就可能得不到支持。

(三)非因未缴纳社会保险办理离职

此类案件有 7 件。员工因个人原因离职,后请求公司支付未缴纳社会保险经济补偿金的,一般未获支持。劳动者以用人单位存在"未及时足额支付工资""未依法缴纳社保"的情形解除劳动合同,主张支付经济补偿金的法律依据是劳动合同法第 46 条、第 38 条。司法实践中的主流观点是即使用人单位存在劳动合同法第 38 条的情形,但劳动者并未以此为理由离职的,经济补偿请求不予支持。

根据北京高院关于劳动争议案件法律适用问题研讨会会议纪要(二)的规定,对于劳动者提出解除劳动合同的,应以劳动者当时实际解除劳动合同时提出理由作为认定案件事实的依据,劳动者以劳动合同法第 38 条规定之外的情形为由提出解除劳动合同,在仲裁或诉讼阶段又主张是用人单位存在前述法定情形迫使其解除劳动合同,请求用人单位支付经济补偿金或赔偿金的,仲裁委、法院不予支持,但劳动者证明在解除劳动合同时,存在欺诈、胁迫、重大误解等违背其真实意思表示的情形的除外。

(四)其他原因

此类案件有 6 件。原因有未举证解除劳动合同、不存在未缴纳社会保险情形等。

三、相关意见建议

目前不缴纳社会保险的情形在一些中小企业较为常见,发生纠纷也较多。笔者就如何化解该类纠纷简单谈几点看法。

一是持续加强诉源治理和多元解纷工作。党的二十大报告提出,健全城乡社区治理体系,及时把矛盾纠纷化解在基层、化解在萌芽状态;加快推进市域社会治理现代化,提高市域社会治理能力;把非诉讼纠纷解决机制挺在前面,从源头上减少诉讼增量。针对涉企业员工社会保险纠纷,要充分发挥诉前调解作用,联合工会、妇联、司法局、网格化管理中心积极探索矛盾纠纷多元化解工作诉调对接机制。2022 年以来,广饶法院着手

补强商事调解和行业调解等重点板块，并多次到广饶县乐安民营企业商事调解中心、中小微企业商会调解委员会调研指导工作，积极凝聚商事解纷合力。这些基层调解组织为全力服务保障中小企业健康持续发展、维护员工合法权益提供了新思路新办法。

二是相关职能部门切实履行职责。社会保险相关行政机构要对社保征缴及补缴问题加强关注。根据社会保险法第84条的规定，用人单位不办理社会保险登记的，由社会保险行政部门责令限期改正；根据第86条的规定，用人单位未按时足额缴纳社会保险费的，由社会保险费征收机构责令限期缴纳或者补足。劳动仲裁、人民法院等机构释法说理，树立为民情怀，依法保障企业或员工合法权益。尤其是上级法院，要针对争议问题，加强指导，出台相关解释、指导意见或指导性案例。对已达到法定退休年龄但未享受养老保险待遇人员与用人单位之间的关系应该如何认定的问题，在(2022)新民再229号乌鲁木齐MXY物业服务有限公司与马某花劳动争议民事再审判决书中的判词为："本案应该适用《中华人民共和国劳动合同法实施条例》第二十一条'劳动者达到法定退休年龄的，劳动合同终止'的规定。当然，从本条规定原意出发，如果因劳动者达到法定退休年龄而直接赋予用人单位劳动合同终止权，在一定程度上也会对劳动者合法权益造成损害。故对于适用《中华人民共和国劳动合同法实施条例》第二十一条的情形，也应该具体审查劳动者不能享受基本养老保险待遇的原因是否与用人单位有关。"

三是持续加强普法力度。一方面加强对企业普法，鼓励引导企业依法依规缴纳社会保险。在统计分析案件时，发现存在员工发生工伤，但企业未缴纳社保，涉工伤费用、经济补偿金等全部由公司承担的现象。又比如《解答》强调了"诚实信用原则"，并不意味着自愿放弃承诺有效，也不表示企业可以不履行缴纳社会保险费的法定义务。另一方面加强对员工的普法力度，引导员工积极与企业沟通，依法维权。例如，让员工知道，补缴社会保险不属于劳动仲裁的受理范围，员工在劳动仲裁、诉讼中的相关请求不会得到支持，应选择正确的维权渠道。

河口区法院 2020～2022 年离婚案件统计分析

◇ 刘美艳

刘美艳，东营市河口区人民法院民三团队法官助理。

家庭是社会最基本的组成部分,家庭和谐是社会和谐的基础。当前由于当事人年龄偏小、"闪婚"、家庭暴力和夫妻两地分居导致离婚的案件日益增多。离婚案件中出现了一系列问题,如举证难、女性在离婚中处于弱势地位、财产分割问题复杂等。要解决这些问题,必须从多方面同时着手,如大力发展经济、加强诉讼引导、建立多元化的纠纷解决机制及加大对未成年人和妇女的保护力度。本文以河口区人民法院(以下简称我院)2020～2022 年的司法统计数据为依据,通过对这些案件的审理、分析和研究,总结出离婚案件的特点和趋势,并针对实际情况提出相应的建议。

一、我院 2020～2022 年离婚类案件基本情况

如图 1 所示,我院 2020 年度共受理民事案件 2 772 件,含离婚案件 179 件,其中调解结案 56 件、撤诉 47 件;2021 年度共受理民事案件 2 766 件,含离婚案件 209 件,其中调解结案 81 件、撤诉 38 件;2022 年度共受理民事案件 2 565 件,含离婚案件 240 件,其中调解结案 94 件、撤诉 47 件。由此可见,离婚类案件数量呈明显上升趋势。

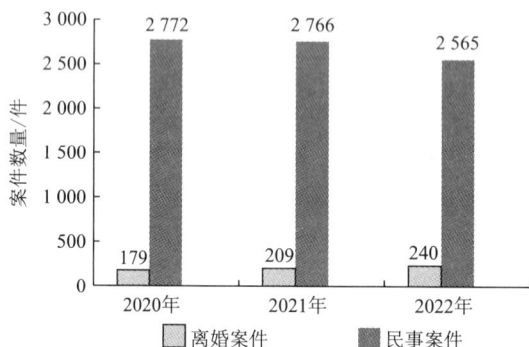

图 1　2020～2022 年我院离婚类案件基本情况

离婚类案件呈现出以下特点:(1)每年离婚案件数量基本持平,数值波动范围较小;(2)离婚案件占民事案件份额较大;(3)离婚案件调撤率较高且多为调解离婚;(4)当事人年龄有偏小化趋势,婚龄较短。

二、离婚案件数量居高不下的原因

(一)夫妻感情基础薄弱

离婚案件双方当事人大多是由朋友或亲戚介绍认识的,恋爱和相互接触的时间较短,婚前缺乏足够了解,对彼此的基本情况并不是非常清楚。双方在没有完全了解的情况下就草率结婚,夫妻感情基础较薄弱,以致在婚后常因琐事发生矛盾,此时双方往往会恶语相向,甚至大打出手,长此以往,最终导致夫妻感情破裂。如我院受理的王某诉张某离婚纠纷,双方自经人介绍认识3个月后,便草率登记结婚,在婚后常发生矛盾,半年后便起诉离婚。

(二)家庭暴力

夫妻双方都是家庭平等主体,应互相尊重和互相体谅。家庭暴力类离婚案件的当事人性格比较暴躁,也有一部分当事人有不良嗜好,如酗酒、赌博、吸毒等。一旦在家庭生活中发生矛盾,这类人往往会采取简单粗暴的方式来解决。有家庭暴力倾向的当事人大多是男方,女方往往为弱势群体,在遭遇家庭暴力时,一部分女性当事人为了孩子和家庭,选择忍受。但是,更多的妇女选择拿起法律武器来维护自己的权益,因此通过法院起诉离婚的案件数量也在不断上升。

(三)双方性格不合

离婚案件双方当事人的生活环境、家庭背景、成长经历、爱好习惯等不尽相同,使得彼此的性格有很大差异。在家庭生活中,夫妻因性格不同、处理家庭事务方式不同而产生冲突是不可避免的。如果双方互谅互让,就可逐步化解;但是如果沟通不畅,冲突就越来越大,最终导致夫妻感情破裂。

(四)其他原因

近几年,随着社会的进步和发展,人们的许多观念和意识在变化,传统的婚姻观念也在发生变化。有一部分人不再满足于平淡的婚姻生活,为了寻求刺激而发生外遇的事件比比皆是。外遇问题成为引发离婚的重要原因。

三、离婚案件审判过程中凸显的问题

（一）缺席审理离婚案件增多

审判实践中,缺席审理主要有以下几种情况:一是由于一方长期在外打工,不与家人联系,处于下落不明状态,采取公告送达而缺席开庭;二是被告经传票传唤无正当理由拒不到庭参加诉讼而缺席开庭;三是当事人为达到离婚目的,可能隐瞒在外务工一方当事人的有关真实信息,致使对方无法到庭。法庭往往无法调查核实双方的真实意思,仅凭原告提供的证据和陈述审理,难以判断夫妻感情状态、财产状况、子女抚养人等,可能损害另一方当事人的利益。

（二）当事人取证困难

离婚案件往往涉及个人隐私,隐秘性较大,只有案件当事人清楚真实情况,外人往往无法知晓。因此,当事人欲证明其夫妻感情确已破裂时,往往找不到证人或其他有效证据。特别是涉及家庭暴力的案件,虽然当事人主张存在家庭暴力,但是没有足够证据予以证明,以致法官对此往往不能认定。原因在于部分受害方在遭遇家庭暴力时有"家丑不可外扬"的想法,未保存有关家暴证据,甚至有意将该证据销毁;另有部分当事人并不清楚如何维护自己的合法权益。受害方未及时报警或者向其他有关单位寻求帮助,以致在主张家庭暴力时无有效证据提交,使得法官对是否有家庭暴力难以认定。对于夫妻关系存续期间的债权债务,也因借款合同的不规范而导致举证困难。特别是向自己亲友借债,往往由于无任何书面证据,债权人的证言因利害关系难以认定。

（三）离异家庭子女的教育问题

家庭和睦对孩子的成长起着至关重要的作用,离婚案件双方当事人往往在起诉离婚前就经常发生冲突,给孩子制造了不良的生活氛围。在法院判决解除婚姻关系后,部分当事人急于建立新的恋爱关系或者组建新的家庭,更是疏忽了对孩子的抚养和教育。有的当事人甚至对孩子不闻不问,不履行抚养义务,将孩子扔给爷爷奶奶或者姥姥姥爷,使孩子缺少亲情的呵护。这些离异家庭的孩子在心理、思想、家庭教育等方面容易出现问题,对以后的学习、工作、生活产生不良影响。

（四）夫妻共同财产分割难度增大

有一部分离婚案件双方当事人之间夫妻感情确已破裂,因此双方对于解除婚姻关系没有异议,但是对于婚姻关系存续期间的共同财产如何

分配未达成一致意见，为了财产分割争论不休。夫妻共同财产不仅仅包括金钱和实物，还涉及房地产、个体商店经营权、公司股权等大额款项。有的当事人为了使自己利益最大化，不惜采取一切手段转移、隐匿共同财产，虚报债务，而这些证据难以调查，法院认定难度较大。

四、离婚案件审判的建议和对策

（一）做好诉讼引导和释明工作

离婚案件中未委托代理人的当事人一般诉讼能力较差，往往对一些法言法语不能理解，对于如何收集对自己有利证据也不清楚，这会使庭审过程复杂化。因此，对离婚案件中的疑点、难点以及当事人难以理解的问题，法官应积极进行解释、说明，提高当事人举证能力，并在庭审中适当指导当事人围绕焦点举证、质证、辩论。同时，经解释说明后当事人仍不能理解的，明确告知其法律后果，增强审判工作的透明度，避免当事人对法官的不信任。

（二）加强对离异家庭子女的保护

法院在处理离婚案件中子女抚养的问题时，不仅要考虑物质方面的有利条件，更要关注教育、心理方面的有利条件，使离异家庭子女能获得更多的亲情和呵护。一方面，法院可指派亲和力强的干警，对有困惑的青少年给予精神抚慰，对有不良言行的问题少年进行矫正。另一方面，法院可安排工作人员对离异家庭子女进行回访，了解其在家庭、学校的生活和学习情况，一旦发现有怠于履行抚养义务或者有损害子女利益的情况发生就及时进行制止，以更好地保护离异家庭子女的合法权益。

（三）依职权查明夫妻共同财产

鉴于夫妻共同财产来源明显复杂化，仅仅依靠当事人提供证据证明其共同财产，有时会因其他客观原因难以查明真实情况。因此，对案件中当事人无法举证、事实难以查清等问题，法院应依职权采取查询银行存款、保全财产等措施，确保案件事实清楚、程序合法，维护好当事人的合法权益。

（四）建立多元化调处化解婚姻纠纷的机制

广开调解渠道，充分发挥人民调解、司法调解、行政调解的重要作用。例如，邀请当事人共同尊重的威信较高的亲属参与调解，邀请当事人所在地的人民调解委员会、基层组织、司法部门积极参与调解，抓住矛盾的源头，从根本上化解矛盾。只有做好夫妻双方的思想工作，才能处理好婚姻问题，促进社会的和谐稳定。

垦利区法院关于金融案件执结率的统计分析

◇ 胡军辉

胡军辉, 东营市垦利区人民法院员额法官。

近年来, 随着社会经济的不断发展, 人们的经济交往趋于频繁, 对金钱的需求量也越来越大, 而银行作为我国的贷款企业, 对企业和个人的贷款就相应增多。如果贷款到期后企业或个人无法及时归贷, 银行就会采用司法手段追偿逾期贷款, 法院受理的金融纠纷案件随之增多。涉金融案件的执行不仅是人民法院执行工作的一大重点, 也是一大难点。

一、涉金融执行案件的现状与特点

1. 涉金融执行案件比例呈逐年上升的趋势。

2. 涉金融执行案件的执行标的金额普遍较大, 尤其是中级以上法院所受理的金融执行案件标的金额更大, 影响面更广。

3. 大量涉金融执行案件处于"呆账""坏账"状态, 不具备继续执行的可能和条件。

4. 涉金融执行案件的执行成效不平衡, 尤其在地区分布上呈现出较大的差异。金融执行案件的数量、标的金额基本与各地的经济发展水平成正比。

5. 涉金融执行案件的纠纷类别集中。案件类别主要是借款合同纠纷, 约占金融执行案件受理总数的 96%; 其他类别的案件, 如保险合同纠纷、证券交易合同纠纷、票据纠纷等较少。在案件被执行人的类别方面, 主要为具有法人资格的企事业单位, 少量为个人和其他组织, 但基层法院涉金融执行案件被执行人以个人居多。

二、涉金融案件"执行难"主要原因

(一)金融部门自身的原因

金融机构应正视自身存在的问题, 杜绝贷款环节管理漏洞, 提高风险

防范意识,杜绝不良贷款。

1. 银行放贷程序审查不严格。因金融行业制度改革,致使行业内部竞争加剧,有的银行为了追求放贷规模,对贷款人及担保人的基本信息及偿贷能力调查不够,造成未按程序严格审核,盲目放贷,产生风险后却无法查找借款人或其财产,造成执行难。

一方面,银行对借款人、担保人的信誉、资质、还款能力审查不到位。有些金融机构发放的贷款虽有担保人担保,但相当部分借款人和担保人的家庭资产不足以偿还借款,有的甚至连其最低生活水平也难以保障;个别信贷人员贷前审查把关不严,对申请贷款的客户审查不到位,对借款人和担保人的主体资格、经营状况、借款用途、还贷能力疏于审查,造成贷款到期无法收回,或者明知借款人资信较差,放贷风险较大,但只要有担保人仍给予放贷。实际上有的担保人在多起贷款中担保,根本无力履行担保责任。

另一方面,银行对借款用途考察不细,对实际用款人和办理贷款手续的人是否一致考察不到位。大部分借款用于农业生产、公司经营等,但也有部分贷款被用于买彩票、炒股票、赌博,或者用于娶媳妇、盖房子等消费领域。有些农户在贷款时把身份证、印鉴交给金融机构的基层代办员,让他们代办贷款手续,自己实际却没有得到银行的贷款。贷款被那些代办员自用或借给他人使用。一旦实际借款人不偿还借款,金融部门只能起诉那些顶名贷款人,而这些顶名贷款人并没有实际用款,所以在诉讼中不愿意承担还款义务。

2. 银行业内部担保制度存在漏洞。银行在审查担保人的资料和担保的真实意思表示时存在随意性,不明确告知担保人的担保责任,也缺乏对担保人资格的有效调查。担保人受人情所困或利益驱使为贷款人提供担保,但其担保能力难以与担保金额相对等,产生风险后不主动履行担保义务或无能力偿付贷款,造成执行难。

一方面,银行风险意识淡薄,担保流于形式,影响法院执行。由于在信贷担保过程中,金融系统的工作人员没有对保证人以及担保物做深入细致的审查,造成虽有信贷担保存在,但起不到担保应有的作用,流于形式。放贷时对担保、抵押审查不细。有的担保方根本不具备担保资格或不符合担保条件,执行时缺乏执行能力;有的抵押物属"一女多嫁",重复抵押,进入执行程序便引发案外人异议,难以执行。

另一方面,金融机构与被执行人订立合同时,未能设立有效的风险

保证,对担保的设立审查不严,存在严重的瑕疵。有的金融机构未要求对方提供担保,有的金融机构对担保人疏于审查,致使担保存在着严重的先天性缺陷。贷款企业之间相互担保,交叉担保,一旦某一环节出现问题,担保实现的可能性就很渺小。有的金融机构对债权人提供的抵押物状况不做了解,对其实际价值不做科学评估,对一些易损耗物品、价值波动幅度较大物品的抵押风险估计不足,致使抵偿债务时,物不足值;有的借款人用作抵扣的抵押物权属不明,抵押效力大打折扣,给抵押物的依法处置带来了极大的难度;有的案件当事人双方虽然设立了抵押担保,但未能到国家管理部门对抵押物进行他项权登记,导致抵押名存实亡;有的金融机构对抵押物监管不力,致使抵押财产被对方转移、隐匿,甚至毁损、灭失。

3. 部分金融机构对人民法院执行工作不协助、不配合。

一是金融机构作为协助执行人时,不但不能认真自觉地履行法定协助义务,配合人民法院做好执行工作,反而从维护本部门利益出发,人为设置各种障碍,百般阻挠执行。有的银行与当事人沆瀣一气,共同逃避抗拒执行;有的银行从自身效益考虑,违反财经制度,允许甚至主动要求当事人多头开户。同时,各金融机构之间各自为政,甚至为一己之私而互设障碍,这些从客观上给执行工作造成了难以解决的矛盾。

二是金融机构作为当事人时,不能有效协助执行人员做好案件的执行工作或履行自己的义务。有的金融机构在作为申请人时,既不能积极提供对方的财产线索,也不能从被执行人的实际经济状况出发,客观地处理问题,而是抱定"只要钱,不要物"的立场使良好的执行时机丧失;有的金融机构在作为被执行人时,不仅不能自觉地履行法定义务,还利用人民法院不得冻结、扣划两金的规定故意逃避、对抗人民法院的执行。

4. 金融部门自身失误,清欠不及时,导致诉讼时效过期。一是信贷人员依法收贷意识差,许多案件因逾期起诉、时过境迁而丧失执行良机,或者在诉讼时未申请保全,使得借贷人趁机转移了财产。同时,金融系统对企业账号管理混乱,多头开户,虚实难辨,给法院查询、冻结、划拨当事人款项造成很大困难。

二是金融机构不在规定的担保期限和还款期限内清理贷款,致使有些实际借款人为了逃避债务,借机举家外迁,不知去向;有些实际借款人即使没有离开本地,也因贷款合同超过了法定的担保期限和还款期限,金融机构没有定期催收欠款,也没有重新确定新的还款期限和担保期限,导

致案件超过法定诉讼时效而被驳回诉讼请求。

三是有不少银行自己没有按时清收贷款,丧失了起诉索款的最佳时机,无奈将该贷款作为呆死账处理。这样就给某些企业和个人以错误的信息,认为国家的贷款可以只借不还,助长了赖账不还的侥幸心理。

5. 信贷诚信评价系统尚待完善。因金融监管机构的诚信网络体系的准确度、真实度及银行资料的透明度不够,使得有些个人或单位在同一银行的多个网点或多家银行分别贷款,贷款数额与偿贷能力严重不符,致使贷款到期后难以收回,造成执行难。

6. 金融行业的资金回收政策不够灵活。针对经济状况较差的当事人,如金融机构能根据实际作出一定让步,可能就会激发被执行人自觉履行的积极性,收到比强制执行更好的效果。但实际执行工作中这种处分权受到较大限制,大部分金融行业对资金回收坚持"宁欠勿损"原则,拘泥于以现金的方式清偿债权,而不愿用以物抵债等其他方式,这在一定程度上也影响了案件的实际执行效果。

(二)被执行人方面的原因

1. 部分被执行人确实暂无财产可供执行,或缺乏执行能力。

一方面,一些借款人是下岗工人、低保户和进城务工人员,他们经济条件差,无固定收入,一旦遇到特别重大的天灾人祸,便暂时无法偿还银行的借款。

另一方面,一些企业因经营不善而严重亏损,处于停产、半停产状态或临近倒闭、破产的边缘。有的法人选择在仅有财产范围内拿出财物冲抵欠款,无法偿还全部债务;而有的法人采取躲避、逃避的方式,对欠款进行抵赖,甚至一去无影无踪。从实践看,企业不景气,无财产可供执行或可供执行的财产价值较低,是造成金融纠纷案件"执行难"的主要原因。

2. 被执行人钻法律空子,故意逃避债务。

一是部分被执行人恶意骗贷,然后通过假离婚转移财产,清空财产后逃之夭夭,使国家财产受到巨大的损失。

二是有的人以借款办公司为幌子,向银行套取大量现金,将其投入证券市场或房地产市场获取暴利,但因为市场波动较大,导致资金大量沉淀,甚至出现亏空,无法正常偿还银行借贷。

三是有的企业趁改制之机,采取各种手段,设立新公司,从而逃避债务。有的借款人采取变更企业名称、住所,变更法人代表或分立多个企业

搞脱壳经营等方法逃避还贷。有的借款人与保证人之间搞连环担保,看似手续齐全实际却无担保意义。有的借款人进行重复抵押或虚假抵押。有的借款人为躲避还贷,转移、隐匿财产,给执行工作设置障碍。

3. 被执行人自觉履行债务观念淡薄,思想存在误区。

一是部分企业法人认为企业负债是大环境造成的,企业长期拖欠银行等金融系统的款项是普遍现象,又不是他一家,对金融欠款能拖则拖,能顶则顶,能躲则躲,不愿自觉履行。

二是有些被执行人利用人大代表的身份抗拒法院执行,被地方政府扶持的重点企业等特殊对象作为被执行人时执行难度较大。

(三)法院自身原因

1. 法院审执部门工作上未能及时衔接配合好。

一是在涉金融纠纷案件审理阶段,因审判人员工作疏忽,导致诉前保全或财产保全的措施未及时有效地实施,对涉诉财产未进行有力监管,最终导致案件进入执行阶段时,全执结难度增大。

二是裁判结果或法律文书存在实体程序错误,使再审案件数量增多,审理周期较长,使案件中止执行;或裁判法律文书不明确、不实际,导致案件难以执行。

2. 法院立案庭受案时把关不严。

有的案件当事人属"皮包公司",骗取担保,贷款到手即不见踪影,带有明显的金融诈骗性质。由于被执行人既无下落,又无财产,法院侦查手段有限,难以执行。

有些案件(尤其是民事调解)被执行人分期还款期限尚未到期,金融部门就急着到立案庭申请执行,而立案庭工作人员若受案时审查不仔细,则会同意立案并给执行留下困难。

3. 基层法院执行局软硬件条件不足。

部分基层法院执行局执行人员严重不足且年龄偏大,在执行工作力度和强度较大时显得心有余而力不足;执行车辆破旧和短缺,难以保证及时调用车辆外出执行,也难以组织行之有效的大规模外出集中执行,再加之(微型)摄像机、照相机、录音笔等设备老化与短缺,使得基层法院执行局软硬件条件不足与案件数量增多、难度增大的矛盾日益突出。

(四)行政干预及部门保护主义严重阻碍法院涉金融案件的顺序执行

由于金融系统利益体系相对独立,一些行政部门为了维护地方利益、

部门利益,主动充当案件被执行人的保护伞。有的部门专门列出需要保护的被执行人企业名单,要求法院在执行中网开一面;有的部门强行干预对被执行人单位采取的强制措施;有的部门对执行国有企业、特困企业予以保护。

为了有效地解决金融案件执行难问题,在充分运用现有法律规定的前提下,要大胆开拓,积极探索切实可行的执行途径。

三、破解涉金融案件"执行难"主要对策

为了使国家经济不受损失,减少银行坏账、呆账现象,建立一种良性借贷、及时偿还的金融体系,基层法院执行局应在认真分析执行难原因的基础上,及时调整思路,总结经验,逐步探索一套应对此类案件的有效方法。

(一)金融部门要加强监管,规范借贷业务

1. 金融部门应严格贷款审批程序。在贷款发放时,金融部门应对借款人与担保人的基本信息、财产状况、偿贷能力、借款用途进行严格审查,确保贷款出现风险后执行时能够顺利找到被执行人或执行财产。堵塞漏洞,减少失误,确保贷款放得出、收得回。

2. 对贷款的使用情况进行跟踪和监督。加强贷款使用监督力度,确保贷款按合同约定用途使用,减少不良贷款风险的出现。一旦发生情况,金融部门要及时与法院联系,提供被执行人财产情况说明,如抵押物、房产等,使法院能够及时查封、拍卖,尽量挽回国家损失。

3. 金融部门应切实提高信贷人员素质,加强信贷人员的责任心。金融部门要加强自身素质,定期对信贷人员进行培训,提高信贷人员的业务能力,加强法律意识和风险意识,减少不良贷款概率,建立并完善行之有效的信贷人员责任追究制度。同时,信贷人员除学习本职知识外,还要懂得市场经济规律,增强依法办事观念,杜绝"人情款""关系款"。

4. 建立信用和信息网络,使欠债者感到无形的压力。

一方面,在全国范围内建立和不断完善若干社会信用查询网络。查询网络上的内容包括法院判决、案件执行、借贷资料、房屋抵押、逃匿通缉、社会关系、公司资产等信息。此信息要作为当事人从事民事法律行为的重要信用依据,这是一个人的社会安全号码,一旦被列入失信网络,将伴随个人的一生。

另一方面,金融机构还应建立借款人信息网络,及时了解掌握借款人的

财产状况和商业信用状况。实现各银行贷款联网,当某个人出现不良贷款时每个银行都能进行全面监控,杜绝或减少盲目贷款的发放,确保贷款的安全,并为执行阶段能够向法院提供被执行人财产线索创造基础条件。

（二）法院加大执行力度,创新执行方式

1.人民法院要充分发挥主观能动性,讲究执行艺术,解决执行难。人民法院要针对金融案件的特点,加大执行工作力度,多方面查找被执行人财产,区分案件情况,采取不同的执行方法,将强制执行与执行和解相结合,集中执行与重点执行相结合,现金偿还与以物抵债相结合。同时与金融部门要多沟通、多配合。对重大金融案件要和地方行政机关搞好协调沟通,争取他们的理解支持,稳妥谨慎地执行好案件。

2.汇集类同案件,整合执行资源。法院在金融执行案件中应做到"五集中",即集中案件专人办理、集中送达执行通知和传票、集中查询执行线索、集中时间和人员在各地调查划款、集中优势力量采取强制措施。执行工作的集中量化处理,可有效减少执行成本,大大提高执行工作效率。

3.协同相关机构,穷尽执行线索。法院执行人员应协同车辆管理部门,对车辆状况、型号、牌号、实际所有人和抵押状况等逐一调查;应通过工商部门查证担保公司的相关信息,尽最大可能查找执行线索。同时应保证相关法律手续的完备与司法程序的公正,切实维护当事人合法权益。

4.加大执行和惩处力度,形成积极偿贷的良好氛围。对被执行人采取躲避方式抵赖债务的,法院应采取强制执行措施,将之拘留。当被执行人以暴力抗法或涉嫌金融诈骗时,法院应及时与公安机关取得联系,以拒不履行法院判决、裁定为由提请公安机关立案侦查,将其绳之以法。总之,要让拒不履行、逃避履行债务的被执行人付出更大的经济代价。

5.建立法院与金融部门的联席会议制度。各专业银行、信用社和法院民商事审判庭、执行局应定期召开联席会议。法官要针对审判、执行过程中发现的金融机构信贷管理方面的疏漏,通过司法建议的形式予以反馈,以健全金融机构的信贷制度,防范金融风险。同时,法院要协调各专业银行、信用社对欠贷不还的被执行人在金融系统内部进行曝光,形成一种联防机制,使信用差的被执行人在各金融部门无款可贷,最大限度地降低信贷风险。

6.实行悬赏执行。开展悬赏举报活动,采取网上公告、街头宣传、散发资料、媒体曝光等手段促进执行工作的社会化和信息化。对于被执行人找不到或执行财产难找,法院在措施穷尽后,先不急于中止执行,可经

申请执行人申请,按一定协约,在一定时间内,实行悬赏执行,以此给被执行人及其家属施加精神压力,也给被执行人今后的生产及生活带来较大负面影响,从而扭转执行难的被动局面。

(三)利用舆论监督,争取社会支持

一方面要加强法治宣传工作,提高公民的法律意识,通过报刊、电台、电视台等新闻媒介,宣传执行工作的作用和意义,倡导守信光荣、背信可耻的金融信用风尚。同时消除各种形式的地方、部门保护主义,重点批驳欠债有理、欠债有利的赖债思想,教育公民和社会团体自觉遵守法律,依法行使权利和履行义务。

另一方面要通过舆论督促执行。当前一些被执行人存在只怕舆论曝光,不怕拘留、罚款的心态。利用宣传媒介公开曝光那些有能力履行而拒不履行的被执行人,往往能起到督促其履行的效果。

(四)营造良好的诚信环境

应当在全社会倡导光荣守信的良好风气,积极尝试建立个人和企业的金融信贷信誉档案体系。法院也将不守信用的被执行人情况及时向社会公布,让欠款人无处藏身,敦促其自动履行义务,并以此建立守信光荣、背信可耻的金融信用风尚,为解决金融案件执行难问题打下坚实的基础。

(五)发挥媒体作用加大执行力度

针对金融执行案件贷款标的流动性强、贷款主体较为分散、人员特点差异较大等特点,采取通过媒体发布悬赏公告和拒执人名单等措施,制造舆论压力,构建执行威慑机制,迫使被执行人履行义务。

另外,国家通过调整经济政策和产业结构,大力扶持各类企业,使它们成为自觉遵循市场规律、富有市场竞争能力的经济实体,从而增强还贷能力,这也是解决金融案件执行难的重要途径。

一名基层法院工作人员的调解工作感悟

◇ 王　刚

王刚,东营市河口区人民法院立案庭庭长、一级法官。

夏日的清晨 6 点已经天光大亮,法庭外的树上小鸟们叽叽喳喳地叫着,微风从窗外吹进来,带着一丝热气。闻着青草和泥土混合的特有气息,我开始了一天的工作。这是我来到河口区人民法院工作的第五个月。

法庭的菜园长势喜人,绿叶随风摇曳,花朵迎风绽放,入目是一片生机勃勃的景象。正如当初栽种时我们所希望的,到法庭诉讼的当事人能够被这里的生态环境所感染,舒缓紧张的心情,减轻诉讼的压力。

在法庭工作的这段时间,我收获很多,其中最多的是对基层老百姓生活的感悟与思考。我深切地感受到法庭是法院提供司法服务的前沿阵地,是让人民群众直观感受到公平正义的窗口,而基层社会治理的好坏直接关乎人民群众的获得感、幸福感和安全感。

2023 年 5 月初,我们办理了一起抚养权纠纷案件。张某(男)与李某(女)离婚时,婚生女随李某生活,现张某诉至法庭,请求变更女儿的抚养权,理由是李某经济条件差且女儿要求随父亲生活。

因为小女孩已满 13 周岁,变更抚养权需征求其本人的意见。为此,我们在小女孩不受干扰的情况下,在法庭上询问其个人意愿,并了解其随母亲生活的状况。大概是因为身处陌生的环境,又是敏感的话题,一开始小女孩满心戒备。看到她,我们也想到青春期的自己。我们法庭的法官、法官助理、书记员大多是女同志,体会到了她的不安与焦虑。为了让她敞开心扉,那一刻,我们不再是法官和当事人,而是大姐姐们和小妹妹。我们首先和她聊了一些生活中的趣闻,并分享了自己在青春期时和父母发生的一些摩擦。感受到我们的善意,小女孩慢慢吐露道,平时因为爱玩手机,母亲会对自己打骂,并且母女二人遇事不能有效沟通,经常发生争吵,但是这些并不妨碍自己爱妈妈,所以并不希望改变现状。

看到小女孩泛红的眼眶,我们安抚地说道,法庭会充分尊重她的意愿,让她不要担心。同时劝导她目前正是学习的时候,母亲打骂的本质是

为她的学业和身体健康着想，她应以学习为重，切勿沉迷于手机。对于孩子的母亲，我们也让其在今后的教育过程中要耐心倾听孩子的想法，改掉遇事打骂孩子的坏习惯，给予孩子更多的关爱和包容。

一个个案件就是老百姓生活的一个个真实缩影，感悟着老百姓的人生，自己的人生也不断地丰富起来。看到这个小女孩，我想到窗台上那朵含苞待放的花骨朵，只有细心呵护才能迎来花朵盛开。

按照工作要求，法庭干警均须驻庭值守，因此同事是除家人之外待在一起时间最多的人，我们也是亲人。虽然我们大多是女同志，但我们也用一腔热血、一身担当，团结一致，积极参与基层社会治理、服务基层群众、化解矛盾纠纷，及时、快速保障当事人的合法权益。

我还记得那是一个炎热的下午，一位衣衫褴褛的老人蹒跚地走进法庭。在接待过程中，老人告诉我们，他已有 80 岁高龄，妻子十几年前因病去世，小儿子犯罪入狱至今仍在服刑，其他五个子女都不赡养他。无奈之下他来到法庭寻求帮助。

受案后，考虑到赡养案件的特殊性，担心强行判决会导致他的子女有更大的抵触心理，承办法官便带着我们来到老人居住地的村委会，先了解老人及子女的情况。在胸有成竹后，我们通知老人的五个子女来村委会，在村干部的协助下共同进行调解。

调解过程中，我们发现除老人的三儿子外，其他子女均比较配合，遂主要做三儿子的工作。交谈中，他说自己是入赘在别人家，不应该承担父亲的赡养义务。针对他的这一想法，我们解释道，赡养老人不仅是中华民族的传统美德，也是儿女应尽的法律义务，不管是入赘的儿子还是出嫁的女儿，在父母年老体弱时都应自觉履行赡养义务。经过我们和村委会干部的一番释法说理，老人的五个子女最终达成一致意见：在老人有自理能力时，每人按月支付老人赡养费；若老人生活不能自理，则五个子女轮流每人照顾一个月，老人的医药费和护理费由五人平摊。至此，老人的晚年生活有了保障。

歌曲《念恩情》里有一句歌词："人生不能忘，最是父母恩，谁言寸草心，报得三春晖。"正如法庭外盛开的那朵花儿一样，有种子才能发芽，先开花才能结果，有父母才有我们。我看到了父母的不易，也认真审视自己平时有没有尽到为人子女的责任。

又是一阵风吹过，带落几片花瓣，但我却发现，还有几个花骨朵正含

苞待放。花开花落就如这日子昼夜交替，如这太阳东升西落，如这工作循环往复，但每一天都有新期待。

在法治建设的道路上，我们只要心系百姓，坚持公正司法，主动作为，自觉维护法律的尊严与权威，把手中的每一个案件都办实办牢，就会得到广大群众的信任和拥戴。

法官应善于切磋琢磨

◇ 王梓臣

王梓臣，东营市中级人民法院东营港经济开发区审判庭庭长。

习近平总书记在党的二十大报告中强调要"传承中华优秀传统文化"。新时代的人民法官，因本身就有文化和职业需求，更不应忽视对于优秀传统文化的传承。国学经典中蕴含着丰富的中华优秀传统文化，值得我们学习研究，并在工作中予以传承。比如，《诗经·卫风·淇奥》里讲："有匪君子，如切如磋，如琢如磨。瑟兮僩兮，赫兮咺兮。"这对于我们法官来说，就有很好的启示和指引作用，值得传承。

"如切如磋"可以解读为，文质彬彬的君子研究学问如同加工骨器，不断细切细磋。对于法官来说，研究案件事实和法律知识，要做到如切如磋。在案件事实方面，追求案件事实真相是司法制度设计的审判工作目标，审判制度在一定意义上可以理解为国家为解决纠纷所提供的一种公共服务。庭前应向各方当事人送达诉讼权利义务通知书及诉辩式庭审方式须知，促使当事人在合理期限内积极、全面、正确、诚实地完成举证，争取实现对立双方攻击防御能力实质上的对等。还应该发挥司法能动性，依法采取必要、适当和均衡的行动，依法开展询问、释明和依职权调查取证，这是从最大限度实现客观真实的角度对当事人主义所作的必要补充。在法律知识方面，深厚的学养是法官作出正确裁判的条件，这需要法官凭借自己的才华和努力，不断地学习和实践。大学法律教育是法律职业训练的重要组成部分，为法官提供了必要的知识储备和机会不多的职业模拟，但是真正成为一名合格的法官还需要不断学习习近平新时代中国特色社会主义思想和习近平法治思想，不断向人民群众学习、向身边老法官学习、向司法审判实践学习。

"如琢如磨"可以解读为，文质彬彬的君子修炼自己如同打磨美玉，反复琢磨。对于法官来说，既要琢磨案件本身的相关问题，也要通过琢磨来修炼提升自己。最重要的修炼提升就是培养良好的审判思维，提升自身司法能力。当事人在法官面前展现的是事实经过的证据材料，而材料往

往带有主观倾向甚至虚假表象。它必须经过法官的裁判思维认知，才能作为认定案件事实的证据。事实并不自带法律标签，需要法官用具有法律意义的标识，过滤、筛选、组合形成审判视角下的法律事实。思维科学领域有个"思维之幕"的说法。它指的是人们通过思维来认识世界，可最终又被思维与真实的世界隔开了。思维像一个幕布，反过来阻碍着人们对真实世界的认识。从法教义学角度看，在社会主义法律体系健全完善以后，再遇到疑难复杂的各类案件的时候，法官本来就不应该、现在更加不应该抱怨成文法不完善，而应该有良好的审判思维，立足于案件个案本身、当事人合法权益、法律的相关规定，又关注经济社会发展趋势、人民群众的司法需求、司法的价值追求，作出符合法治精神的理解、解释和适用，让人民群众切实感受到公平正义就在身边。

"瑟兮僩兮"可以解读为，文质彬彬的君子庄重而开朗。"徒善不足以为政，徒法不足以自行。制而用之存乎法，推而行之存乎人。"公众对法官的信赖，不仅仅取决于司法独立性，同时也取决于司法人员的品格。法官的"庄重"，就是要让人民群众感受到法官公道正派、正直善良的人格魅力和良好形象，努力推动人民群众相信法官、信任法院、信仰法治。这要求法官付出更多的心血和汗水，落实好公正与效率工作主题，把追求实质正义与程序正义完美融合，坚持和发展"枫桥经验""马锡五审判方式"，努力实现法律效果、政治效果、社会效果有机统一；树立正确的事业观，保持良好的工作心态，把守护公平正义作为值得为之奋斗的崇高事业，在推动司法事业发展中成就个人梦想，为此付出精力、投入感情、一往无前。无数优秀的法官以具体的行动给出了注解，因为热爱工作而努力付出，因为有担当精神而默默奉献。更让我们"开朗"的是，明辨是非、去伪存真，可以感到自信的快乐；化干戈为玉帛，当事人握手言和，可以感到成功的满足；写完一份长长的文书，完成一个调研课题，可以感到收获的喜悦。

"赫兮咺兮"可以解读为，文质彬彬的君子仪表堂堂。对于法官来说，"仪表堂堂"更是别有深刻意味。笔者曾偶然从杂志上看到画家莫奈的一幅画，画里描绘的是女修道院厨房里面的情景，画面上正在工作的不是普通的人，而是天使。她们三个人，一个正在架水壶烧水，另一个提起水桶，还有一个穿着厨衣，伸手去拿盘子。尽管做的都是生活中最平凡的事情，但她们都全神贯注。天使也干平凡的事情，而且那么认真优雅，给人以美的享受。这幅画启示法官们，在执法办案过程中，一样可以表现得优雅，一样可以让人有美的享受。心无杂念，公正无私，目光里全是正义，行为上全是庄严,诉讼程序驾驭自如,裁判文书明白晓畅,这就是法律人的仪表堂堂,也是其特有的优雅。我们要树立"小案事不小,小案不小办"理念,不断加强那些内存于心的隐性法院文化建设,自觉培育司法良知,遵守司法礼仪,规范司法行为,坚持廉洁自律,办理好每一起案件,撰写好每一篇文书,接待好每一位当事人,让人民群众感受到司法既有力量又有温度,感受到法官良好的职业素养和人文修养。

法官手记

司法的温度

◇ 薛　艺

薛艺，东营市垦利区人民法院民事审判庭法官助理。

校园时期，我便有一个法官梦，做一名身着一袭漆色长袍、不怒自威的正义使者，威严又带有距离感，在办案时跳出一切纷扰，用略带冷漠的理性，公正地裁决一个个纠纷。但直到成为一名法官助理我才明白，现实中的法官群体不过是一群追求法治信仰的可爱的人，办理的每一起案件，无论大小皆凝聚着法官的心血，体现着司法的温度。

2021 年 10 月，我从执行局调入民事审判庭工作。民庭是院里最繁忙的庭室之一，日常处理的案件多涉及家事、民间借贷、买卖合同等案由，曾经最亲密的爱人、亲朋、合作伙伴对簿公堂，看似案情简单，实则纷繁复杂。如何在实质性化解纠纷的同时修复诉讼双方之间的情感，是最让法官们费心劳神的事情。

2023 年 4 月，我所在的审判团队审理了一起案情简单的离婚纠纷：因被告在监狱服刑，原告起诉离婚，并要求获得孩子的抚养权，同时要求被告每月支付抚养费。涉及婚姻关系和未成年子女抚养问题的案件必须慎重，因被告在监狱服刑难以会见，思虑再三，办案的孙法官决定还是先和原告谈一谈，希望原告能够为了孩子放下心结，与被告先行协商，看能否达成一致意见。然而，或许是因被告在监狱服刑而心存忌惮，原告自立案后便再也无法联系到。在穷尽了语音、短信、邮寄、直接送达等手段后，我们终于通过物业公司提供的信息找到了原告本人。经过沟通，我们了解到，原告希望通过离婚后获得抚养权，将孩子的户口落到自己名下，好方便孩子 9 月份上学。孙法官将判决与调解可能产生的结果明确地告知了原告。在充分了解案件可能产生的后果后，原告最终选择了先与被告协商。

经过两周的等待，原告方传来了消息：被告同意离婚，孩子由原告抚养，但在抚养费问题上，双方并没有谈拢。原告担心被告在服刑期间没有收入，抚养费即使判决后也无法执行。"抚养费确实依据收入水平确定，"

孙法官进一步给原告释法明理道，"但调解离婚的，对方如果愿意事后给孩子补偿，我们也可以落实到调解协议里。另外，现在对孩子最重要的是落户上学的问题，时间不等人。"一番权衡之后，原告请求法院尽量调解结案，并请求法院出面协调监狱，准许被告出具同意孩子变更户口的书面材料。

在多方的沟通协调下，案件终于在监狱会见室如期开庭。经过法官的几番劝导，双方最终对孩子的抚养费问题达成一致意见：原告放弃了被告服刑期间的抚养费支付请求，被告也对无力给孩子支付抚养费表达了深深的自责和愧疚，并承诺未来定会给孩子补偿，同时亲笔签下了同意孩子变更户口登记的文书。在庭审结束走出会见室的那一刻，原告用略带哽咽的声音说："你在里面好好表现，孩子交给我，你放心。有机会我带着他来看你……"我知道，虽然由于客观原因，原、被告的婚姻走到了尽头，但是作为孩子的父母，两人已经冰释前嫌。对孩子而言，也许这就是法律人通过司法能够带给他的最温暖的帮助。

对待每一起案件，我们都尽心尽力，追求纠纷的实质性化解，追求用有温度的司法程序实现案结事了。然而，我们在努力追求心目中实质正义的道路上并非一帆风顺。

2023年7月，我们团队承办了一起法定继承纠纷，被告是原告的岳父岳母。在对案情进行初步了解后，我认为原、被告之间的争议焦点并非在于继承财产的数量，而在于置气。原告年轻气盛，不满岳父家将亡妻的遗产取走，要求判决返还；被告作为长辈，本不缺钱，是无法接受女婿将自己告上法庭，觉得丢了面子。在与孙法官讨论后，我们都认为，虽然案情简单，但若一判了之，受苦的必然是逝者留下的两个年幼的孩子。孙法官决定让我先试着调解一下。因为当事人双方都心存怨气，不愿直接见面沟通，整个下午，我便成了原、被告双方的传话筒。终于原告松了口，同意来法院调解试试；被告也在发泄了一通牢骚后表示，可以来法院调解，但只有一个要求，就是原告必须个人前来，不许带律师。"他个人来调解，我把他当作自己的孩子，我们自己家里的事儿都可以商量，遗产我们不要都行。但他找律师就不是那么一回事儿了，他不把我们当老的，我们就和他打到底。"电话里，被告气愤地向我诉说着。我连忙表示会尽数转达。然而，原告一听不带律师，直接一口回绝了我。这出乎了我的意料，明明调解结案是对双方最有利的结果，但倔强的当事人却因为律师是否介入案件而互不相让。挂掉电话，我深深叹了口气，只觉得口干舌燥，心里有一些无

奈,也有些不甘。

　　事后,我向孙法官求助,希望他能再做做当事人的工作。孙法官告诉我他会的,但不是现在,如今双方都在气头上,不妨先让他们冷静一下,等到开庭时,明确了双方的争议焦点再组织一次调解。可惜事与愿违,庭审时只有原、被告委托的律师到场,当事人双方仍然拒不相见。庭审后,孙法官又尽力组织了几次调解,但均以当事人事后反悔而宣告失败。临近审限的前几天,我向双方当事人送达了判决书……

　　一周后,原告的律师向我转达了他对我们所做的调解工作的谢意,并表示想给孙法官写一封感谢信,然而孙法官却拒绝了。我猜,或许也感慨心中追求的正义并未实现,一份判决书对于这个曾经完整的家庭而言,或许过于冰冷了……

　　记得曾经读到过一位法官描写工作日常的诗句:"卷牍高高,悴悴其劳。有我君子,敬业忘疲。昼夜伏案,鬓角染霜。"作为一名基层法院的法官助理,我知道这样的描写并不夸张。在我们的工作中,有成箱成摞的证据材料,有此起彼伏的电话铃声,当事人面红耳赤的争吵,有得不到理解的抱怨,有苦口婆心的调解,有夜深人静时敲打的一份份判决书……每一位法官都在用行动坚守着内心信仰的公平正义,用有温度的司法守护着这万家的灯火。在成长为法官的道路上,我学到了很多,也改变了很多,但始终不变的,是用有温度的司法实现对公平正义的不懈追求。

司法调解惠农小记

◇ 袁永林

袁永林，东营市中级人民法院民四庭法官助理。

受托、初步了解

2022 年 1 月 16 日是个周日，因为不用在村值班，我便在家中照看孩子，收拾家务。临近中午时，西范村两委成员小陈打来电话说："咱村周大姐前天收到了东营区人民法院的传票，说被别人起诉了。她虽然知道你电话，但是怕周末打扰你休息，让我先和你联系下。她家具体涉及什么案件，她支支吾吾也没说明白，待会儿她可能会给你打电话。"

"她的电话多少？我马上打过去了解下。"我说。

"187×××х2538。"

结束了和小陈的通话，我立即联系了周大姐。

周大姐向我道出了烦心事：2021 年秋末，东营市降水较多、雨冻异常天气多，秋收玉米推迟，秋播冬小麦面临节气晚、气温低和播种量难把控等多重难题。周大姐家、其姐姐家以及附近邻居、亲戚等多家村民在从牛庄镇某农资公司岳经理处购买冬小麦种子和秋播化肥农资后，进行了秋播作业。播种后小麦出苗率严重不足，眼看冬小麦将大幅减产，家里人很着急。周大姐等认为问题的主要原因是小麦种为滞销压仓种，农资公司应进行损害赔偿，于是各农户团结起来一直拖欠小麦种子款和相关农资款。周大姐家在收到传票前及收到传票期间，也曾多次找农资公司岳经理私下协商，但都没有解决。眼看农历新年马上到来，大家还要到法院打官司，很是苦恼。

周大姐在电话中忐忑地说："农资公司太不讲究，把我家起诉了，这都快过年了，让人真急恼。俺是农村人，咋打官司也不懂，你帮帮俺家吧。"

我说："放心周大姐，你说的这些事情，真是不值得到法院诉讼，诉讼费用和打官司的成本都比你们的争议钱款要多。这样吧，你和家里哥都放宽心，我一定尽心尽力，帮你们尽快结束纠纷，心平气和地过一个好年。"

结束了与周大姐通话,我拨通了农资公司岳经理的电话。岳经理了解情况后,也向我诉说了苦衷。他居住在西范村附近,在镇上开农资公司赚点小钱养家糊口。自己销售的小麦种是经农技站、市场监管局等部门检验合格的产品,质量并无瑕疵,周大姐等农户拖欠种子款和相关农资款,纯属不讲理。

结束了与岳经理的通话后,我认识到双方各执一词,互不相让,这种情况如果不及时解决,对当事人双方的时间、精力都是极大的消耗。况且,这种案件本是很小的纠纷,双方当事人又是庄里庄乡,"小题大做"只会是空耗司法资源。

在做通了双方当事人的工作后,我立即与东营区法院取得了联系,由我作为帮扶干部、司法人员组织居中庭外调解,接着联系双方当事人第二天下午到驻村办公地点当面谈谈,开诚布公地交流。

走访、现场勘验、调解

2022 年 1 月 17 日星期一上午,我从西范村直接到了岳经理家中,在那里我详细查看了他提交人民法院的初步证据材料,对其证据载明事实进行了梳理,并对争议金额进行了重新核算。基本确定,岳经理主张周大姐一家应归还拖欠的种子款和相关农资款 17 000 余元。

结束了这次走访后,我又急匆匆返回了西范村,联系周大姐到驻村办公地点。周大姐向我反映,因为她家种植的种子存在质量问题,小麦预计大幅减产,虽然自己成了被告,但争执到法院,她也要找个说理的地方,且打算提出反诉。周大姐主张种子公司岳经理应该赔偿她家损失款 30 000 余元。

如果双方当事人对簿公堂,诉讼费用、律师费、鉴定费等相关成本费用将可能高于双方争执的差额,且当事人都为此过不上一个好年。我看在眼里,急在心头。换一个角度思索,我深切感受到了农民的不易,虽然钱不多,但这都是他们的血汗啊,我应该帮助他们。经过简单筹备,我最终确定让各方当事人下午 2 点到驻村地点集合,进行面对面交流,力争妥善处理该起纠纷。

下午周大姐一家、岳经理一家等多人都早早来到了驻村地点,从他们的眼神中,我感受到了他们解开矛盾的热切愿望。

"别着急,大姐大哥,咱们慢慢看,慢慢谈,沉住气一步一步来。"我说道。在正式调解之前,我首先带领各方当事人实地查看涉事小麦长势,让

双方当事人对涉事小麦情况都有了基本的认识,然后针对存在的问题,在驻村办公地点开展了调解交谈。

调解从下午 3 点开始,进展很缓慢。我耐心细致做着调解工作,辨法析理,突出温情司法,力求当事人能够过上一个安静祥和的农历新年。经过 5 小时 10 余轮的反复调解,终于说服各方当事人放下成见,拿出诚意,作出让步。夜晚 8 点,在驻村点会议室昏暗的灯光下各方当事人签署了调解协议并当场履行:周大姐向岳经理一次性转账支付 11 000 元,双方纠纷了结;周大姐的姐姐家向岳经理一次性转账支付 25 000 元,双方纠纷了结;周大姐弟弟家……看着当事人怀着喜悦的心情和我道别,我很欣慰。望着他们离别的背影,我长舒了一口气,由衷地感到自己忙碌了一天,虽然口干舌燥、饥肠辘辘,但终究做了一件蛮有意义的事。

送锦旗、撤诉

2022 年 1 月 18 日岳经理来电:“袁法官,感谢您为我们解开了一个死疙瘩,让我们能够安心过这个好年。这不,我们几个商量后,给您和驻村组制作了一面锦旗,我这就送过去。”

在包村办公地点,书写着“驻村心系群众　司法普惠民生”的锦旗前,我与岳经理拍照合影。“金杯银杯不如老百姓的口碑”,我只是力所能及做了一件微不足道的小事,但人民群众却如此评价和感激,让我深切感受到他们的淳朴与善良。从岳经理口中得知,他已从东营区法院撤回了诉讼,纠纷得到了妥善化解。

这起案件调解结案,各方当事人握手言和,有效避免了帮扶村所在镇一批次、同类型、多起纠纷涌入法院,为当事人节省了诉讼成本,传播了依法办事的理念。我由衷地感慨,在法治乡村建设的道路上,在帮扶岁月中,我也付出了努力,不忘初心、不负此行。

致申请执行人的一封信

◇ 吴建春

吴建春，东营市东营经济技术开发区人民法院执行局四级法官。

作为一个披星戴月干了悠悠五载岁月的法院执行人，每天不是在执行，就是在去执行的路上，很少有时间坐下来细品这一路的经历。有一天蓦然回首，一张张面孔出现，有欢笑的、舒展的、感恩的、送锦旗的，也有忧愁的、焦虑的、仇视的、上访的……突然很想在这车马流水快的日子里，给我过去、现在和未来所有有缘遇见的申请执行人写一封信，无论我们以何种方式相逢，都将沉淀为生命中一丝独特的印迹。

——题记

人生路上有缘陪您一程，是我们的荣幸，也是彼此的缘分。

过往的执行生涯中，我们遇到过很多感恩和善意，这让我们在责任之外，也深深地感受到了一份人间值得的美好。但是同样的，我们也遇到过一些不理解甚至谩骂的声音，尤其是当这些谩骂的声音来自我们一直掏心掏肺、不分日夜帮其要账的申请执行人时，一直以公平、正义作为价值追求的我们，也会感到不公，甚至心寒。

人生永远不只一时一处，以下这些话，也许今日您可能不以为然，但经历沧海桑田、酸甜苦辣，我们希望彼此都能在这短暂的经历中收获更多的人生礼物，超越金钱的衡量。

首先，我们想让您明确一点，欠您钱的人是被执行人，而不是法院。我们是帮助您追回欠款的中间人，目的是让您能够得到应有的赔偿。我们理解您的焦急和不安，知道案件对您来说非常重要。但是，请您相信，在法律允许的范围内，我们会尽力帮助您解决问题。在执行过程中，我们会坚决杜绝渎职、腐败和消极的行为，但是有时候我们即使尽力了，也可能无法执行到位。这时候，请您不要将责任怪在承办法官身上，毕竟官司虽然胜诉，但能否执行到位，更大程度上取决于被执行人在案件立案执行之时的财产数量。站在法律这道最后的防线上，也许不用我们说，您也已

经在打官司这趟不是太愉快的旅程中深刻体会到:当初是不是忘了听听身边人的意见? 是否太轻信别人? 是否太执着于高额的回报,却少了对交易风险的防范? 是不是懂法太少? 是不是忘了提前采取保全措施? 人生没有回头路,任何一个不经意间的抉择都可能导致当今执行难的发生。但是,我们相信,随着执行力度的加大,"老赖"的日子一定会越来越难过。

其次,如果您找不到承办法官,也请您多多理解,因为我们不是在执行,就是在去执行的路上。如果一次电话打不通,请换个时间再打。在同一时间内多次拨打电话,一是可能导致您的劳累;二是如果法官在去执行的路上,即使您拨打一百次电话,法官也可能无法接到。对此,我们只能表示十分抱歉。

再次,在执行过程中,我们需要您的积极配合。您更熟悉被执行人的情况,您的帮助对我们非常重要。如果法院已穷尽所有执行措施,但被执行人确实暂时无财产可供执行,也请您理智看待这种结局,并在将来的时间与承办法官及时保持联系,随时提供可供执行的财产线索,并注意各种财产查控措施的续冻、续封期限,避免脱保。当您成为申请执行人的时候,您可能会痛斥"老赖",埋怨法官力度太小。但是,如果有一天您成为被执行人,我们希望您能够支持法院的工作,不要成为您自己口中曾经咒骂的坏蛋"老赖"。这个世界能够更好,永远都是因为彼此的信任和善意,绝不是选择成为自己最讨厌的那个人。

最后,我们希望您能够既来之则安之。如果您认为自己遭遇不公,我们希望您能够相信法院的公正和正义,用解决问题的态度与承办法官坦诚相见,而不是歪曲事实,利用信访等手段,攻击法院和法官。毕竟,如果申请执行人与承办法官之间内耗,坐收渔翁之利的只能是不还钱的"老赖";只有法院与申请执行人通力合作,才能真正让"老赖"无立锥之地。

在车马流水快的今天,感谢您拨冗看完这篇啰唆的书信。再次,谢谢您的理解和支持!

河口区法院速裁团队的一天

◇ 刘冬雪

刘冬雪,东营市河口区人民法院速裁团队法官助理。

在河口法院有这样一个团队,实行"1 + 1 + 1"(1 名员额法官、1 名法官助理、1 名书记员)的模式,在保证司法公正的前提下,坚持简案快审,跑出审判的"加速度"。2023 年上半年,整个团队共收案 650 件,结案 599 件。虽然任务繁重,但他们始终坚持司法为民,在保证案件质量的前提下提高审判速度——他们就是速裁团队。接下来我将介绍一下速裁团队一天的工作,和大家一起感受一下速裁的速度与激情。

伴随着清晨的一抹阳光,速裁团队忙碌又充实的一天开始了:8 点半一上班,办公室里大家已经开始各司其职开启了工作模式,法官在梳理着卷宗,为一会儿的开庭做好准备;书记员则提前前往审判庭准备当天的各种庭前工作,以保证庭审的顺利开展;法官助理负责联系新分下来的案子,审查证据,询问当事人的调解意向,及时安排开庭时间。

上午安排了 3 起买卖合同纠纷案件,案由都是原告某某新材料公司与被告某某加油站买卖石墨烯静电聚氨酯地坪漆,在原告履行完合同义务后,被告迟迟未支付货款。拿到这 3 件案子后,法官积极同原、被告双方联系,被告称对于货款的数额是认可的,但公司前期受疫情影响资金周转出现困难,希望原告可以宽限几个月。法官多次打电话沟通,及时对该案件排期进行调整,同时考虑到一方当事人远在江苏,为节约当事人的诉讼成本、尽快解决双方之间的矛盾,决定运用互联网庭审进行线上调解。在不到 2 小时的时间内将上述 3 件案件及时调解,既节省了当事人的诉讼成本、解决了双方当事人之间的矛盾,也提高了办案的效率。

3 起案件庭审结束已是上午 10 点半,大家回到办公室。书记员准备好之前一直未联系上的被告人开庭传票等应诉材料,和法官助理一起前往当事人处送达相关材料。通过前往社区寻找等多种方式,终于成功送达材料,使这起案件的审理也有了着落。

下午的工作刚刚开始,便有当事人打来电话,说他们是 2023 年 5 月

份一起判决案件的原告,因被告未按期履行,所以想要申请强制执行。当事人的情绪比较激动,法官和法官助理在耐心地向当事人做判后答疑工作的同时向他们讲解申请执行的程序,并引导他们到立案窗口填写申请执行的材料。下午2点半,一起金融借款纠纷案也要开庭了,法官穿上法袍前往审判庭。法官助理又拿起了电话,按出一个个数字,开始联系当事人,化解他们的矛盾。一转眼已经来到了下午5点钟,法官开完庭回来,就开始写判决书,认真推敲判决书上的每一个用词,期望给当事人一个满意的结果。

这就是速裁团队的一天,在司法为民的路上,每个人都在奉献自己的力量,不断提高自己的业务能力,完善工作机制,力争提高案件审判质量和效率,努力让人民群众在每一个司法案件中感受到公平正义。

多次转包关系中的合同相对性不能突破

◇ 孙卫国

孙卫国，东营市河口区人民法院仙河法庭庭长、一级法官。

【要点提示】

依据《最高人民法院关于审理建设工程施工合同纠纷案件适用法律问题的解释(一)》第43条的规定，突破合同相对性原则，请求发包人在欠付工程款范围内承担责任的实际施工人不包括借用资质、多层转包和违法分包关系中的实际施工人。

【案情】

2021年12月24日，发包人丁公司与承包人乙公司签订《垦利6-1油田5-1、5-2、6-1区块开发项目东营原油终端改扩建工程施工总承包工程合同》，约定：工程地点位于东营港经济开发区；工程内容为东营原油终端改扩建工程，承包人承揽工程项目一览表及承包范围详见合同附件一；争议解决方式为提交天津仲裁委员会进行仲裁。

2022年8月8日，发包人乙公司与承包人戊公司签订《垦利6-1油田5-1、5-2、6-1区块开发项目东营原油终端改扩建工程——机电安装工程合同》，约定：工程地点位于东营港经济开发区海滨路与渤港二路交叉口东300米，工作对象及项目内容详见附件一，争议解决方式为提交天津仲裁委员会进行仲裁。

2022年8月，戊公司与甲公司签订《建设工程施工劳务分包合同(工作量单价)》，约定：劳务分包工程为垦利6-1油田5-1,5-2,6-1区块开发项目东营原油终端改扩建工程——机电安装工程；劳务作业分包范围和内容为甲方招标文件内所有工作范围，具体详见建设单位所发图纸，最终以建设单位项目经理部确认的工程内容为准；争议解决方式为提交濮阳市龙华区仲裁委员会进行仲裁。

庭审中，甲公司陈述：合同签订后，甲公司亲自施工，还有一小部分进行了劳务分包，分包量占工程量的30%～40%；施工的工程没有完工，施

工进行了整个工程的40%;因戊公司拖欠工程款造成农民工上访,戊公司在没有经过甲公司同意的情况下向农民工支付了62.5万元,之后在2022年11月份将甲公司赶出了施工现场。

【审判】

东营市河口区人民法院经审理认为,根据《最高人民法院关于审理建设工程施工合同纠纷案件适用法律问题的解释(一)》第43条的规定,实际施工人以转包人、违法分包人为被告起诉的,人民法院应当依法受理。实际施工人以发包人为被告主张权利的,人民法院应当追加转包人或者违法分包人为本案第三人,在查明发包人欠付转包人或者违法分包人建设工程价款的数额后,判决发包人在欠付建设工程价款范围内对实际施工人承担责任。最高人民法院民事审判第一庭2021年第20次专业法官会议纪要的意见为,可以依据上述司法解释的规定、突破合同相对性原则请求发包人在欠付工程款范围内承担责任的实际施工人不包括借用资质及多层转包和违法分包关系中的实际施工人。主要理由是:第43条解释涉及三方当事人两个法律关系,一是发包人与承包人之间的建设工程施工合同关系;二是承包人与实际施工人之间的转包或者违法分包关系。原则上,当事人应当依据各自的法律关系,请求各自的债务承担责任。本条解释为保护农民工等建筑工人的利益,突破合同相对性原则,允许实际施工人请求发包人在欠付工程款范围内承担责任。对该条解释的适用应当从严把握。该条解释只规范转包和违法分包两种关系,未规定借用资质的实际施工人以及多层转包和违法分包关系中的实际施工人有权请求发包人在欠付工程款范围内承担责任。本案中,即便甲公司为涉案争议工程的实际施工人,甲公司也是多层转包关系中的实际施工人,甲公司不能突破合同相对性原则,要求发包人丁公司、总承包人乙公司承担付款责任,因甲公司的诉请无法律依据,且甲公司与戊公司约定的争议解决方式为仲裁,本案也无追加戊公司作为第三人的必要。2023年5月23日,本院作出(2023)鲁0503民初445号民事判决,判决驳回甲公司的诉讼请求。案件受理费79 374元,减半收取39 687元,诉讼保全费5 000元,由甲公司负担。上诉期内,原、被告均未提起上诉,该案判决已生效。

【评析】

最高人民法院民一庭在2021年第20次专业法官会议纪要中明确规定:可以依据《最高人民法院关于审理建设工程施工合同纠纷案件适用法

律问题的解释(一)》第43条规定、突破合同相对性原则请求发包人在欠付工程款范围内承担责任的实际施工人不包括借用资质及多层转包和违法分包关系中的实际施工人。山东省高院在2020年8月出台的《山东高院民一庭关于审理建设工程施工合同纠纷案件若干问题的解答》第8条中针对多层转分包的情形同样有着如下明确规定:在多层转包或者违法分包情况下,实际施工人主张各转包人或者违法分包人均承担付款责任的,如何处理? 在多层转包或者违法分包情况下,实际施工人原则上仅可以要求与其有直接合同关系的转包人或者违法分包人对工程欠款承担付款责任。因此,作为多层转分包情形下的实际施工人,甲公司只能向与其有合同关系的相对方戊公司主张权利,而无权向与其无合同关系的一方主张权利。此外,司法实践中,最高法及相关法院同样秉持上述观点。如在(2020)最高法民终287号案中,最高法认为,XS公司即总包单位而并非案涉工程的发包人,JS公司、郭某林亦未以XS公司的名义与李某万、潘某签订合同,故李某万、潘某主张XS公司对JS公司、郭某林拖欠的工程款及利息承担连带责任缺乏事实和法律依据,不予支持。

"靶向治疗"食品安全问题

——透过一则案例谈消费者权益中惩罚性赔偿金的适用

◇ 刘淑珍

刘淑珍，东营市利津县人民法院民庭法院助理。

【要点提示】

多次购买明知存在瑕疵的食品时，能否获得我国食品安全法第 148 条规定中的惩罚性赔偿金？该情形下应当理清瑕疵的类型，然后进行判断。若瑕疵类型属于食品安全方面，则应当予以赔偿；若瑕疵属于诸如没有中文标签等不影响食品安全及不会对消费者造成误导类型瑕疵，则不应支持惩罚性赔偿金。

【案情】

宋某龙向本院提出诉讼请求：（1）依法判令好某来商行返还货款 2 001 元，并支付宋某龙 10 倍赔偿金 20 010 元。（2）诉讼费由好某来商行承担。事实和理由：2021 年 2 月 19 日，宋某龙在好某来商行处购买了出产地为日本茨城县的饼干（商品名：日本 YBC 山崎 Levain 饼干），共计花费 2 001 元。宋某龙收到货物后发现该批饼干无中文标签，为未经国家许可进口，也未进行出入境检验检疫的违法食品，具有极大的疫情安全隐患。根据食品安全法的规定，好某来商行应当向宋某龙返还货款并支付十倍赔偿金。

好某来商行未到庭，亦未答辩。

本院经审理认定事实如下：2021 年 2 月 19 日，宋某龙通过拼多多平台购买好某来商行经营的名为"强记百货商行"的店铺内日本 YBC 山崎 Levain 饼干 23 罐，单价为 87 元/罐，共计 2 001 元。平台的交易快照中明确载有标签及正面的实拍照片。

宋某龙自拿到上述快递包裹的第一时间即开始录像，在快递箱内拿到饼干后首先对准每罐饼干包装的标签一面进行拍摄，随后 360° 旋转拍摄，以显示饼干包装上均没有粘贴中文标签。宋某龙将拆快递拿取饼干

的全过程予以录像记录,作为证据在本案中提交。宋某龙自述其购买的23罐饼干目前还剩余18罐。

经查,宋某龙之前曾在本院对已购买的"CLANG ULY 依度云夹心饼干"以没有中文标签、出产地为日本茨城县为由提起诉讼,要求退款并支付 10 倍赔偿。

【审判】

一、深圳市福田区强记好某来百货商行于本判决生效之日起 10 日内返还宋某龙货款 1 566 元;

二、宋某龙于本判决生效之日起 10 日内将其在深圳市福田区强记好某来百货商行处购买的 18 罐 YBC 山崎 Levain 饼干予以返还,若未能返还,按相应的单价(87 元/罐)在判决第一项应当返还的货款中予以抵扣;

三、驳回宋某龙其他诉讼请求。

如果未按本判决指定的期间履行给付金钱义务,应当依照《中华人民共和国民事诉讼法》第 253 条的规定,加倍支付迟延履行期间的债务利息。

案件受理费 350 元,减半收取计 175 元,由宋某龙负担 161 元,由被告深圳市福田区强记好某来百货商行负担 14 元。

【评析】

食品安全法第 148 条规定是关于消费者权益中惩罚性赔偿金的规定,适用的要件包括:(1)生产或经营食品;(2) 明知;(3) 不符合食品安全标准的。另外该条适用中要注意但书的规定:食品的标签、说明书存在不影响食品安全且不会对消费者造成误导瑕疵的除外。本案例中宋某龙在此之前已经购买过无中文标签的进口食品并提起诉讼,时隔不久在明知涉案进口饼干没有中文标签的情况下再次购买,可见没有中文标签这样的瑕疵并没有对其产生误导,没有中文标签和存在食品安全问题之间也不能简单地画等号。

与民法典颁布实施的同时,《最高人民法院关于适用食品药品纠纷案件适用法律若干问题的规定》也于 2021 年 1 月 1 日起施行,该司法解释对于食品药品领域中生产者和销售者的责任更为严苛,对于规范我国食品药品的生产经营活动,以及提高人民群众的安全感是具有重要并且积极的意义的,但司法中同时也应注意防范矫枉过正的倾向。笔者翻阅各级人民法院的相关判例,发现相当大比例的判例支持了没有中文标签的

惩罚性赔偿金。这样的判例既没有准确理解食品安全标准的含义，也背离了食品安全法的立法初衷。食品安全法设置惩罚性赔偿金的目的，即通过提高犯错成本来严厉打击生产经营不安全食品的行为，但事实上进口食品很大一部分并不存在食品安全问题，若仅是存在没有中文标签的瑕疵即苛以重罚，恐怕就有点"脱靶"了。当然根据食品安全法的规定，进口食品应当有中文标签，但没有中文标签应当由行政部门处罚，消费者可以据此要求退货，但并不能因此要求惩罚性赔偿。若仅因进口食品没有中文标签而不问食品质量就进行惩罚性赔偿将会引导大批案件涌入，最终严重影响交易秩序，也不会对限制食品安全起到很大作用。因此适用惩罚性赔偿金时应当注意限缩性解释，而不是扩张性解释，不能把食品生产经营中存在的所有瑕疵都一刀切地全部认定为"不符合食品安全标准"。惩罚性赔偿金在适用时只有"靶向治疗"才能在不损害社会肌体的前提下又疗愈食品安全的创伤。

案例解析

隐瞒重大疾病的可撤销婚姻之认定

——王某诉王某某撤销婚姻案

◇ 任爱娟

任爱娟，东营市东营区人民法院民事审判一庭员额法官。

【要点提示】

以"重大疾病"为由提起撤销婚姻诉讼需满足以下条件：（1）当事人婚前已罹患重大疾病，婚后没有治愈的；（2）该重大疾病已经或者极有可能影响正常夫妻生活；（3）当事人婚前未如实告知对方自身患有重大疾病的具体情况；（4）被隐瞒方在知道实情后需 1 年内提起诉讼。

【案情】

王某与王某某于 2020 年 12 月 25 日登记结婚，2022 年 1 月 1 日生育一女。

王某某曾于 2018 年 3 月 29 日～2018 年 5 月 15 日在胜利医院精神科住院治疗。住院病案显示："主诉：反复出现情感高涨与情绪低落 7 年半，再犯 2 月余。现病史：患者于 2010 年 10 月份在读高中时晚上起床上厕所时说看到了影子很害怕，逐渐出现兴奋、话多等症状。遂到东营中医医院住院治疗，诊断为躁狂症，应用碳酸锂等药物治疗大约一周后好转出院。出院后坚持服药 6 年，病情稳定，完成高中及大学学业。大约 2016 年 10 月份停药。2016 年 11 月份因手机被偷出现病情反复，表现兴奋、话多、易微惹，骂人，经常与母亲吵架。症状持续大约 1 个月，后来病情逐渐缓解。后表现基本正常。既往在情绪不高的时候曾对母亲说，以后找对象不能找当地的，当地的人知道她有病，看不上她，感觉有些自卑。患者 2018 年 1 月 5 日相处一男友，感觉很满意，过于兴奋。男友对患者也很满意，常常到患者单位陪同患者上班，明显影响了患者的工作，工作单位领导告诉患者注意不要耽误工作。患者在医院干导医工作，与前来就诊的病人吵架，也与同事吵架，无法正常工作。于 2018 年 1 月 19 日被单位辞退。患者多次到单位去闹，男友发现患者不正常，也与患者分手了。患

者病情进一步加重,兴奋、夸大、爱吹牛,觉得自己非常聪明,在外说自己是富二代,花钱阔绰,消费不理性,常常买了东西放在家里不用。零首付分期付款买两个手机。失恋后很快又结交一男友,随手花5 000多元买了手机送给才认识几天的男友。近日来花了大约2万块钱。被类似于传销的组织骗了5 000元钱,后又被要求再继续投钱,患者意识到可能被骗,非常生气。因手机每月要还贷款加上自己的日常消费,常常向其母亲要钱,要不到钱就打骂母亲,冲动伤人,扬言不给钱就弄死妈妈。其母亲述近10天就打了母亲3次。在家无法管理,今日在其家中数人的陪同下来到医院,家人要求住院治疗,以'双相情感障碍当前为躁狂相'收入院。出院经诊断为:双相情感障碍,目前为伴有精神病性症状的躁狂发作。出院医嘱为:(1)患者日前病情缓解,但需进一步治疗;(2)院外需密切关注患者用药情况,按时按量服药,不得随意加减药量,更不得随意停药;(3)院外治疗可能会因为环境改变或其他因素出现病情波动,若出现新的药物不良反应,则需及时反馈或返院复诊;(4)注意休息,不要太劳累,作息规律,尽量避免情绪波动或精神刺激性活动;(5)1月后来门诊复查,注意每月复查血常规、肝功、血生化、心电图,必要时随时复查。"王某某在该院的挂号信息显示:王某某分别于2021年5月12日、2021年9月24日、2021年11月4日及2022年8月11日在该院精神科慢性病门诊就诊,于2022年1月25日、2022年2月17日在该院心理门诊就诊,于2022年3月1日在该院精神科门诊就诊。王某某登记结婚前未向丈夫王某告知其病情。王某某在生育孩子后精神疾病发作,影响了夫妻生活。王某于2022年3月发现了王某某的精神病史,而后双方开始分居。

王某与王某某分居后,女儿随王某某共同生活。王某月收入为6 098元。

王某提起诉讼,要求:(1)撤销王某与王某某的婚姻关系;(2)王某某赔偿王某精神损害抚慰金10 000元;(3)请求女儿由王某某抚养,王某支付抚养费;(4)请求本案诉讼费用由王某某承担。

【审判】

东营区人民法院经审理认为,关于王某与王某某的婚姻关系应否被撤销的问题。根据我国民法典第1053条的规定,一方患有重大疾病的,应当在结婚登记前如实告知另一方;不如实告知的,另一方可以向人民法院请求撤销婚姻。请求撤销婚姻的,应知道或者应当知道撤销事由之日起1年内提出。母婴保健法第9条规定:"经婚前医学检查,对患指定传染病

在传染期内或者有关精神病在发病期内的，医师应当提出医学意见；准备结婚的男女双方应当暂缓结婚。"该法第 38 条规定："有关精神病，是指精神分裂症、躁狂抑郁型精神病以及其他重型精神病。"本案中，根据王某某的住院病案可知，其在 2018 年 5 月经诊断患有"双相情感障碍，目前为伴有精神病性症状的躁狂发作"，医嘱需要进一步治疗，该病属于《中华人民共和国母婴保健法》规定的有关精神病，属于医学上影响结婚和生育的重大疾病，该疾病足以影响王某决定结婚的自由。王某某在婚后于 2021 年多次到医院精神科慢性病门诊，且于生育女儿后精神疾病发作，严重影响了正常生活，王某某在婚前未如实将患病情况告知王某。王某在 2022 年 3 月得知王某某的精神病史，并于 2022 年 8 月向人民法院请求撤销婚姻。王某的诉讼请求具有事实和法律依据，属于可撤销婚姻的情形，对王某要求撤销婚姻关系的诉讼请求予以支持。

关于其女儿的抚养问题。民法典第 1054 条规定："无效的或者被撤销的婚姻自始没有法律约束力，当事人不具有夫妻的权利和义务。同居期间所得的财产，由当事人协议处理；协议不成的，由人民法院根据照顾无过错方的原则判决。对重婚导致的无效婚姻的财产处理，不得侵害合法婚姻当事人的财产权益。当事人所生的子女，适用本法关于父母子女的规定。"王某与王某某的婚姻关系撤销后，综合当事人的陈述及其女儿的实际抚养情况，依法认定其女儿由王某某直接抚养，王某支付抚养费。综合王某的收入情况及女儿的实际花费情况等因素，酌定王某每月支付抚养费 1 400 元，至其女儿独立生活止。王某有权对其女儿进行探望，王某某应予协助。

关于王某主张的精神损害抚慰金 10 000 元的问题。民法典第 1054 条规定："婚姻无效或者被撤销的，无过错方有权请求损害赔偿。"本案中，王某与王某某婚姻关系被撤销系由王某某在登记结婚前未如实告知其患重大疾病所导致，王某某存在过错，王某作为无过错方有权请求损害赔偿，因此对于其主张王某某赔偿精神损害抚慰金 10 000 元的诉讼请求，予以支持。

依照民法典第 1071 条、第 1053 条、第 1054 条，母婴保健法第 8 条、第 38 条，《最高人民法院关于适用〈中华人民共和国民法典〉婚姻家庭编的解释（一）》第 5 条及民事诉讼法第 67 条规定，判决如下：一、撤销原告王某与被告王某某的婚姻关系；二、王某仪由被告王某某直接抚养，原告王某自本判决生效之日起每月于 28 日前支付女儿抚养费 1 400 元，至女

儿年满 18 周岁止,王某有权每月探望女儿 1 次,王某某应予协助;三、王某某于本判决生效之日起 10 日内赔偿原告王某精神损害抚慰金 10 000元;四、驳回原告王某其他诉讼请求。

【评析】

该案系民法典实施后东营区法院首例因一方当事人婚前隐瞒重大疾病而被撤销婚姻案件。民法典在总结婚姻法及其司法解释的基础上完善婚姻撤销制度,将"重大疾病"从无效婚姻的法定事由改为可撤销婚姻的一种情形,一方面给予了个体更多的婚姻自由权利,另一方面也给予了被隐瞒方一定的选择权。

对于以"重大疾病"为由提起撤销婚姻的案件,审判实践中应重点注意"重大疾病"的范围界定问题。一般来讲,重大疾病通常是指医治花费巨大且在较长一段时间内严重影响患者正常工作和生活的疾病。考虑到医疗技术的进步以及疾病的变化,为保障法律的适用性与延续性,对于重大疾病的具体范围,民法典未做明确规定。根据母婴保健法的规定,婚前医学检查包括下列疾病的检查:① 严重遗传性疾病;② 指定传染病;③ 有关精神病。婚前已患有上述疾病的公民暂时不适宜结婚。婚姻一方在办理结婚登记前若知晓自身患有上述疾病,无论发病程度是否严重,均应将患病信息告知另一方。人民法院在审查被隐瞒一方提请的撤销婚姻请求时,应按照该"重大疾病"能否足以影响另一方当事人决定结婚的自由意志或者是否对双方婚后生活造成重大影响的标准严格把握。但在一些特殊案件中,比如老年人提请的撤销婚姻,更要慎重甄别"重大疾病"的范围。

李某与某村委会侵害集体经济组织成员
权益纠纷案

——农村集体经济组织成员资格的认定及丧失

◇ 张秋燕　魏梦悦

张秋燕,东营市垦利区人民法院员额法官。

魏梦悦,东营市垦利区人民法院行政庭法官助理。

【要点提示】

对于因分配土地补偿费、其他集体经济收益等产生的集体经济组织成员资格的认定问题,应综合考虑当事人生产生活状况、户口登记状况以及农村土地对农民的基本生活保障功能等因素进行认定。

【案情】

李某自称:其户口自出生至今一直在某村;李某与其丈夫印某华于2000年11月15日登记结婚,结婚后就搬至丈夫所在村居住;印某华的户口在广饶县某村,并享受该村的村民待遇。

2018年6月10日,某村委会制定《某村集体经济组织成员资格认定办法》,规定:某村召开村民会议,确定基准日和成员认定办法。2018年7月12日,某村户代表大会通过了《关于我村经济组织成员身份确认名单》《关于我村经济组织成员身份不确认名单》,大会应到户代表54名,实到户代表49名,确定基准日为2018年7月12日。《关于我村经济组织成员身份不确认名单》中包括李某,并且名单已经报请镇人民政府审核备案。2022年7月29日,某村召开村"两委"成员集中办公工作会议,村"两委"再次组织全村村民代表对李某要求参加村集体福利分配问题进行了讨论,会议决议不通过李某参加村集体分配的要求。

另查明,且李某自认,自2014年至今其一直在山东某建筑工程有限公司工作,公司已经为其缴纳社会保险。

【审判】

东营市垦利区人民法院于2023年6月5日作出(2023)鲁0505民

初 437 号民事判决,判决:驳回原告李某的诉讼请求。宣判后,李某与某村委会均未提出上诉,判决已发生法律效力。

【评析】

判断农村集体经济组织成员资格的取得及丧失,应综合考量当事人生产生活状况、户口登记状况、农村土地对农民的基本生活保障功能,以及当事人是否获得其他替代性基本生活保障等因素。本案中,李某不具有村集体经济组织成员资格,且有稳定工作和社会保险,故对其要求分得土地流转费的诉讼请求不予支持。

合意形成行为存在合理怀疑时应审查盖章行为的法律效力

◇ 董俊俊

董俊俊，东营市东营经济技术开发区人民法院综合审判庭三级法官。

【要点提示】

我国民法典第 490 条规定："当事人采用合同书形式订立合同的，自当事人均签名、盖章或者按指印时合同成立。"从该规定看，盖章与签字具有同等效力，都是对书面形式意思表示的确认。对合同相对人来说，协议加盖公章且印章真实一般即可推定协议真实，但在有证据否定或合理怀疑合意形成行为真实性的情况下，印章真实不能直接推定为协议真实，持有印章亦并不等于合法授权，印章在证明协议真实性上尚属初步证据，法院还需从持有公章的自然人是否有权代理、加盖印章的行为是否符合表见代理两个维度进行审查。此种情况下把握的原则是"看人不看章"，有权代理分为职务代理（即代理人实施的必须是其职权范围内的事项）和委托代理（即对代理人进行了授权），而构成表见代理不但要求代理人的无权代理行为在客观上形成具有代理权的表象，而且要求相对人在主观上善意且无过失地相信行为人有代理权。

【案情】

甲公司向乙公司供应外墙保温板原板，2019 年 3 月～2020 年 12 月期间，甲公司财务人员与乙公司财务人员多次通过微信进行对账。2021 年 7 月 5 日，案外人杨某与甲公司法定代表人崔某通过微信沟通对账情况，杨某向崔某发送了对账单。由甲乙公司盖章确认的对账单显示：乙公司应支付甲公司货款等款项总计 5 835 181.61 元；甲公司应支付乙公司代加工款项总计 287 229.5 元。上述各款项于 2022 年 1 月 31 日前支付 50%，2022 年 6 月 1 日前支付剩余的 50%，付款前甲公司向相应公司开具发票。对账单的落款日期为 2021 年 7 月 5 日。

乙公司企业钉钉截图显示，杨某系该公司总经办主任／销售部总监；

乙公司 2020 年 10 月 27 日的微信订阅号文章截图显示,乙公司销售总监杨某以《新型防火保温材料——隔离式纳塑保温板的优势及应用》为题,与参会专家、企业家进行技术、产品分享交流;2021 年 11 月 9 日的微信订阅号文章显示,杨某作为乙公司总经办主任出席由中国建筑材料工业规划研究院组织的科技成果评估会。

2020 年 9 月 1 日,杨某与案外丙公司签订《劳动合同书》,劳动合同期限为自 2020 年 9 月 1 日起至 2023 年 9 月 2 日止,杨某任丙公司销售主管,丙公司为杨某缴纳企业养老保险、失业保险、工伤保险等。

甲公司的法定代表人为崔某,股东为王某、崔某。乙公司提交的《公司印章使用管理制度》载明:乙公司公章、合同章由总经办专人负责管理。宋某系乙公司总经办员工。

乙公司辩称,涉案对账单加盖公章非其真实意思表示。杨某并非其公司职工,杨某与宋某未获得乙公司授权,擅自在对账单上加盖公章行为对乙公司构成无权代理;且两人不存在代理权的外观,甲公司股东王某通过其在乙公司担任总经理的特殊身份,假传乙公司同意在对账单盖章的意思表示,骗取宋某加盖公章,故甲公司及其股东王某明确知道两人盖章时没有代理权,不构成表见代理。

【审判】

东营经济技术开发区人民法院经审理认为,现有证据能够证实甲乙公司之间存在买卖合同关系,以及甲公司尚欠乙公司货款的事实。涉案对账单系经甲乙公司盖章确认,乙公司认可对账单上印章的真实性,但抗辩加盖印章的经办人杨某、宋某未获得乙公司的授权,擅自在对账单加盖公章行为构成无权代理,且两人不存在代理权的外观,甲公司及其股东王某明知两人无代理权,存在重大过失,本案不构成表见代理,对账单上加盖的公章对乙公司无效。法院认为,构成表见代理不但要求代理人的无权代理行为在客观上形成具有代理权的表象,而且要求相对人在主观上善意且无过失地相信行为人有代理权。本案中,与甲公司进行最终对账并将盖章的对账单交付甲公司的经办人是杨某。关于杨某的身份情况,虽然杨某与丙公司签订了《劳动合同书》,但通过甲公司提交的企业钉钉截图、微信订阅号文章截图、搜狐网页新闻截图等证据能够证实杨某实际在乙公司任职销售总监、总经办主任,属乙公司的管理人员,其身份足以让甲公司产生合理信赖,相信杨某与其进行对账以及加盖公司印章是代表

乙公司对外行使职权。宋某系乙公司负责印章管理的人员,其对盖章流程应当知悉。同时,甲乙公司之间存在真实的买卖合同关系,且 2019 年 3 月～2020 年 12 月期间,双方的财务人员多次进行对账,涉案对账单盖章确认前杨某与崔某亦进行了沟通、对账,在此情形下,甲公司已尽到了谨慎注意义务,是善意无过失的。乙公司以甲公司股东王某通过其在乙公司担任总经理的特殊身份,假传乙公司同意在对账单盖章的意思表示,骗取宋某加盖公章为由抗辩甲公司存在过错,并非善意,但提交的证据不足以证实其主张,故不予采信。综上,法院认定杨某、宋某在涉案对账单上盖章的行为构成表见代理,该对账单对乙公司具有法律效力。

根据涉案对账单载明的内容,能够证实乙公司对甲公司的欠款是 5 835 181.61 元,甲公司主张扣除其应支付给乙公司的欠款 287 229.5 元,乙公司对该数额无异议,且截至庭审,上述款项均达到了付款条件,故甲公司主张乙公司支付款项 5 547 952.11 元,证据充分,予以支持。乙公司主张扣除其代甲公司法定代表人崔某缴纳社保 4 422.89 元,该主张与本案纠纷并非同一法律关系,法院不予审理。乙公司抗辩其对甲公司的实际欠款为 471 257.05 元,证据不足,不予采信。关于利息,甲公司主张自逾期之日起按全国银行间同业拆借中心公布的同期贷款市场报价利率上浮 50% 计算利息损失,符合法律规定,予以确认。结合对账单载明的付款时间,经核算,乙公司应支付甲公司自 2022 年 2 月 1 日起至第二笔付款之日(即 2022 年 6 月 1 日)止的利息 51 037.36 元,以及以 5 547 952.11 元为基数,支付自 2022 年 6 月 2 日起至实际给付之日止的利息,对甲公司主张利息的超出部分,不予支持。

综上,依照民法典第 172 条、第 509 条、第 577 条、第 579 条、《最高人民法院关于审理买卖合同纠纷案件适用法律问题的解释》第 18 条,民事诉讼法第 67 条之规定,判决如下:一、乙公司于本判决生效之日起 10 日内支付甲公司款项 5 547 952.11 元、截至 2022 年 6 月 1 日的利息 51 037.36 元,以及自 2022 年 6 月 2 日起至实际给付之日止的利息(以 5 547 952.11 元为基数,按照全国银行间同业拆借中心公布的贷款市场报价利率的 1.5 倍计算);二、驳回甲公司的其他诉讼请求。

如果未按本判决指定的期间履行给付金钱义务,应当依照民事诉讼法第 260 条之规定,加倍支付迟延履行期间的债务利息。

案件受理费 51 145 元,减半收取计 25 572.5 元,保全费 5 000 元。由甲公司负担案件受理费 98.5 元,乙公司负担案件受理费 25 474 元、保

全费 5 000 元。

乙公司不服一审判决,向东营市中级人民法院提起上诉,二审过程中,乙公司申请撤回上诉。东营市中级人民法院二审裁定准许乙公司撤回上诉。一审判决自裁定书送达之日起发生法律效力。二审案件受理费50 993 元,减半收取 25 496.5 元,由上诉人乙公司负担。

【评析】

在合同或协议上加盖公司印章的法律意义就在于,盖章之人所为的是职务行为,即是代表或代理公司作出意思表示。章有真假之分,人也有有权与无权之别,不可简单根据加盖公章这一事实就认定协议的内容即公司真实意思表示。行为主体的不同、公章的真伪将导致不同的法律后果,没有代表权或代理权的人所签的合同即便加盖的是真章,也不能产生合同有效的预期效果;而有代表权或代理权的人所签的合同即便合同上没有盖章或盖的是假章,仍应视为有效合同。

本案中,在分析对账单的效力过程中,关键看经办人杨某及盖章人宋某的身份情况,以及乙公司抗辩的甲公司存在的过错是否成立。形式上,杨某与丙公司签订劳动合同,但通过乙公司企业钉钉截图、微信订阅号文章截图、搜狐网页新闻截图等证据能够证实杨某实际在乙公司任职销售总监、总经办主任,乙公司亦认可宋某系其公司印章管理人员,同时结合前期两公司财务人员的对账行为,甲公司已尽到了谨慎注意义务,是善意无过失的;乙公司以甲公司股东王某通过其在乙公司担任总经理的特殊身份,假传乙公司同意在对账单盖章的意思表示,骗取宋某加盖公章为由,抗辩甲公司存在过错、并非善意的意见,证据不足,不予采信。综上,杨某、宋某在对账单上盖章的行为是职务行为而非个人行为,故应由乙公司承担相应的法律后果。

有犯罪记录人员再就业能否认定劳动关系

◇ 刘 瑞

刘瑞,东营市东营区人民法院行政庭三级法官。

【要点提示】

用人单位以劳动者入职时没有主动、如实报告自己受过刑事处罚的事实为由,主张劳动者存在欺诈,从而否定双方之间的劳动关系,规避其应当承担的责任,不应得到支持。

【案情】

2021 年 8 月 8 日,于某到某公司处工作,工作岗位是上料工,双方未签订劳动合同。2021 年 12 月 4 日,于某在该公司工作时受伤。于某请求确认存在劳动关系及由未签订书面劳动合同导致的二倍工资差额,仲裁委裁决支持了于某的仲裁请求。该公司不服仲裁裁决,提起诉讼。

另查明,于某曾因犯挪用公款罪,被判处有期徒刑一年。

【审判】

一审法院认为本案的争议焦点为某公司与于某是否存在劳动关系,某公司应否支付由未签订书面劳动合同导致的二倍工资差额。

根据劳社部发〔2005〕12 号《关于确立劳动关系有关事项的通知》第 1 条的规定,确定双方是否存在劳动关系应当结合以下几个方面来综合分析:(1) 劳动者与用人单位之间是否有合同约定;(2) 劳动者与用人单位之间是否具有持续性、稳定性管理关系,用人单位是否将劳动者纳入其组织体系中;(3) 劳动者对用人单位是否具有人身和经济上的依附性。于某提交的证据能够证明其接受某公司的管理与监督,某公司按月为其发放工资,某公司与于某具有人身和经济上的依附性,符合劳动关系的构成要件。综上,法院依法确认某公司与于某在 2021 年 8 月 8 日～2022 年 1 月 7 日期间存在劳动关系。某公司主张根据刑法第 100 条第 1 款及劳动合同法第 26 条第 1 款的规定,于某未如实告知自己曾受过刑事处罚,属于欺诈,将导致劳动合同关系无效。刑法第 109 条第 1 款规定的前

科报告制度系如实报告而非主动报告,某公司未提交证据证明于某在入职时某公司曾以书面或口头形式询问过于某是否有犯罪前科,因此于某在未被询问的情况下没有主动报告并不构成欺诈。根据劳动合同法第82条之规定,某公司因未与于某签订书面劳动合同而应向于某支付2倍工资差额。

二审法院经过审理认为,根据查明的事实,于某自2021年8月8日起为某公司提供劳动并获取劳动报酬,双方建立人身和经济上的依附关系,存在事实劳动关系。双方的劳动关系属于法律事实,不以双方签订书面劳动合同为必要,亦不受于某未说明犯罪记录的影响。从岗位安排来看,于某的岗位系上料工,于某未如实告知挪用公款的犯罪记录不属于和工作岗位、工作要求等直接相关的内容,不影响于某按照用人单位要求提供劳动,亦不属于劳动合同法规定的"以欺诈、胁迫的手段或者乘人之危,使对方在违背真实意思的情况下订立或者变更劳动合同"的情形。基于上述理由,某公司的上诉请求不能成立。二审判决驳回某公司的上诉,维持原判。

【评析】

社会主义核心价值观在社会层面的价值取向为自由、平等、公正、法治。我国法律规定,劳动者有平等就业的权利。劳动者如有犯罪记录且未如实告知用人单位,并不必然影响其就业,也并不必然违反诚实原则。有犯罪记录的人员在法律允许的范围内享有平等就业的权利,不应受到歧视。刑法第100条第1款规定的前科报告制度系如实报告而非主动报告。如果用人单位没有举证证明入职前有明确约定或者主动询问,劳动者在入职时没有主动告知自己曾有犯罪前科的事实,且劳动者从事的工作岗位与犯罪记录没有任何关联性,则不应认定劳动者欺诈,而应根据相关法律规定审查双方之间是否构成劳动关系的实质要件。

保险合同中对其他必备证书免责的认定

◇ 周乃信　王申镇

周乃信,东营市垦利区人民法院一级法官。

王申镇,东营市垦利区人民法院法官助理。

【要点提示】

保险人以被保险人违反保险合同免责条款中约定的"其他必备证书"为由主张免责的,因该条款的含义不清,应作出不利于保险人的解释。保险合同免责条款应尽到提示说明的义务,否则该条款不发生效力。

【案情】

2020 年 6 月,顺星公司向甲保险公司出具了投保人声明,该声明尾部用标黑加粗字体写明:"本人确认收到条款及《机动车综合商业保险免责事项的说明书》。保险人已明确说明免除保险人责任条款的内容及法律后果。"顺星公司在尾部手写"保险人已明确说明免除保险人责任条款的内容及法律后果"。投保人签章处有顺星公司签章。2020 年 7 月,顺星公司与甲保险公司达成保险合同,顺星公司为涉案鲁 EF1××8 车辆投保商业三者险。交强险保险期间自 2020 年 7 月 10 日至 2021 年 7 月 10 日,商业三者险保险期间自 2020 年 7 月 11 日至 2021 年 7 月 10 日。该合同中《甲保险公司机动车综合商业保险条款》责任免除部分内容已经标黑、加粗,该部分中第 8 条第 1 款第 2 项第 6 目约定了"驾驶出租机动车或营业性机动车无交通运输管理部门核发的许可证书或其他必备证书"的条款。2020 年 10 月,史某驾驶备通和公司的 EE2××9 号北奔牌重型半挂牵引车、鲁 ECV×× 山东岳牌重型仓栅式半挂车沿 S228 线由北向南行驶至与永馆路交叉路口时,与袁某驾驶的沿永馆路由东向西行的鲁 EF1××8 号欧曼牌重型自卸货车发生交通事故,两车及货物、绿化带受损,袁某钥匙丢失,史某、袁某受伤。事故发生后,东营市公安局垦利分局交通管理大队经调查,出具第 370521120200000××5 号道路交通事故证明,证实该道路交通事故形成原因无法查清。庭审中,通和公司主张支出施救费 12 500 元、2 500 元,修理和修配劳务费 71 500 元、73 500

元,并提交了发票予以佐证。另查明,通和公司向乙保险公司出具《代位求偿案件索赔申请书(责任对方为机动车方)》,认可乙保险公司以50%的责任比例向顺星公司、袁某、甲保险公司追偿。

【审判】

东营市垦利区人民法院经审理认为:(1)顺星公司与甲保险公司签订的保险合同所附保险条款中虽明确载有"驾驶出租机动车或营业性机动车无交通运输管理部门核发的许可证书或其他必备证书"可以免除保险责任的条款,但该条款中的"许可证书或其他必备证书"含义不清,范围不明,既未明示要求营运性机动车的驾驶人员须取得的许可证书或者必备证书的范围、种类,也未明示该许可证书或其他必备证书的性质,保险合同各方当事人往往对该条款内容作出不同的理解,法院通常会依据民法典的规定作出对保险人不利的解释。(2)即使保险合同及所附保险条款中对前述条款采取"标黑加粗标注"的方式予以明示,也难以认定保险人就机动车驾驶人必须取得交通运输管理部门核发的许可证书或其他必备证书向投保人履行了明确说明义务。《最高人民法院关于适用〈中华人民共和国保险法〉若干问题的解释(二)》第11条第2款规定:"保险人对保险合同中有关免除保险人责任条款的概念、内容及其法律后果以书面或者口头形式向投保人作出常人能够理解的解释说明的,人民法院应当认定保险人履行了保险法第十七条第二款规定的明确说明义务。"根据《最高人民法院研究室关于对保险法第十七条规定的"明确说明"应如何理解的问题的答复》的规定,该"明确说明"是指保险人在与投保人签订保险合同之前或者签订保险合同之时,对于保险合同中所约定的免责条款,除了在保险单上提示投保人注意外,还应当对有关免责条款的概念、内容及其法律后果等,以书面或者口头形式向投保人或其代理人作出解释,以使投保人明了该条款的真实含义和法律后果。据此规定,甲保险公司仅举证证明顺星公司在投保人声明中盖章,不足以证明其已向投保人明确说明主管部门核发的具体证书的种类和名称并经投保人确认,也不能证明投保人明了该免责条款的真实含义和法律后果。《最高人民法院关于适用〈中华人民共和国保险法〉若干问题的解释(二)》第10条规定:"保险人将法律、行政法规中的禁止性规定情形作为保险合同免责条款的免责事由,保险人对该条款作出提示后,投保人、被保险人或者受益人以保险人未履行明确说明义务为由主张该条款不成为合同内容的,人民法

187

院不予支持。"该条款对保险合同各方当事人产生约束力。而交通运输部门发布的《道路运输从业人员管理规定》属于部门规章,不是法律、行政法规,既然甲保险公司将该规定中的道路运输从业人员资格证书或其他必备证书的含义、范围等当作保险合同约定的免责事由,就应在订立涉案保险合同时予以明确说明。在甲保险公司未尽明确说明义务的情形下,乙保险公司、顺星公司主张该免责条款不发生效力是于法有据。即便顺星公司作为交通运输企业,常年投保,对涉案免责条款熟知,亦不能成为免除甲保险公司作为保险人应依法履行明确说明义务的正当理由。

【评析】

本案系因交通事故侵权引发的保险人代位求偿权纠纷。车损险是机动车商业保险的主要险种之一,也是驾驶员降低侵权成本、转移行驶风险的必备险种。而保险人为防止恶意骗保或降低自身赔付风险,在保险条款中设置了免责条款,被保险人的行为一旦触发免责条款,保险人对被保险人受到的损失即刻免赔。该类条款对被保险人的影响巨大,因此应当被严格认定。

一是当免责条款含义不清时,应作出不利于保险人的解释。因语言文字的限制,保险条款不可能穷尽所有情况。保险人在保险条款中使用概括性文字进行表述,例如,本案中即使用了"其他必备证书"的表述,但这一表述模糊不清,未能明确哪些属于必备证书,对必备证书的范围、种类、性质亦未佐证明确的概述。此类情况往往使合同签订各方作出不同的理解,出现"扯皮"。该条款系保险人制定,但解释权不能由保险人任意行使,否则将极大损害被保险人的利益。法院在对该类条款进行解释时,会参考保险合同签订的目的、合同格式等因素,依据民法典的规定,作出不利于保险人的解释。

二是保险人对免责条款应尽到"明确说明"的义务。实践中,保险条款中免责条款均进行了"标黑加粗标注"的方式,但争议点大多在于是否尽到了"明确说明"的义务,这里所规定的"明确说明"应是指保险人在与投保人签订保险合同之前或者签订保险合同之时,对于保险合同中所约定的免责条款,除了在保险单上提示投保人注意外,还应当对有关免责条款的概念、内容及其法律后果等,以书面或者口头形式向投保人或其代理人作出解释,以使投保人明了该条款的真实含义和法律后果。据此规定,"明确说明"不仅要落实在保险合同中,以"标黑加粗标注"方式尽到提示义务,还需要保险人对免责条款的概念、内容、法律后果尽到详尽说明的义务,该举证责任均由保险人承担。

三是当非禁止性规定作为免责事由时,仍需尽到"明确说明"的义务。法律、行政法规所规定的禁止性规定是明确对社会生活中的一些行为作出"不得为"的规定,该类行为属于常识性行为,是普通大众所熟知的。据此,保险人对该条款作出提示后,该条款对保险合同各方当事人产生约束力[1]。而除此之外的部门规章、地方性法规等中的禁止性规定系对行业内或一定区域的限制,不能被一般人所熟知。该类规定可以作为免责事由,但在订立保险合同时,保险人需要作出解释;否则,该类条款不发生效力。

综上,免责条款作为一类对被告保险人影响巨大的条款,对该类条款生效的认定,需要从条款含义的解释、明确说明义务的履行情况以及免责事由的来源进行综合考量,督促保险人尽到法律规定的义务,防止保险人任意解释损害被保险人的权益。本案中,甲保险公司对设置的免责条款的含义解释不清,亦未尽到"明确说明"的义务,故甲保险公司应当在保险责任范围内承担侵权人顺星公司对被侵权人造成的损失。

[1]《最高人民法院关于适用〈中华人民共和国保险法〉若干问题的解释(二)》第十条。

交通事故重伤后其他因素介入致死的
损伤参与度认定

——卢某花等诉刘某滨、李某龙机动车交通事故责任案

◇ 胡星红

胡星红，东营市东营区人民法院民事审判一庭道交团队一级法官。

【要点提示】

受害人在交通事故重伤后因为其他因素介入致死，即道路交通事故与其他因素叠加共同造成了损害后果，应当找出造成损害后果的所有原因，区分各原因作用力的大小，公平合理地认定侵权人应当承担的责任范围。

【案情】

2020年6月29日19时10分许，刘某滨驾驶鲁E77××N号轻型栏板货车，沿西四路西侧Y033路由西向东行驶至4.2公里处时，与由南向北行驶至此的张某光驾驶的电动三轮车相撞，致张某光受伤，车辆及衣物损坏，造成交通事故。交警部门认定：刘某滨驾驶机动车超速行驶，未按照操作规范安全文明驾驶，张某光驾驶机动车未让所借道路内行驶的车辆先行，因此二人负事故同等责任。

张某光在交通事故受伤当日到胜利油田中心医院住院，一直治疗83天，其伤情被诊断为闭合性颅脑损伤重型、多发性大脑挫裂伤、创伤性蛛网膜下腔出血、弥漫性轴索损伤、昏迷、瘫痪、吞咽困难等。2020年9月29日张某光再次因车祸后持续意识障碍到胜利油田中心医院住院治疗13天，出院情况为意识障碍、气管切开状态，医嘱鼻饲留置饮食，坐位或半卧位进食，避免误吸、呛咳造成吸入性肺炎等。2021年1月22日，张某光在家中死亡，其死亡医学证明（推断）书载明的死亡原因系窒息、气管异物、脑外伤后遗症。2021年2月1日，东营市公安局交警支队直属二大队委托东营市公安司法鉴定中心对张某光死亡原因进行鉴定，鉴定书载明：根据尸检，解剖气管内见黏痰，右侧支气管内见黑色异物，根据病历及调

查,张某光在外伤后处于植物人状态,吞咽肌肉无力,吞咽反射及呛咳反应慢且幅度浅,在异物进入气管后保护性反射弱,不能及时咳出异物导致死亡,分析认为张某光系异物吸入窒息死亡。

鲁 E77××N 号轻型栏板货车登记所有人系李某龙,投保交强险及商业三者险 50 万元,保险公司已向张某光亲属赔付 622 000 元。

张某光出生于 1971 年 5 月 19 日,卢某花系张某光之配偶,张某瑞系张某光之长女,张某彤系张某光之次子。张某光因治疗产生医疗费 639 338.30 元、残疾辅助器具费 6 100 元、病历复印费 263 元。事故发生前张某光经营五金建材零售,因交通事故误工 208 日。张某光由胡某涛、边某虎两人护理 208 日。

【审判】

山东省东营市东营区人民法院经审理认为,本案的争议焦点为:一、案涉交通事故损伤对张某光死亡后果参与度的认定;二、有争议的赔偿项目及金额的认定;三、李某龙、刘某滨的赔偿责任认定。

针对争议焦点一,案涉交通事故对张某光死亡后果应认定 70% 的参与度,理由如下:(1)案涉交通事故造成张某光颅脑重度损伤、意识障碍、瘫痪、吞咽困难等严重损害后果,该后果是导致张某光死亡的启动因素和根本原因;(2)张某光出院时气管为切开状态,其护理人员未遵医嘱为张某光喂食,导致张某光异物进入气管且不能咳出而死亡,存在疏忽大意的过失,但该影响较之交通事故而言应属次要、辅助因素。

针对争议焦点二,审查认定各项损失为:(1)医疗费 639 375.30 元;(2)住院伙食补助费 9 600 元(住院天数 96 天 ×100 元/日);(3)营养费 6 240 元(208 天 ×30 元/日);(4)误工费 36 389 元(2019 年度山东省批发零售业行业标准 63 856 元/年,计算 208 天);(5)护理费 49 835.66 元(2020 年山东省城镇居民人均可支配收入 43 726 元/年计算两人护理 208 天);(6)残疾辅助器具费 6 100 元;(7)死亡赔偿金 612 164 元(2020 年山东省城镇居民人均可支配收入 43 726 元/年 ×20 年 ×70%);(8)被扶养人生活费 28 655.55 元(2020 年山东省城镇居民人均消费性支出 27 291 元/年 ×3 年 ÷2 人 ×70%);(9)精神损害抚慰金酌定 4 000 元;(10)丧葬费 29 431.15 元(2019 年山东省城镇在岗职工平均工资 84 089 元/年 ÷2×70%);(11)处理丧葬事宜人员的误工费 754.60 元(山东省 2020 年城镇居民人均可支配收入 43 726 元/年的

标准予以支持三人三天的误工费并结合参与度);(12)处理丧葬事宜人员的交通费酌定支持 500 元;(13)病历复印费 263 元;(14)电动三轮车损失 2 000 元。以上共计 1 425 308.26 元。

针对争议焦点三,刘某滨受李某龙雇佣,其在下班途中驾驶李某龙的车辆发生涉案交通事故,应视为在提供劳务过程中造成他人损害,依法应由李某龙对刘某滨造成的损害后果承担侵权责任。

综上,张某光与刘某滨驾驶机动车发生交通事故,双方负事故同等责任,刘某滨应按 50% 的比例承担赔偿责任。因此在保险公司和刘某滨赔偿后,李某龙应赔偿 151 654.13 元。

山东省东营市东营区人民法院依照相关法律规定,判决:一、李某龙赔偿卢某花、张某瑞、张某彤损失 151 654.13 元;二、驳回卢某花、张某瑞、张某彤其他诉讼请求。

【评析】

本案主要涉及受害人因交通事故重伤后其他因素介入致死,作为侵权人的交通事故责任方,对于受害人死亡的后果应当如何承担责任,即交通事故损伤参与度的认定。

侵权行为与损害后果之间的因果关系是侵权的构成要件。侵权因果关系分为责任成立的因果关系和责任范围的因果关系,前者判断侵权行为与权益被侵害之间的因果关系,后者判断侵权行为与损害后果的因果关系。

毋庸置疑,本案交通事故的侵权行为与张某光的身体健康权益受到损害之间具有因果关系,在侵权责任成立上并无争议。本案的争议焦点主要集中在责任范围因果关系的认定,即损伤参与度的认定。交通事故损伤参与度系指在有外伤、疾病(包括老化和体质差异)等因素共同作用于人体、损害了人体健康的交通事故中,损伤在人身死亡、伤残、后遗症的发生上所起作用的比例关系。

本案中,能否认定交通事故损害与张某光的死亡后果之间有相当因果关系是关键,认定该因果关系成立须符合两个条件:一是该事件为损害发生的不可或缺的条件;二是该事件实质上增加了损害发生的客观可能性。鉴定意见认定,张某光在交通事故外伤后处于植物人状态,吞咽肌肉无力,吞咽反射及呛咳反应慢且幅度浅,在异物进入气管后保护性反射弱,不能及时咳出导致死亡,分析认为张某光系异物吸入窒息死亡。根据

该事实,可以认定此次交通事故对张某光造成的身体损害后果客观上增加了其呛咳死亡的可能性,故张某光的死亡与交通事故损害之间的相当因果关系成立。但考虑到张某光呛咳致死也存在护理人员疏忽大意的因素,两者相比较,交通事故是主要因素,占主要原因力,故认定其损伤参与度为70%。

　　本案在受害人因交通事故重伤后其他因素介入导致死亡后果引发的死亡赔偿金、丧葬费、精神损害抚慰金等赔偿项目中均考虑了参与度,依法公平地维护了当事人的合法权益。

案例解析

二手车交易中解除合同的分析认定

◇ 雷玉鹏　李　骞

雷玉鹏，东营市利津县人民法院审判委员会专职委员。

李骞，东营市利津县人民法院立案庭法官助理。

【要点提示】

依法成立的合同应当尽可能存续，直至履行完毕。但在审判实践中经常出现当事人由于"反悔"而要求解除合同的情形，应从哪些方面分析和判断当事人提出的解除合同的请求能否成立呢？笔者认为，应当根据案件具体情形，重点考虑当事人要求解除的时间节点、具体类型、法律后果，综合判断是否已经实现合同目的，以维护公平、有序的市场交易环境。

【案情】

2021 年 12 月 19 日，原告燕某与被告李某达成口头车辆买卖合同，燕某向李某购买二手本田雅阁轿车一台，价格 70 000 元。达成协议后，燕某将 15 000 元车款转至李某名下账户，双方办理了车辆过户手续，并到建设银行办理抵押贷款。同时，李某将车辆交付给燕某使用。2022 年 7 月，燕某家人与李某沟通，要求退还车辆，但双方未达成一致意见。同年 10 月，燕某诉至法院，要求解除双方之间的买卖合同并返还购车款。

【审判】

利津县人民法院经审理认为，原告燕某的主张不符合规定，不予支持。理由如下：一、双方之间的合同已经履行完毕，当事人的合同目的已经实现。民法典第 620 条规定："买受人收到标的物时应当在约定的检验期限内检验。没有约定检验期限的，应当及时检验。"原告燕某于 2021 年 12 月 19 日向被告购买车辆，收到车辆后一直使用，直至 2022 年 7 月原告燕某一方以车辆存在问题为由，要求解除合同，明显超过对车辆质量进行"及时"检验的合理期限。二、原告主张解除合同缺乏明确约定。双方交易车辆系口头约定，无书面合同，未明确约定解除合同条款及事由、期限。原告燕某购买标的物为二手车辆，二手车系他人使用后交易的车辆，不同于新车交易时的质量标准，如双方对产品质量或者解除合同事项

有特殊约定,应当予以明确,但双方对此并无明确约定。三、原告主张解除合同缺乏法律依据。《中华人民共和国民法典》第 563 条规定:"有下列情形之一的,当事人可以解除合同:(一)因不可抗力致使不能实现合同目的;(二)在履行期限届满前,当事人一方明确表示或者以自己的行为表明不履行主要债务;(三)当事人一方迟延履行主要债务,经催告后在合理期限内仍未履行;(四)当事人一方迟延履行债务或者有其他违约行为致使不能实现合同目的;(五)法律规定的其他情形。以持续履行的债务为内容的不定期合同,当事人可以随时解除合同,但是应当在合理期限之前通知对方。"本案中,被告已交付涉案车辆给原告使用,双方已办理变更登记及银行贷款、交付货款等手续,买卖合同履行完毕,并没有出现解除合同的情形。综上,原告燕某的诉讼请求不成立。依照民法典第 562 条、第 563 条、第 620 条、《最高人民法院关于审理买卖合同纠纷案件适用法律问题的解释(2020 修正)》第 12 条、《最高人民法院关于适用〈中华人民共和国民事诉讼法〉的解释》第 90 条的规定,判决如下:

驳回原告燕某的诉讼请求。

【评析】

解除合同是合同履行过程中较为常见的终止合同权利义务的情形,解除合同必须符合一定标准。判断解除合同是否符合条件,应当注意以下几点:

一、解除合同的时间节点

合法有效的合同应当尽可能存续,直至履行完毕。然而,在合同实际履行过程中,难免出现当事人出于各种原因违反合同义务的情况,或者出现不可预见的情形,导致合同难以为继。如果任由合同继续约束当事人,可能会对当事人产生不必要的损失,不符合市场资源配置效率原则,故法律赋予当事人约定解除合同的权利,同时明确规定了法定解除的情形。因此,在通常情况下,合同只有在成立之后、履行完毕之前,才会发生解除合同的效力。

二、解除合同的具体类型

1.法定解除,即合同生效后未履行或者未履行完毕前,当事人在法律规定的解除事由出现时,通过行使解除权而使合同关系归于消灭。从形

式上看,只要发生法律规定的具体情形,当事人单方即可行使解除合同的权利,而不能实现合同目的即是法定解除的实质性判断标准。

2. 合意解除,即合同成立并生效后,在未履行或者未完全履行之前,当事人通过协商解除合同,使合同效力归于消灭。合意解除即协商解除,其实质为合同当事人成立一个新合同,解除原合同,合意解除不仅要求当事人达成解除合同的意思表示,还要求对解除合同的后果形成合意。否则,不能产生解除合同的法律效果。

3. 约定解除权,即当事人以合同条款的形式,在合同成立以后未履行或者未完全履行之前,由一方当事人在约定解除的事由发生时享有解除权,并据此行使解除权,使合同关系归于消灭。根据合同自由原则,当事人具有订立合同的权利,也有约定合同解除事由的权利。合同解除权属于形成权,只有具有合同解除权的当事人发出解除合同的意思表示并送达对方当事人,合同效力才归于消灭。由于约定解除权的形成权特征,决定了该解除权不同于附解除条件合同中的解除条件,在附解除条件的合同中,自解除条件成就时起合同效力归于消灭,无须当事人发出解除合同的意思表示。

三、解除合同的法律后果

1. 债务未履行的,终止履行。由于解除合同是终止合同关系的手段,因此解除权人负有的债务如果尚未履行便因解除权归于终结,从而达到解除权人所追求的目的。相对人所负的债务如仍有尚未履行的,当然也因合同解除而终结。

2. 债务已履行的,根据履行情况和合同性质,相关人有权请求恢复原状或采取其他补救措施,并赔偿损失。

3. 合同因违约解除的,除当事人另有约定外,违约方承担违约责任。

4. 担保合同不随主合同解除而解除,另有约定除外。主合同解除,担保人对债务人应当承担的民事责任仍应当承担担保责任,但是担保合同另有约定的除外。

综上,原告燕某与被告李某之间的合同已经履行完毕,当事人的合同目的已经实现,原告主张解除合同缺乏明确约定和法律依据,不符合解除合同的要件。

劳动者与用人单位协商不交社保的损失由谁承担？

——魏某诉某公司劳动争议案

◇ 赵钟静

赵钟静，东营市利津县人民法院行政综合庭法官助理。

【要点提示】

用人单位为劳动者缴纳社会保险费系法律规定的强制性义务。用人单位未依法为劳动者缴纳职工社会保险，劳动者依据劳动法合同法规定要求解除劳动合同并请求用人单位支付经济补偿金的，人民法院应予支持。但是若未能办理社会保险系因劳动者自身原因造成的，劳动者以用人单位未依法为其缴纳社会保险为由要求用人单位支付养老保险待遇损失，则有违诚实信用原则，人民法院不予支持。

【案情】

魏某向本院提出诉讼请求：（1）依法判决某公司支付其应付未付的社会保险费补助 127 040.20 元；（2）某公司支付 2021 年 7 月份工资 1 800 元；（3）诉讼费由被告承担。事实和理由：魏某原系某公司职工，工作时间 2005 年 5 月 3 日～2021 年 7 月 16 日，主要从事打包工作，某公司一直未给魏某缴纳社会保险费，并以合同第四十四条第七款规定不支付经济补偿金，但按照该条款约定，某公司对应缴未缴的社会保险费按月以工资的形式给付魏某，然而某公司未按合同约定支付。被告未按合同约定支付应付保险补助，其行为违反诚实信用原则，且仲裁以缺乏事实和法律依据为由驳回请求有悖合同约定，为此提起诉讼，望法院依法予以支持。

某公司辩称，利劳人仲案字〔2022〕第 28 号裁决书认定事实清楚、适用法律正确，请求驳回原告诉讼请求。理由如下：（1）根据一事不再理的原则，在（2021）鲁 0522 民初 2051 号案件中，原告已主张社会保险损失，其实质与本案未付社会保险补助是同一回事，不应受理支持；（2）此未付

社会保险费补助的主张缺乏事实及法律依据;(3) 在(2021)鲁 0522 民初 2051 号案件庭审过程中,原告对被告举证的劳动合同不予认可,故不应以此作为证据向被告主张该项未付社会保险费补助;(4) 双方签订的劳动合同第四十四条第七款约定,原告不因被告没有为其缴纳社会保险而向被告主张经济补偿赔偿金及因此造成的损失,该项约定包含原告承诺放弃未付社会保险费补助的内容;(5) 关于原告主张的 2021 年 7 月份工资,由于原告原系被告公司的计件工,应由其 2021 年 7 月计件产量核算,现申请法院酌情判决。

本院经审理认定事实如下:魏某系利津县凤凰城街道某村村民,其于 2005 年入职某公司从事打包工作,工作期间其在利津县凤凰城街道某村自行投保城乡居民基本养老保险。2018 年 10 月 12 日,某公司与魏某签订无固定期限劳动合同一份,合同第四十四条第七款约定:乙方已参加农村(城镇)居民社会保险,拒绝甲方为其缴纳社会保险,甲方同意将为其缴纳社会保险时应承担的份额按月以工资形式支付给乙方,乙方承诺不因甲方没有为其缴纳社会保险而向甲方主张经济补偿(赔偿)金及因此造成的损失。同时合同中附有"告知书"一页,内容为:"魏某:经查询,你已参加农村(城镇)居民社会/医疗保险,此社会保险与我公司缴纳的职工社会保险不兼容,如不终止原保险,公司无法给你缴纳职工社会保险。公司限你七日内中止原保险账户,否则视为拒绝公司缴纳社会保险,一切法律责任由你本人承担。""告知书"后面的加黑字体载明如下字样:"以上通知书内容已向我宣读并解释清楚,我对通知书内容已充分理解。"魏某在被告知人处签字捺印。

2021 年 7 月 16 日,魏某自行离职。魏某分别于 2021 年 7 月 19 日、2021 年 9 月 10 日向利津县劳动人事争议仲裁委员会提起仲裁及向本院提起诉讼,要求解除双方劳动关系,某公司支付其经济补偿、未缴纳社会保险费损失及法定节假日加班工资。仲裁委及本院均解除了双方劳动关系,驳回了魏某的其他诉讼请求。

2022 年 3 月 1 日,魏某向利津县劳动人事争议仲裁委员会提起仲裁,申请裁决某公司支付应付未付的社会保险补助 127 040.20 元,及 2021 年 7 月份工资的 1 800 元。同年 4 月 14 日,利津县劳动人事争议仲裁委员会作出利劳人仲案字〔2022〕第 28 号裁决书,裁决:一、某公司应支付魏某拖欠工资 1 800 元;二、驳回魏某关于某公司支付应付未付的社会保险费 127 040.20 元的仲裁请求。魏某不服该裁决,在法定期间内向本院提

起诉讼。

二审查明的事实与一审一致。

【审判】

利津县人民法院于 2022 年 7 月 11 日作出（2022）鲁 0522 民初 688 号判决书，判决如下：一、某公司于本判决生效之日起十日内支付魏某 2021 年 7 月份工资 1 800 元。二、驳回魏某的其他诉讼请求。

上诉人魏某因与被上诉人某公司劳动争议一案，不服山东省利津县人民法院（2022）鲁 0522 民初 688 号民事判决，向东营市中级人民法院提起上诉。

东营市中级人民法院于 2022 年 12 月 5 日作出（2022）鲁 05 民终 2106 号终审民事判决书，判决如下：

驳回上诉，维持原判。

【评析】

一审法院认为：根据我国劳动法的规定，工资应当以货币的形式按月支付给劳动者本人，用人单位不得克扣或者无故拖欠劳动者的工资。根据魏某提交的山东利津农村商业银行股份有限公司出具的余额明细查询及庭审意见，本院认定某公司尚欠魏某 2021 年 7 月份 16 天的应发工资 1 800 元。因此，某公司应支付魏某拖欠工资 1 800 元。根据我国劳动法的规定，用人单位和劳动者必须依法参加社会保险，缴纳社会保险费。因此用人单位为劳动者缴纳社会保险费系法律规定的强制性义务。本案双方劳动合同第四十四条第七款约定的内容违反了劳动法的强制性规定，系无效条款，对双方没有约束力。故对于魏某依据以上合同条款的约定要求某公司支付其未付的社会保险费补助 127 040.20 元的诉讼请求，本院不予支持。

二审法院认为，双方当事人所签劳动合同第四十四条第七款约定："乙方（魏某）已参加农村（城镇）居民社会保险，拒绝甲方（某公司）为其缴纳社会保险，甲方同意将为其缴纳社会保险时应承担的份额按月以工资形式支付给乙方，乙方承诺不因甲方没有为其缴纳社会保险而向甲方主张经济补偿（赔偿）金及因此造成的损失。"该约定的内容违反我国劳动法规定，属于无效条款。

某公司未依法为魏某缴纳职工社会保险，违反劳动法和社会保险法的相关规定。社会保险费的征缴，属于社会保险行政部门的法定职责。

某公司未为魏某缴纳职工社会保险的行为属于行政法调整的事项,不属于人民法院民事诉讼的主管范围。根据相关法律规定,合同任何一方不得因合同无效而获取利益。魏某拒绝某公司为其缴纳职工社会保险,并在劳动合同中约定不得因此向某公司主张由此造成损失的情况下,要求某公司支付应付未付社会保险费 127 040.20 元,该行为既违反了法律的禁止性规定,也有违诚信原则。二审中,魏某认可其主张的应付未付社会保险费 127 040.20 元系自己单方计算得出的结果,在法庭要求其说明计算方式时,不能予以明确。在某公司不予认可的情况下,魏某主张的应付未付社会保险费数额不具有客观性和真实性。由此可见,一审判决对魏某主张的社会保险费补助 127 040.20 元未予支持,并无不当;魏某要求某公司支付该项费用的上诉请求不能成立,本院不予支持。

平台外包模式下骑手劳动关系的认定问题

◇ 史小峰

【要点提示】

平台外包模式下,骑手与平台及承包方之间是否存在劳动关系,与何者存在劳动关系的认定,应当根据骑手与何者具有从属性(即经济及人身依附性),以及双方有无建立劳动关系的合意、平台与承包方之间的合作协议约定等来综合认定。

史小峰,东营市广饶县人民法院民事审判第二团队法官助理。

【案情】

2021年6月12日,骑手高某某在送餐过程中发生交通事故,导致受伤。2023年4月19日高某某诉至法院,称东营A网络科技有限公司(以下简称A公司)未给自己缴纳社会保险、未支付带薪年休假工资、未支付防暑降温费等,A公司未经法定清算程序违法注销,A公司股东应当承担责任;其工作期间的日常工作安排、工资发放等所有事项均是由东营B网络科技有限公司(以下简称B公司)负责,B公司为实际控制人,A公司与B公司的控股股东均为李某某,二公司为关联公司,B公司应承担连带责任。因此,请求法院依法判令门某某、李某某支付未休带薪年休假工资4394元、2020年9月份防暑降温费200元和2021年度防暑降温费1200元、经济补偿金12742.6元;请求判令B公司对上述请求事项承担连带责任。

李某某辩称,一是高某某自2021年6月12日交通事故受伤后便不再工作,此时劳动合同已经解除。退一步讲,2021年12月28日,A公司已经注销,此时双方的劳动关系已经解除。二是即便按照2021年12月28日劳动合同终止时间计算,其主张的带薪年休假工资、防暑降温费、经济补偿金已超过一年的仲裁时效,不应予以支持,且相关数据计算错误。三是A公司经法定公示程序注销后,主体已经丧失,作为该公司的股东,即便承担责任也是在未出资范围内承担责任。故应当驳回高某某的诉讼

请求。

B公司辩称,B公司与A公司均为独立法人,二者互不关联,其要求B公司承担连带责任没有法律依据,请求依法驳回高某某的诉讼请求。

广饶县人民法院经审理查明:B公司系"饿了么"在博兴地区代理商,2020年5月27日,B公司与A公司签订合作协议书,约定A公司承包B公司在博兴县域内的送餐配送业务,A公司的工作人员可使用B公司名下的账户登录平台接单,A公司雇佣人员的工资由B公司代为发放。2020年9月5日,高某某与A公司签订劳动合同,期限为2020年9月5日至2022年12月28日,工作岗位为送餐员,劳动报酬委托第三方B公司支付。上述合同签订后,A公司给高某某购买了雇主责任险。

2021年6月12日,高某某在送餐过程中发生交通事故。2022年8月1日,高某某以B公司为被告提起劳动争议诉讼,要求确定高某某与B公司于2020年8月10日至2022年2月28日期间存在劳动关系。本院作出(2022)鲁0523民初3043号民事判决,判决高某某与B公司在2020年8月10日至2022年2月8日期间不存在劳动关系。高某某不服一审判决提起上诉,东营市中级人民法院作出(2023)鲁05民终33号民事判决,驳回上诉,维持原判。2023年4月3日高某某以A公司、门某某、李某某、B公司为被申请人向广饶县劳动人事争议仲裁委员会提出仲裁申请。2023年4月10日,广饶县劳动人事争议仲裁委员会以被申请人主体不适格为由作出广劳人仲不字〔2023〕第031号不予受理通知书。

另查明,2021年12月28日A公司注销。李某某、门某某系A公司的股东。2021年12月20日,B公司与东营C网络科技有限公司(以下简称C公司)签订合作协议书,具体内容同约定前述协议。A公司注销后,高某某从事骑手工作至2022年2月28日,2022年1～2月份高某某的工资仍与以前一样由B公司代为发放。

【审判】

广饶县人民法院认为,本案的争议焦点为平台外包模式下,骑手与平台或者承包方是否存在劳动关系、与何方存在劳动关系及劳动关系的存续期间。劳动关系应当根据劳动者与用人单位之间的是否存在经济及人身依附性、有无建立劳动关系的合意来综合认定。高某某使用B公司账户登录平台并由B公司发放工资,是基于据A公司与B公司之间的合作协议约定,不能据此认为高某某与B公司存在劳动关系。高某某与A公

司签有 2020 年 9 月 5 日至 2022 年 12 月 28 日期间的劳动合同，A 公司为其投有雇主责任险。A 公司于 2021 年 12 月 28 日注销，故 2020 年 9 月 5 日至 2021 年 12 月 28 日期间高某某与 A 公司之间存在劳动关系。

除涉及拖欠劳动报酬外的劳动争议案件仲裁时效为一年，自当事人知道或者应当知道其权利受到侵害之日起计算，但是劳动关系终止的，应当自劳动关系终止之日起一年内提出。高某某主张 2022 年 2 月 28 日解除劳动合同，其于 2023 年 4 月 3 日到仲裁机构申请仲裁，已经超过一年的仲裁时效，李某某认为高某某主张的带薪年休假工资、防暑降温费、经济补偿金已经超过仲裁时效的抗辩成立，故对于高某某要求 A 公司的股东门某某、李某某支付带薪年休假工资、防暑降温费、经济补偿金的诉讼请求，不予支持。高某某提交的证据不能证明 A 公司与 B 公司之间存在管理人员，特别是财务方面的混同，且高某某的诉讼请求已经超过仲裁时效，故其以 B 公司与 A 公司为关联公司为由要求 B 公司承担连带责任的诉讼请求，本院不予支持。

综上，依照劳动争议调解仲裁法第 27 条第 1 款、第 4 款，民事诉讼法第 147 条的规定，判决如下：

驳回原告高某某的诉讼请求。

【评析】

近年来，随着互联网平台经济的深入发展，新业态用工模式快速发展，新业态从业人员大幅增多，涉及新业态的劳动争议案件逐渐出现。

一、新就业形态下从业者与平台企业劳动关系的认定

新业态用工模式灵活多样，主要包括：平台与从业者直接建立劳动关系的"劳动模式"；平台同外包机构合作，外包机构与从业者建立劳动关系的"外包模式"；平台同以自由自愿形式提供服务的众多从业者相结合的"众包模式"；以撮合供需双方达成交易为目的的"中介模式"。

新业态不同用工模式下的工作方式、薪酬制度、管理规范等均存在差异。另外，在劳动者的电子注册协议或者其他协议特别注明双方不存在劳动关系的约定，并不必然存在约束力，应结合"合作"模式和具体工作内容认定是否构成劳动关系。

从属性是认定新就业形态下劳动关系的关键因素，可以从 4 方面加以考量：一是劳动者是否为全职工作，用人单位是否提出排他性要求；二

是劳动者工作具体细节是否被控制;三是劳动者是否有权拒绝工作;四是薪酬发放和具体数额是否固定。

二、从业者因执行工作任务受到损害的,平台企业和用工合作企业之间如何划分责任

关于新业态从业者在执行工作任务时受到损害,平台企业和用工企业的责任承担问题,应考虑平台企业与用工合作企业之间的用工模式、从业者与平台企业或者用工合作企业是否建立劳动关系,以及平台企业和用工合作企业之间是否对劳动者受损害的赔偿事宜作出约定等相关因素来划分责任。

被告人宋某国受贿案
——认缴出资型干股在受贿罪中的认定

◇ 吕珊珊

吕珊珊，东营市东营区人民法院刑庭负责人。

【要点提示】

1. 认缴出资型干股能认定为受贿罪的不正当利益。

2. 应当以意图注资的金额结合股权的比例认定犯罪的数额。

【案情】

2010～2021 年期间,被告人宋某国在担任莱芜钢铁集团有限公司原料部副经理、山东钢铁集团国际贸易有限公司煤炭部经理、山东钢铁股份有限公司营销总公司煤炭采购公司经理、山东钢铁股份有限公司营销总公司副总经理、山东钢铁股份有限公司莱芜分公司生产管理部副经理期间,利用自己职务上的便利,或利用本人职权或地位形成的便利条件,通过其他国家工作人员职务上的行为,或伙同其他国家工作人员利用其职务上的便利,为他人谋取利益,收受他人贿赂共计 2 470.369 3 万元(其中 1 500 万元系未遂),具体分述如下:

2021 年下半年,被告人宋某国在担任山东钢铁股份有限公司莱芜分公司生产管理部副经理期间,利用其职权或地位形成的便利条件,通过时任中国矿产有限责任公司(国家出资企业)煤炭部总经理(经党委任命)周某黎职务上的行为,为亓某玉控制经营的山东 DQ 发展股份有限公司在煤炭采购方面谋取利益。为感谢宋某国的帮助,亓某玉与宋某国商定,由亓某玉成立济南 YLX 经贸有限公司并出资 5 000 万元用于经营,将出资额的 30%(1 500 万元)送给宋某国。2022 年 1 月,济南 YLX 经贸有限公司注册成立,后因宋某国、亓某玉被调查,该公司尚未实际注资经营。

【审判】

东营市东营区人民法院于 2023 年 3 月 29 日作出(2022)鲁 0502 刑初 725 号刑事判决,以受贿罪判处被告人宋某国有期徒刑八年,并处罚金

一百万元;扣押于监察机关的涉案赃款予以没收。宣判后,被告人宋某国未上诉,公诉机关未抗诉,判决已发生法律效力。

东营市东营区人民法院认为:被告人宋某国作为国家工作人员,利用职务上的便利,为他人谋取利益;利用本人职权或地位形成的便利条件,通过其他国家工作人员职务上的行为,为他人谋取不正当利益;伙同其他国家工作人员,利用其他国家工作人员职务上的便利,为他人谋取利益;收受他人贿赂共计2 470.369 3万元(其中1 500万元系未遂),数额特别巨大,行为构成受贿罪。公诉机关提供的证据确实、充分,指控的犯罪事实清楚,罪名成立,提出的量刑建议适当。本案第四起犯罪事实系共同犯罪,被告人宋某国与他人共同预谋后积极实施犯罪,故不区分主从犯,但可根据其具体作用,在量刑时酌情予以考虑。被告人宋某国归案后主动供述了监察机关尚未掌握的本案所有犯罪事实,系自首,加之本案适用认罪认罚从宽制度,可依法从轻处罚。第三起犯罪事实已经着手实施犯罪,由于其意志以外的原因而未得逞,系犯罪未遂,对该部分犯罪可比照既遂犯从轻处罚。被告人宋某国检举他人犯罪线索,具有立功表现,可依法减轻处罚。其家属主动代其上缴部分涉案赃款并为可能判处罚金的执行提供了财产保证,其余涉案赃款亦被扣押,量刑时均可酌情从轻处罚。

【评析】

随着社会经济的发展,受贿的形式不仅仅限于收受财物等,通过各种貌似合法经济手段掩盖非法目的的隐蔽受贿层出不穷。《最高人民法院、最高人民检察院关于办理受贿刑事案件适用法律若干问题的意见》中明确规定"国家工作人员利用职务上的便利为请托人谋取利益,收受请托人干股的,以受贿论处"。但对于认缴出资型干股在受贿罪中如何认定的问题,相关法律及司法解释未有明确规定,实践中也存在着一定争议。结合本案,争议焦点分析如下:

1.认缴出资型干股能否认定为受贿罪的不正当利益。

根据九民会议纪要中关于公司纠纷案件的审理规定,在注册资本认缴制下,股东依法享有期限利益。债权人以公司不能清偿到期债务为由,请求未届出资期限的股东在未出资范围内对公司不能清偿的债务承担补充赔偿责任的,人民法院不予支持。但是,下列情形除外:① 公司作为被执行人的案件,人民法院穷尽执行措施无财产可供执行,已具备破产原因,但不申请破产的;② 在公司债务产生后,公司股东(大)会决议或以其

他方式延长股东出资期限的。根据破产法第 35 条的规定,人民法院受理破产申请后,债务人的出资人尚未完全履行出资义务的,管理人应当要求该出资人缴纳所认缴的出资,而不受出资期限的限制。

从上述规定来看,公司注册登记时的认缴注册资本数额并非"空头支票",在一定情形下需要承担法律后果,具有财产性利益的属性。

2. 犯罪数额的认定能否以意图注资的金额结合被告人收受的股权比例进行核算方面。

本案中,行贿人与宋某国商议了公司的成立事项以及股权的分配比例,而且行贿人明确向宋某国表示要注资 5 000 万元用于公司经营,已安排公司人员完成了公司注册,并筹措资金准备注资。行贿人实际上是意图代替宋某国完成注资行为,宋某国依托股权比例享有对注入资金分配和收益的权利,因此应当以意图注资的金额结合股权的比例认定犯罪的数额。

关于违反执行和解协议是否调整违约金的认定

——刘某某诉聂某某、黄某某合同案

◇ 尹庆雷

尹庆雷，东营市东营区人民法院民二庭综合团队负责人、一级法官。

【要点提示】

违约金分为赔偿性违约金和惩罚性违约金，而违约金调整规则仅适用于赔偿性违约金。执行和解协议约定的违约金主要体现对被执行人过错的惩罚，性质为惩罚性违约金，不适用违约金调整规则。当事人以惩罚性违约金过高申请法院酌减的，人民法院不予支持。

【案情】

在法院强制执行刘某与聂某合同纠纷案中，刘某与聂某达成执行和解，约定聂某于2021年9月24日支付刘某10万元，于2021年9月25日支付刘某5万元，剩余款项、执行费于2021年10月30日付清；如违约，聂某支付刘某违约金10万元。协议签订后，刘某于2021年10月30日前仅收到案款120 000元，剩余本金330 000元及利息等于2022年3月全部执行完毕。因聂某未按期履行执行和解协议，刘某诉请要求聂某支付违约金10万元。

聂某认为，其虽然违反了执行和解协议，但也已于2022年3月全部履行完毕判决确定的债务，与执行和解协议确定的期限仅相差几个月，刘某据此主张10万元违约金过高，申请法院调整。

【审判】

东营区人民法院经审理认为，刘某与聂某签订的《执行和解协议》系当事人真实意思表示，且不违反法律、行政法规的强制性规定，合法有效。本案中，聂某并未按执行和解协议的约定履行付款义务，构成违约，应当按约定承担责任。关于违约金问题，法院认为，聂某因未履行生效判决确定的义务，故在执行程序中与刘某签订执行和解协议，其自愿出具和解协议并承诺高额违约金，后又无正当理由未依约履行后续给付义务，应当认

208

定其主观上具有严重恶意,上述违约金应当解释为惩罚性违约金,不适用关于调整违约金的法律规则。黄某某并非协议当事人,没有证据证明黄某某作出以上承诺,故黄某某不应承担责任。

东营区人民法院依照民法典第579条、第585条,《最高人民法院关于执行和解若干问题的规定》第9条,民事诉讼法第67条、第147条之规定,判决如下:

一、被告聂某于本判决生效之日起十日内支付原告刘某违约金100 000元;

二、驳回原告刘某的其他诉讼请求。

【评析】

司法实践中,执行和解是执行案件的一种常见结案方式,同时,申请人往往担心被执行人不履行和解协议而与被执行人约定相应违约责任。从实际效果来看,有些执行和解案件的被执行人往往未按期履行,导致申请人恢复执行或者依据达成的执行和解协议提起新的诉讼。对申请人依据执行和解协议约定提起诉讼要求支付违约金的,被执行人通常会提出违约金过高并申请降低违约金的抗辩,这就涉及如何认定违约金性质问题。

从民法理论出发,违约金分为赔偿性违约金和惩罚性违约金。赔偿性违约金是指当事人在订立合同时预先估计的损害赔偿总额,也称损害赔偿额的预定。赔偿性违约金兼具补偿性和惩罚性,以补偿性为主、惩罚性为辅。就违约金的补偿性而言,其主要功能在于填补守约方的损失。而惩罚性违约金是依据当事人的约定或者法律规定,对于违约所确定的一种制裁,又称违约罚。两者虽都称为违约金,但也具有以下明显区别:

一是两者功能不同。赔偿性违约金以补偿守约方的损失为主,虽也具有一定惩罚性,但惩罚性不是主要目的。正基于此,赔偿性违约金与其他违约责任的承担方式(比如赔偿损失、违约定金等)不能并用。而惩罚性违约金主要体现其制裁性,可与赔偿损失等违约责任并用。正如郑玉波在《民法债编总论》中指出的,"此种违约金于违约时,债务人除须支付违约金外,其他因债之关系所应负的一切责任,均不因之而受影响,债权人除得请求违约金外,还可以请求债务履行或不履行所生之损害赔偿"。由此可见,赔偿性违约金基于补偿性为主的功能,数额应当参照守约方具体的损失情况进行增加或者减少。总之,赔偿性违约金适用民法典

关于违约金的调整规则,而惩罚性违约金基于其制裁的功能则不适用违约金的调整规则。

二是两者成立要件不同。通常来说,赔偿性违约金的适用前提是当事人构成违约,而违约责任原则上是一种严格责任,与违约方过错无关。因此,在当事人没有明确约定前提下,赔偿性违约金一般与过错无关,只要认定构成违约的事实,就可以适用赔偿性违约金。而在惩罚性违约金场合,由于其目的在于给债务人心理上制造压力,促使之积极履行债务,同时在债务不履行场合,表现为对过错的惩罚,因而应当要求以债务人的过错作为其承担惩罚性违约金的要件。

司法实践中,如何甄别违约金性质进而判断是否适用违约金调整规则并没有明确的法律规定,需要结合以上两者功能、构成要件的区别加以分析。从民法典规定来看,主要还是针对赔偿性违约金设定了一些规则,比如违约金的调整、违约金与定金的适用选择等。因此,在一般情况下,如果当事人对违约金性质约定不明,原则上应推定为赔偿性违约金,该违约金的性质是以补偿性为主、惩罚性为辅,进而适用违约金调整规则。但在一些特殊的案件中,如果一概将违约金性质解释为赔偿性,就有可能助长不诚信行为的发生,对此,司法不应支持和鼓励,反而应该运用法律解释的方法,传递积极、诚信的价值导向。

对此,司法实践也进行了有益的探索。最高人民法院发布的第166号指导案例对诉讼中达成和解协议并承诺高额违约金应否调整给出了具体指导意见。该裁判要旨明确"在诉讼中,商事主体基于自愿提出和解协议,并在和解协议中承诺高额违约金,但是后续并未依约履行和解协议确定的义务的,属于主观上具有严重的恶意,此种情形下违约金应视为惩罚性违约金,人民法院可不予酌减"。结合本案而言,聂某具有履行生效判决确定给付义务的法定义务,其未履行法定义务本身即具有过错,在强制执行程序中,其又允诺若违约应支付违约金,但在后续也未按约付款,并且没有正当理由,主观上无疑具有恶意,应解释为惩罚性违约金,不适用调整规则。同时,执行程序是实现当事人债权的最后司法程序,在当前社会诚信缺失、法院执行难等现状下,认定执行和解协议约定的违约金具有惩罚性,不适用违约金调整规则,有助于倒逼当事人遵守契约精神,进而积极履行执行和解协议,从而更好地维护申请执行人合法权益。

山东 YE 公司、东营 RD 公司等污染环境案
——生态环境恢复性司法手段的适用

◇ 董润波

【要点提示】

我国刑法第 338 条规定:"违反国家规定,排放、倾倒或者处置有放射性的废物、含传染病病原体的废物、有毒物质或者其他有害物质,严重污染环境的,处三年以下有期徒刑或者拘役,并处或者单处罚金;情节严重的,处三年以上七年以下有期徒刑,并处罚金;有下列情形之一的,处七年以上有期徒刑,并处罚金:(一)在饮用水水源保护区、自然保护地核心保护区等依法确定的重点保护区域排放、倾倒、处置有放射性的废物、含传染病病原体的废物、有毒物质,情节特别严重的;(二)向国家确定的重要江河、湖泊水域排放、倾倒、处置有放射性的废物、含传染病病原体的废物、有毒物质,情节特别严重的;(三)致使大量永久基本农田基本功能丧失或者遭受永久性破坏的;(四)致使多人重伤、严重疾病,或者致人严重残疾、死亡的。有前款行为,同时构成其他犯罪的,依照处罚较重的规定定罪处罚。"

根据《最高人民法院、最高人民检察院关于办理环境污染刑事案件适用法律若干问题的解释(2023)》第 2 条的规定,"非法排放、倾倒、处置危险废物一百吨以上的",应当认定为"后果特别严重"。

利津县人民法院坚持能动司法,以有利于生态环境实际修复为目标,参与实施全市首例生态环境损害赔偿磋商,提升磋商质效,积极引导符合缓刑条件的被告人参与受损环境修复,将生态环境损害赔偿磋商资金全部用于生态修复,实现了"谁污染谁治理",突破了"企业污染、群众受害、政府买单"的环境治理困局。在量刑上,结合宽严相济的刑事政策、生态环境保护需求,将生态环境损害赔偿义务履行情况作为量刑的重要考量因素。

董润波,东营市利津县人民法院党组成员、副院长。

黄河口司法

【案情】

被告山东YE公司系生产农药中间体的化工企业,生产过程中产生大量工业"三废"。被告人赵某甲系YE公司环保技术部总经理,负有对公司的工业"三废"依法处置的职责。2020年8月,赵某甲将公司的工业废水以每吨支付350元的价格交由不具备处置资质的隋某(另案处理)非法处置。此后,隋某以每吨支付210元的价格转手让张某甲负责运输和处置,张某甲又安排张某乙和张某丙分别落实运输罐车和废水倾倒地点。之后,张某甲联系被告单位RD公司作为废水倾倒地点,并与该公司法定代表人王某甲和股东赵某乙商定,由张某甲以每吨100元的价格向RD公司支付上述废水的倾倒处置费用;与此同时,被告人张某乙也预约了被告人张某丁、张某戊、张某己及其本人共4辆运输罐车,并与被告人张某甲约定了运输价格为每吨30元。隋某、张某甲等人在完成上述对涉案工业废水进行非法倾倒处置的各项沟通协调和准备工作后,在2020年8月17日和18日的深夜,安排被告人张某乙、张某丁、张某戊、张某己等人用4辆罐车先后3次到YE公司罐区装载废水12车,共计570余吨,其中被告人张某乙、张某丁、张某戊、张某己分别装载运输140余吨,并将上述废水全部运抵RD公司院内,倾倒在一个未做防渗处理的渗坑内。其间,被告人赵某甲安排被告人王某乙在YE公司负责废水运输车辆的装载和出门前的过磅称重事宜。2020年8月19日,被告人王某甲在安排工人利用水泵将RD公司渗坑内的涉案废水向公司东侧的褚官河内偷排时,被东营市环境生态局利津县分局工作人员发现而案发。后隋某与赵某甲协商,将倾倒在RD公司土坑内的废液由朱某之分3车运回YE公司地下池内,每车约30吨,共计90吨。2020年8月25日,RD建材有限公司与潍坊北控环境技术有限公司签订危险废物委托处置合同,处置危险废物10.54吨。山东省环境保护科学研究设计院有限公司司法鉴定中心对RD公司土坑内废液样品、管道内废液样品进行鉴定,认定为具有浸出毒性特征的危险废物,亦为有毒物质,造成环境污染。山东省环境保护科学研究设计院有限公司对本次环境污染事件损害情况进行评估,认定本次环境污染损害修复需要花费人民币3 602 076～5 444 516元。

2021年3月6日,被告单位YE公司以及被告人赵某甲、王某乙、赵某乙、张某甲、张某乙、张某丁、张某戊、张某己与利津县人民政府达成生态环境损害赔偿磋商协议,其中被告单位YE公司赔偿450万元、被告人

赵某甲赔偿 40 万元,被告人王某乙赔偿 25 万元,被告人赵某乙赔偿 9 万元,被告人张某甲赔偿 5 000 元,被告人张某乙、张某丁、张某戊、张某己各赔偿 3 000 元,以上共计 525.7 万元,均已到付。后通过土壤置换、河道清淤等方式,受损环境已经全部得到实际修复。

【审判】

利津县人民法院经审理认为,被告单位山东 YE 公司直接负责的主管人员被告人赵某甲,在明知他人无危险废物经营许可证的情况下,违反国家规定,委托其处置企业危险废物 570 余吨,严重污染环境、破坏生态,后果特别严重。被告人王某乙系被告单位山东 YE 公司对环保工作负责的直接责任人员,根据被告人赵某甲的安排和指示,违反国家规定,参与非法处置危险废物 570 余吨,后果特别严重。被告单位山东 YE 公司、被告人赵某甲、王某乙的行为均构成污染环境罪。被告单位东营 RD 公司对环保工作直接负责的主管人员被告人王某甲、赵某乙,为了单位非法利益,违反国家规定,决定、批准和指挥他人非法倾倒、排放危险废物 570 余吨,严重污染环境、破坏生态,后果特别严重,因此被告单位东营 RD 公司、被告人王某甲及赵某乙的行为均构成污染环境罪。被告人张某甲违反国家规定,在未取得危险废物经营许可证的情况下,为牟取非法利益,非法收集、处置危险废物 570 余吨,后果特别严重,其行为构成污染环境罪。被告人张某乙、张某丁、张某戊、张某己在明知被告人张某甲等人不具备危险废物经营许可证、两被告单位违反国家关于危险废物法定处置程序的情况下,为谋取非法利益各运输、倾倒危险废物 140 余吨,后果特别严重,均构成污染环境罪。被告人张某乙、张某丁、张某戊、张某己、王某乙在共同犯罪中起次要和辅助作用,系从犯,依法可减轻处罚;被告人赵某甲、王某甲、赵某乙、张某丁、张某戊、张某己主动投案并如实供述了自己的罪行,系自首,可依法减轻处罚;被告人张某甲、张某乙、王某乙被抓获归案后,如实供述了自己的罪行,系坦白,可依法从轻处罚;被告单位山东 YE 公司及被告人赵某甲、王某甲、赵某乙、张某乙、张某丁、张某戊、张某己、王某乙自愿认罪认罚,可从宽处理;被告单位东营 RD 公司、被告人张某甲自愿认罪,可酌情从轻处罚;被告单位山东 YE 公司及被告人赵某甲、赵某乙、张某甲、张某乙、张某丁、张某戊、张某己、王某乙主动缴纳环境修复费用,被告单位山东 YE 公司、东营 RD 公司以及被告人赵某甲、张某甲、王某甲、赵某乙、张某乙、张某丁、张某戊、张某己、王某乙为其可能判处的

财产刑的执行提供了财产保证,均可酌情从轻处罚,其中被告人赵某甲、赵某乙、张某乙、张某丁、张某戊、张某己、王某乙可适用缓刑。利津县人民法院于 2021 年 7 月 30 日作出(2021)鲁 0522 刑初 13 号刑事判决:

一、被告单位山东 YE 公司犯污染环境罪,判处罚金二十万元;被告单位东营 RD 公司犯污染环境罪,判处罚金三十万元;被告人赵某甲犯污染环境罪,判处有期徒刑二年,缓刑三年,并处罚金二万元;被告人张某甲犯污染环境罪,判处有期徒刑三年三个月,并处罚金二万元;被告人王某甲犯污染环境罪,判处有期徒刑二年,并处罚金二万元;被告人赵某乙犯污染环境罪,判处有期徒刑二年,缓刑三年,并处罚金二万元;被告人张某乙犯污染环境罪,判处有期徒刑六个月,缓刑一年,并处罚金五千元;被告人张某丁犯污染环境罪,判处有期徒刑六个月,缓刑一年,并处罚金五千元;被告人张某戊犯污染环境罪,判处有期徒刑六个月,缓刑一年,并处罚金五千元;被告人张某己犯污染环境罪,判处有期徒刑七个月,缓刑一年,并处罚金五千元;被告人王某乙犯污染环境罪,判处拘役二个月,缓刑二个月,并处罚金二千元。

二、禁止被告人赵某甲、赵某乙、张某乙、张某丁、张某戊、张某己、王某乙在缓刑考验期内从事与排放、倾倒、处置危险废物有关的经营活动。

【评析】

本案是法院主导参与环境污染损害赔偿磋商,并将磋商资金到位情况纳入对各被告单位和被告人判处刑罚的重要考量因素依法裁判的首例污染环境罪案件,为今后拓展环境污染损害赔偿磋商提供了司法样本。

何为青年　青年何为

◇ 岳彩琳

岳彩琳，东营市河口区人民法院政治部科员。

上学时曾在网上刷到一篇文章《何为青年？青年何为？》，当时的我只是匆匆刷过并没有多加思考。如今走上工作岗位，才发现这是一个历久弥新、常谈常新的话题，值得青年干部多加思考，作出回应。

何为青年？

根据世界卫生组织确定的年龄分段，青年为 15～24 岁，而如今，青年的定义随着政治经济和社会文化环境的变更一直在变化。青年的特征不只是天真活泼、血气充沛、勇往直前，还包含坚强的意志、进取的雄心、坚定的信仰，以及不屈不挠的精神，所以青年并不限于年龄。

演员李雪琴说："青年是义无反顾地拒绝平庸。"罗明说："青年是荆棘丛生也要风雨兼程。"我印象最深刻也最为敬佩的青年，是百年前在国家蒙辱、人民蒙难时期挺身而出，用高昂的头颅、鲜血和身躯在黑暗中摸索追寻救亡图存之路的那群青年，他们在赵家楼里点燃的"五四"薪火成为漫漫长夜不可磨灭的一束光，照耀百年；是不惜放弃金钱、名利乃至生命，为建党事业不辞辛劳、全力以赴，立志要改变国家命运、挽救民族危亡的那群青年，他们在嘉兴南湖的红船上正式宣告中国共产党的诞生，带领中国人民前进。

青年何为？

青年当有爱国的情怀。100 多年前，李大钊在《新青年》上撰文："吾族青年所当信誓旦旦，以昭示于世者，不在龈龈辩证白首中国之不死，乃在汲汲孕育青春中国之再生。"昨日他们还在为国家的命运奔走呼号，今日他们已成为永久的丰碑。斯人已逝，言犹在耳。历史深刻表明，只要青年一代爱国奉献，有理想、有志气、有担当，国家就有前途，民族就有希望。

215

我们作为新时代的青年，要坚定理想信念，听党话、感党恩、跟党走，时刻从爱国主义精神中汲取干事创业的磅礴伟力，读好"社会"与"实践"的"无字之书"，将在学校习得的本领转化为干实事的动力，激励自身为中华民族崛起而凯歌奋进。

青年当有学习的自觉。毛主席曾对热血澎湃的留学生们说："世界是你们的，也是我们的，但是归根结底是你们的。你们青年人朝气蓬勃，正在兴旺时期，好像早晨八九点钟的太阳。希望寄托在你们身上。"青年是学习的黄金时期，要向每年飞越"一带一路"的北京雨燕学习，通过永不停歇的飞翔，练就一双"铁翅膀"；要向"沙漠之舟"骆驼学习，通过日复一日的跋涉，练就一双"铁脚板"。要在面向现代化、面向世界、面向未来的大局中不断提升体能、技能和智能，要在感悟新时代、紧跟新时代、引领新时代的新际遇中持续提高自身的素质和能力，通过学习使自己成为新知识、新观念和新思维的集成体。

青年当有良好的品格。习近平总书记告诉青年们要立志做大事，不要立志做大官。正确的价值观是一生的指明灯。有些青年人在价值观确立的关键阶段就系错了"第一颗扣子"，哪怕身居高位，也终将结出苦果，待之自食。相反，在最基层的黄文秀将她的青葱年华献给了人民，青春虽短暂却发出耀眼光辉。在她的生命中，30年岁月是求学路上的孜孜以求，是扶贫路上的甘于奉献，更是为民途中的一履一印。青年要不断用社会主义核心价值观涵养自身的言行品格，自觉按照党和人民要求不断锤炼自己、完善自己，不忘初心、牢记使命，面向新时代，做"新青年"。

青年当有奋斗的精神。纵览我国这些年的发展成绩，无论是打赢脱贫攻坚战还是全面建成小康社会，无论是抗击新冠疫情还是推进高精尖科研，无数的青年在社会的发展过程中通过奋斗实现了自己的人生价值。一个个鲜活的事例都折射出一个深刻的道理：青年要具备奋斗精神。这既是对国家、对民族的责任，也是对自己人生的担当。正是有了青年人代代相承的奋斗精神，我们民族的伟大复兴才有了实现的更大可能。青春是人生之华，奋斗是人生成长之梯、民族进步之魂、国家发展之基。

何为有为？每个人心中都有答案。我们只有坚定信念，做有为之事，才能成为有为青年。在新冠病毒迎面扑来的时刻，医务工作者勇于担当、奋不顾身，这是"有为"；在社区封闭时期，志愿者们不怕危险，不计得失，为居民送药物与食品，也是"有为"。当敌人非法越线挑衅的时候，我们的战士用鲜血和生命坚决捍卫国家主权,这是"有为";当人们看到危害国家安全的行为时,积极做斗争,也是"有为"。当街上有人施暴时,勇士们站出来制服施暴者,是"有为";当群众有了需要时,我们迎上暖心笑脸、送上贴心服务,也是"有为"。

红色感悟

铭记党史在心间

◇ 黄文娜

黄文娜，东营市东营经济技术开发区人民法院立案庭（诉讼服务中心）法官助理。

有一首歌是这样唱的："没有共产党就没有新中国，没有共产党就没有新中国。共产党辛劳为民族，共产党她一心救中国……"这首歌的歌词铿锵有力，旋律气势磅礴；这首歌是照亮心灵的灯，是点燃信念的火；这首歌植根几代人的心灵，在代代人心中蓬勃。这首歌告诉我们一个真理：没有共产党就没有新中国！

历史的车轮滚滚向前，无情地碾碎旧的封建主义，先进的中国共产党应运而生，她带领中国走过百年风风雨雨，越过一个又一个的坎坷。回顾历史的长河，我们这个拥有五千年悠久历史的文明古国，曾几度兴衰。从"九一八"的战火到卢沟桥事变，从南京大屠杀到皖南千古奇冤，外强内患，村村遗骨，处处狼烟。夜漫漫，路漫漫，"长夜难明赤县天"，中华民族，危在旦夕。在这民族危亡的紧急关头，中国共产党领导着千百万革命志士，赶走了帝国主义，推翻了蒋家王朝，拯救了灾难深重的中华民族，唤醒了四万万劳苦大众，用鲜血和生命赢得了革命的伟大胜利。天安门城楼上的庄严宣告响彻了大江南北，震惊了整个世界。中国从此进入了人民当家作主的新时代。祖国发生了日新月异的变化：工农业生产蒸蒸日上，人民生活普遍改善，科学技术突飞猛进，改革开放蓬勃发展。原子弹、氢弹、洲际导弹、核潜艇、神舟载人火箭……无数事实证明：在中国共产党的领导下，中国人民不但能够摧毁一个旧世界，而且有能力建设一个新世界。七月的星光照亮长夜的路，七月的彩霞点燃心中的火，七月的脸庞漾起灿烂的笑，七月的氛围飞出祝福的歌。

回望历史，我们浮想联翩；展望未来，我们信心百倍。中国正在走向世界舞台的中心。我们是 21 世纪的主人，要勇敢地承担起伟大复兴的重任，把自己的人生理想与祖国、时代、人类命运联系起来，树立远大的理想，培养良好品德，发扬创新精神，掌握实践能力，勤奋学习，立志成才，做新世纪的社会主义事业建设者和接班人。"云清枝劲挺，秉之造葱茏。"在新世纪的征途上,我将带着对法律事业的深情依恋,用青春和热血接受岁月的洗礼,接受人民的检验;我将把自己的一颗忠心交给热爱的法律事业,去实践无悔的诺言,让青春在开创东营经济技术开发区人民法院美好明天的伟大事业中闪耀光芒。作为一名法院机关的工作人员,我会时刻铭记自己的使命,以"铭记党史,服务人民"作为奋斗目标,干好本职工作。我们会心系群众,事事为民,把奉献与忠诚融入法院事业中,为建设祖国的和谐大厦奉献永远不变的忠诚!

红色感悟

赴南通市寻标对标党建工作学习体会

◇ 李祥升

李祥升，东营市中级人民法院机关党委副书记、工会主席。

2023 年 7 月 16～21 日，笔者跟随市直机关工委考察组赴南通等四地市就党建工作开展寻标对标学习。17 日，考察组在南通市委机关工委观看了南通机关党建专题片，听取了副书记谢丽霞同志关于南通党建工作整体情况和组织处负责人关于南通机关基层组织建设工作的情况介绍；又到南通市税务局实地参观学习，并就做好机关党建工作进行座谈交流。以下是笔者学习南通市党建工作的几点体会。

一、机关党建经验和做法

南通市委市级机关现有党组织 774 个。其中，直属机关党组织 84 个，直属机关党委 48 个，直属机关党总支 17 个，直属机关党支部 19 个。机关党委（总支）下属各基层在职支部 585 个，离退休支部 105 个。现有机关党员 12 734 人，其中在职党员 8 741 人，离退休党员 3 993 人。

（一）高度重视作风建设

一是自 2001 年以来，南通市聚焦解决"门难进、脸难看、事难办"等问题，狠抓市级机关作风建设，开展"受人民监督、请人民评判"社会评议活动，历经"千人评议""万人评议""指向评价""多样性评议"四个阶段，社会评议满意度逐年攀升，取得了较好效果。从 2022 年开始，南通市委持续推进"作风建设年"活动，活动领导小组办公室设在机关工委。2022 年机关作风建设围绕"十聚焦、十查摆"，2023 年聚焦"五整治、五提升"，牵头评选机关作风建设十佳案例，年终纳入综合考核，获得优秀案例的部门予以加分。二是开展"我与群众面对面"活动，着力搭建机关部门与企业群众面对面沟通、心贴心交流平台，机关工委第一时间梳理问题，专题研究集中交办对口职能部门，跟踪督促、限时办理，协调会商会办，取得了较好效果。

（二）基层党组织建设始终抓住"标准＋示范"这条主线

一是突出标准性，主要是"三抓三促"。抓责任、促落实，针对党组（党委）书记、机关党务干部；抓考评、促提升，注重线上线下相结合；抓制度、促规范，出台《加强机关党务干部队伍建设意见》《基层党组织换届选举工作规范化手册》《规范市级机关党的委员会议事工作意见》《规范市级机关各属基层党组织向市委机关工委请示报告工作意见》等若干文件，覆盖党建工作的方方面面。二是突出示范性，主要是发挥好两个载体的重要作用。深入实施"机关先锋"培树工程，围绕疫情防控、作风建设、服务项目等主题开展五场机关先锋大讲堂、展播先锋系列宣传片等，累计培树市级机关首批 12 个先锋党支部、12 名先锋书记和 87 名先锋党员。2023年开展了联建共建、亲商护商等五大先锋行动。务实推进市级机关党建联盟建设，制定了专门实施意见，探索建立上下联动型、服务增效型、区域联结型、攻坚克难型党建联盟，取得了较好效果。

（三）打造机关融合党建服务品牌，创新"四融四强"工作法

一是将机关融合党建品牌作为机关党建高质量发展的抓手和引擎。自 2001 年以来历经机关作风建设优质服务品牌、机关党建服务品牌、机关融合党建服务品牌三次发展。2020～2022 年完成第二轮品牌提升三年行动，90％以上市级机关部门拥有自己的特色品牌。从 2021 年开始，创新实施融合党建书记项目，推动第一书记、党支部书记领办融合党建工作项目。二是创新"四融四强"工作法，即融合构建组织体系强保障，融合推进工作落实强担当，融合建设干部队伍强素质，融合创建党建品牌强服务。通过"以融促强"，实现党建业务深度融合。市税务局首推机关第一书记工作法，创新创优"一轴四轮"融合党建工作机制，打造的"真诚税务"品牌在一线发挥了辐射带动效应，形成以品牌创建为引领、书记项目为支撑的机关融合党建工作格局。

（四）围绕中心大局开展主题实践活动

近年来，南通市级机关工委围绕中心大局，开展了"学习苏州'三大法宝'，答好南通'发展四问'"学习研讨活动，"弘扬新时代南通治水精神""决战'过万亿'走在前、夺取'双胜利'作表率""奋进新征程、勇当排头兵"等主题实践活动，有效地激励了机关党员干部在服务大局中体现担当、彰显作为。

（五）深化党建带群建、群团共建工作

以"群心向党"为主题，以"匠心筑梦""青春扬帆""巾帼建功"系列

活动为载体,组织"建功新时代、机关作表率"岗位练兵和技能竞赛活动,举办市级机关运动会,创建"江海青锋"市级机关团青工作品牌,开展"最美家庭"寻访等活动。发挥典型示范带动作用,推进"职工书屋"示范点建设,选树"工人先锋号""青年文明号""巾帼文明岗"。2023年,市级机关工委牵头举办南通市首届"机关文化节"活动,包括五个篇章、"十个一"系列活动:一次"奋进新征程勇担新使命"演讲比赛,一次"四敢"主题征文,一批南通优秀传统文化巡讲,一批党建文化示范点观摩,一场"红心向党"歌咏大会,一个"好通南通"摄影展,一次"踔厉向未来"千人健步走,一组"全民健身"体育比赛,一轮爱岗敬业技能大赛,一台"争当先锋"风采展演。南通市税务局设立了"通税团团"青年学习社、"情系老兵真诚服务"退役军人之家、"静海税花"服务总队、"爱心妈妈联盟"、漂流书屋等,赢得了社会各界的广泛赞誉。

二、感悟和启示

通过学习考察和交流,笔者一行感触很深,收获很大,拓宽了视野,开阔了思路,明确了方向,坚定了信心。以下是笔者对南通机关党建经验做法的三点感悟和启示。

(一)机关党建工作思路清晰

南通市坚持作风引领,始终把机关作风建设作为重中之重来抓,推动了整体工作提速、服务提质、执行提效,得到了社会各界的肯定;突出把抓组织建设作为基础工程,通过"标准 + 示范"这条主线,实现了建有标尺、行有准则、做有规范,推动了机关基层党组织全面进步、全面过硬;突出把抓深度融合作为中心任务,通过创新"四融四强"工作法,打造机关融合党建服务品牌,充分发挥了品牌引领辐射带动效应;始终围绕中心大局开展主题实践活动,通过不断深化党建带群建、群团共建工作,有效激励了机关干部职工在服务大局中自觉担当、主动作为。

(二)机关党建重点工作常抓不懈

南通市自2001年开始每年都大张旗鼓地抓机关作风建设,社会评议满意度逐年攀升。从2001年起就把机关融合党建品牌作为推进机关党建高质量发展的抓手;2015年开始制定品牌指导办法,明确"六有"要求;2017～2019年实施品牌提升三年计划;2019年提高标准,明确"双争""六有""四强";2020～2022年完成第二轮品牌提升三年行动,着力打造品牌老字号。在机关党组织建章立制、开展综合管理、党建带群建等工作

方面也是常抓不懈。

（三）机关党建工作始终坚持围绕中心、注重管用实效

南通市机关作风建设年活动始终坚持围绕全市中心工作和人民群众反映的诉求开展，比如在"十聚焦、十查摆""五整治、五提升"以及搭建与企业群众面对面沟通交流平台等工作中，企业群众提诉求，部门现场接单；评价手段多元化、问题整改重实效，人民满意度不断提高。提炼的"四融四强"工作法首先是融重点项目、融中心业务，较好地解决了"融什么、怎么融"的问题，实现了党建和业务一体推动；基层党组织建设和综合管理始终坚持以服务发展为目标，形成一级抓一级、层层抓落实的工作格局；党建带群建，紧紧围绕中心大局，开展了一系列主题实践活动，促进了南通经济社会高质量发展。

三、意见和建议

在认真吸收借鉴南通市经验做法的基础上，结合我市机关党建实际，笔者提出以下意见和建议。

（一）干部作风建设提升行动要更加注重满意度测评

2023年初，东营市委专门印发了《关于开展干部作风建设提升行动的实施意见》，就总体要求、重点解决的问题和主要措施、组织保障等方面做了具体规定。作风建设提升行动结合日常督导考核，实行常态化推进。在推进过程中要更加注重满意度测评，针对不同部门，适时开展多样性评议，包括日常评议、专项评议、第三方评议、年终评议，既有线下评议，又有线上评议，将评议贯穿全年，把评议结果作为督导考核和年终考核的重要内容。通过满意度测评来检验干部作风建设提升行动的实际成效。

（二）必须高质量推进基层党组织建设工作，夯实基层基础，打造坚强战斗堡垒

加强机关基层党组织建设，是党政机关贯彻落实新时代党的建设的总要求、全面提高机关党的建设质量的重要举措。要进一步巩固深化标准化、规范化建设，不断增强党组织政治功能和组织功能，深化创建"四强"党支部。要树立大抓基层工作的鲜明导向，解决一些基层党组织弱化、虚化、边缘化问题，推动基层党组织建设全面过硬，使基层党组织成为群众看得见、离不开的战斗堡垒。

（三）要聚焦中心任务，抓机关融合党建服务品牌

围绕中心抓党建、抓好党建促发展。要自觉向大局聚焦、向中心发力，

推动机关党建和业务工作深度融合,相互促进。要把机关融合党建服务品牌创建工作摆上突出位置,健全工作机制,专题研究部署,确保品牌创建工作有计划、有组织、有落实、有总结。要在思想上强化融的理念,在实践中优化融的路径,在制度上完善融的机制;要全方位确立品牌理念,以"走在前、作表率"的高度自觉,凝聚融合共识,树牢品牌理念;要全员化参与品牌创建,把党性要求与岗位履职要求融合,把以人民为中心的思想与服务和改进民生、开启全面建设社会主义现代化国家新征程融合,把品牌创建融入党员干部的目标定位、创新创优和日常工作中。在提升品牌品质的同时,要注重宣传推介品牌及品牌创建取得的成效,不断在工作实践中检验品牌,在服务高质量发展中检验品牌,在社会各界评价中检验品牌,以公众满意度衡量品牌公认度,进一步推动机关作风大转变。

(四)要注重实践,突出实际效果抓党建

当前要立足新发展阶段、新时代东营建设这个中心工作,围绕全方位推进高水平现代化强市这个首要任务,深入开展"贯彻二十大、机关走在前"、创先争优等主题实践活动,进一步提振党员干部干事创业精气神,以机关党建与业务工作融合共通的叠加效应推动党的二十大精神落地落实。要咬定高质量发展目标,聚焦新时代职责使命,推动机关党建高质量发展,对于较长阶段的党建目标,要自觉按照党中央大政方针校准方向,理清思路,深入思考,锲而不舍,久久为功;对于年度党建任务,要充分体现年度特点,细化为任务书、施工图、项目清单,不折不扣、有力有序有效地抓好落实;对于专项党建工作,必须紧密结合实际提出相应实施方案,把上级要求落细落小落到实处,做精做深作出品牌和特色。通过一件件工作的落实、一项项任务的突破、一个个方面的提升,推动机关党建工作积小成为大成,以小步不停步推动实现大跨步,实现从过关到过硬、从规范到模范。

下基层　悟初心　做新时代人民法院好干警

◇ 代　阳

代阳，东营市中级人民法院研究室副主任。

东营全市开展的"万名干部下基层"活动为每名干部提供了面对面了解群众、近距离处理矛盾问题的平台和机会。通过下基层活动，我们走访群众、体悟初心，深刻把握为人民服务的初心宗旨，牢记习近平总书记对青年的谆谆教导，提高群众工作意识和能力，不忘自身的使命担当，将以更昂扬向上的姿态、更掷地有声的步伐，为中国式现代化贡献自己的绵薄之力。

一、回首来时路，"群众路线"走出新面貌

党在百年奋斗历程中总结出了"群众路线"这一根本路线，是我们党区别于其他任何政党的一个显著标志。正是因为深入到了广大工农群众之中，我们党才能够掀起轰轰烈烈的国民大革命。在中央苏区，我们党把关心群众生活、解决群众切身利益问题落到实处。在长征途中，我们的三位红军女战士将仅有的一条棉被剪下来一半留给乡亲们，这是共产党人与群众血浓于水的无数事例之一。大家耳熟能详的"地雷战""地道战"都是动员群众加入革命洪流中，展示出强大精神力量的战斗。

社会主义建设时期和改革开放以来，人民群众的生活和愿望不断多元化、复杂化。我们的群众工作遇到一些挑战和机遇，一些领导干部不愿接触群众，害怕处理群众问题。毛主席说过，"不要怕群众，要跟群众在一起，人民就像水一样，各级领导者就像游水一样，你不要离开水，你要顺那个水，不要逆那个水，不要骂群众，群众不能骂的呀"，朴素的话语蕴含了丰厚的经验和深厚的道理。"与天下同利者，天下持之；擅天下之利者，天下谋之。"脱离群众，就会蕴含危机、四面楚歌；心中没有群众，就会孤立无援、举步维艰；没有站在群众立场，就会把路走偏，走不出长远发展。

225

二、踏实脚下路，"下基层"感悟初心使命

作为新时代的青年干部，我们生长在经济社会飞速发展的环境下，从校园"象牙塔"出来便进入"机关大院"，工作上并不能直接接触群众，对"群众工作"的理解和把握还停留在书本上、讲话中。全市开展的"万名干部下基层"活动就是用最简单直观的方式，让机关干部直接对接每一户村民、居民，没有硬性的目标任务，没有特定的宣传内容，就是到群众家中坐一坐、聊一聊，用质朴的方式感受群众生活，而感受的力量往往也是最强大的。

我"进农村"的目标是东营区牛庄镇的西范村，这里已不再是平常印象中的传统村庄了，犹记得初次入村的惊讶、喜悦，一片片农田的尽头豁然出现一片"城市样貌"，一排排整齐的楼房、别墅，干净整洁的街道，宽敞明亮的广场，幼儿园、学校、卫生所齐全的回迁社区，如散落在农田中的亮眼珍珠。同行的同志们无不被眼前的美丽新乡村所震撼。热情的村干部带我们挨家挨户走访，这里既有媲美城市、收拾利落整洁的乡间别墅，也有墙皮脱落、略显贫困的小平房；既有虽然贫困但心满意足、面目和善的大娘，也有对回迁生活颇有微词的大爷。不管如何，这一副副淳朴的面孔、一句句寻常的方言土话，将我和他们的生活拉近。我被这新乡村的变化震撼，被这平淡的幸福生活感动，明白了"从群众中来、到群众中去"的意义，人民公仆的责任感、使命感油然而生。诚然，我们的岗位、职责并不能使我们直接为群众谋求福祉，但一切群众的实际生活问题都是我们应该关注的问题。只有满足了群众的实际需要，我们才能真正成为群众生活的组织者，群众才会真正围绕在我们身边。进社区时，有一户人家是老人同两个身体不好的子女一同居住，一个双目失明，一个身体残疾，但他们并没有述说生活的苦，只是要求对门前那棵遮挡阳光的大树做处理。我联系了网格员和物业，虽然因为其他业主的不同意见，并未使他们如愿，但只要我努力做了，我就同群众站在了一起，群众也便能感受到我的真诚。

三、展望未来路，打铁尚需自身硬

感悟初心使命只是开始，关键还要看行动。作为法院研究室的一名干警，我无法像审判法官一样执掌正义的天平，为群众处理一个个关系切身利益的案件；无法像执行法官一样手持出鞘利剑，化身公平正义的使者，兑现胜诉当事人的合法权益；无法像诉讼服务大厅的工作人员和

12368热线的接线员一样,微笑着帮助来访群众解决具体的问题。但我们的岗位却是最离不开群众的,是最应该将"调查研究"做到位的岗位。法院干警应该下基层、听民声、查实情,了解社会治理现状,洞悉民生司法需求,找准司法服务切入口和努力方向。研究室干警要总结第一手资料,研判形势任务,为党组决策提供参考意见、出谋划策,发挥智囊团作用。

"下基层"不仅让我感悟初心使命,还给我今后的工作提供了科学方法。坐办公室"写材料"可能会堆砌出工整的辞藻,但绝对无法触及问题核心,唯有真下去、真了解,掌握调查研究的方法,从感性认识变成实践总结,遵循研究问题的客观规律,才能形成好的材料、好的报告。多去听听群众的声音,因为一个声音可能是偏颇的、不全面的,但大量的声音便能汇成时代的交响乐,帮助我们更全面地思考问题,更多角度地考虑群众利益。我们要在全市法院深入开展调查研究"七个一"活动,形成高质量的信息简报、调研论文、案例分析、司法建议等,大力促进调研成果转化,落地为推动法院高质量发展的制度机制、创新做法、宣传成果,还要深入开展"枫桥式人民法庭""马锡五式法官"评选活动,全面提高为民司法水平。马锡五在陕甘宁边区高等法院陇东分庭当庭长时,形成的从实际出发、因地制宜、坚持原则、创新方式、便民利民的工作方法对新时代法官办案仍有极大启发,特别在审级职能定位改革背景下,对基层法院法官准确查明事实、实质化解纠纷具有重要指导意义。

"民之所忧我必念之,民之所盼我必行之",习近平总书记的这句话也将激励我们胸怀人民期盼,肩负人民重托,朝着伟大复兴的方向不断前行!

红色感悟

传承伟大精神　践行使命担当

——弘扬伟大抗美援朝精神

◇ 刘小岳

刘小岳,东营市河口区人民法院民一团队法官助理。

历史是最好的教科书。70多年前,中国人民志愿军与朝鲜人民军并肩作战,历时2年零9个月终于打败了以美国为首的"联合国军",取得了伟大的胜利。在辽宁省丹东市鸭绿江畔的英华山上,抗美援朝纪念馆向我们展示了人民军队的爱国忠诚,展示了中华民族的坚忍不拔。如今,战争的硝烟早已散去,但英雄们的精神化作永恒。长期沐浴在和平阳光下的我们,应当铭记历史、勇于奋斗。

铭记历史,致敬英雄。祖国如有难,汝应做前锋。枪炮的轰鸣声响彻耳畔,年轻的战士们迎着炮火,眼神中满是坚毅,严寒的环境、短缺的物资、单薄的军装、冰冻的土豆……电影《长津湖》向我们展示了抗美援朝战争的残酷,让人不禁潸然泪下。中国人民志愿军面对顽强的对手,被冻成"冰雕"般却依然扛着枪保持战斗的姿态。这一幕深深地印在了每一个人心里,是战士们用血肉之躯和钢铁般的意志,在中国边境筑起了一道城墙,用铮铮铁骨照亮了祖国河山。在伟大的抗美援朝战争中,19万7千多名中华英雄儿女献出了宝贵的生命。回望历史,从鸦片战争外国的坚船利炮打开祖国的大门起,每一次艰难的战役都涌现出许多用生命和热血抗击敌人的英雄先烈。习近平总书记曾说:"中华民族是英雄辈出的民族,新时代是成就英雄的时代。全党全社会要崇尚英雄、学习英雄、关爱英雄,大力弘扬英雄精神,汇聚实现中华民族伟大复兴的磅礴力量。"一个民族,不应当忘记自己的血泪史,更不应当忘记先辈们的英勇牺牲。铭记抗美援朝战争的伟大胜利,传承英烈的风骨,铭记英烈的遗志,必将激励我们以更加昂扬的姿态挺起中华民族的脊梁。

坚定信念,担当使命。法国哲学家萨特(Jean–Paul Sartre)曾经说过:"世界上有两样东西是亘古不变的,一是高悬在我们头顶的日月星辰,一是深藏在每个人心底的高贵信仰。"是什么样的精神支撑着年轻的战士

们，为了维护祖国的利益牺牲在异国的土地上？是信念的力量。英雄并非生而不凡，是坚定的信仰赋予了他们无畏的力量。英勇的中华儿女在面对侵略和威胁时，总是将祖国和人民的利益放在首位。回望党的历史，党领导人民经过北伐战争、土地革命战争、抗日战争和解放战争，推翻了帝国主义、封建主义和官僚资本主义三座大山，取得了新民主主义革命的胜利，建立了中华人民共和国。党又带领全国人民进行经济建设，不断促进社会全面发展，使人民更有获得感、幸福感。心中有信仰，脚下有力量。习近平总书记强调："坚定信念，就是坚持不忘初心、不移其志，以坚忍执着的理想信念，以对党和人民的赤胆忠心，把对党和人民的忠诚和热爱牢记在心目中，落实在行动上，为党和人民事业奉献自己的一切乃至宝贵生命，为党的理想信念顽强奋斗、不懈奋斗。"对共产主义的信仰，对中国特色社会主义的信念，是共产党人的政治灵魂，是共产党人经受住任何考验的精神支柱。我们要坚定理想信念，补足精神之钙、把稳思想之舵，做到心中有党、对党忠诚，在新的伟大征程中勇担重任。

汲取动力，奋勇前行。"打得一拳开，免得百拳来。"刚成立的新中国百废待兴、百业待举，出兵抗美援朝困难之大前所未有，但是只有抵抗侵略、守住家土，才能带领中国人民恢复国民经济、创造美好的生活。这场战争保卫了新中国的安全，树立了中国的尊严，也为世界和平和人类进步作出了巨大贡献。有人说："在看完《长津湖》后，我等了十几分钟的彩蛋，没有等到。出门时抬头便看到万家灯火，才发现，这就是彩蛋。"70多年后，当我们坐在温暖的房间里时，炮火声早已远离。若没有先烈们抛头颅洒热血的牺牲，哪有如今万家灯火的幸福生活？正所谓没有和平的年代，只有和平的国家，我们要始终牢记"落后就要挨打"。英雄先辈走过开天辟地的血汗路，青年才俊们迎来伟大复兴的新征程。如今，我们拥有着先烈们所期盼的和平生活，更应该抓住机遇，作出更大贡献。当代中国的发展日新月异，C919首飞成功、量子卫星取得重大突破、北斗卫星导航系统覆盖全球、5G技术领跑世界……如今的中国，如一条巨龙腾飞在世界东方。我们在中国共产党的领导下，没有辜负先辈们的殷切期望，虽历经了许多坎坷、走过了许多弯路，但从不言败，依靠艰苦奋斗战胜了一个又一个挑战。如今，当我国面临严峻复杂的国际形势、艰巨繁重的国内改革发展稳定任务，特别是在受到新冠疫情的严重冲击时，我们依旧不畏艰难，交出了一份人民满意、世界瞩目的答卷。习近平总书记指出："人民对美好生

活的向往，就是我们的奋斗目标。"今天的美好生活来之不易，在为人民谋幸福的新征程上还有很多艰难险阻。我们已从革命先辈手中接过历史的接力棒，就要传承爱国精神和奋斗精神，用自身努力将美好理想转化为现实，为实现中华民族伟大复兴不懈奋斗。

艰难困苦　玉汝于成

◇ 吴建春

吴建春，东营市东营经济技术开发区人民法院执行局四级法官。

这世界没有从天而降的英雄，只有挺身而出的凡人。

——题记

最近，因为孩子老师布置暑假作业的缘故，我再一次拿起了《中国共产党历史》，读给孩子听，更读给自己听。在这样慢悠悠的阅读节奏中，我不知不觉地有了更深一层的感悟。

曾经，也曾质疑过如今"时间就是金钱、效率就是生命"的快节奏生活方式，尤其是在基层法院工作，面对如山的卷宗和当事人的层层压力与冲突，总是向往"采菊东篱下，悠然见南山"的悠闲。可是，当真正去回顾和学习中国共产党的奋斗历史，回顾祖辈父辈的生活史，我才明白了自己的不知足。

对于一个国家、一个政党来说，改革永无止境，而对于一个个人来说，思想意识的不断修正和突破限制也是一个永无止境的过程。

"路漫漫其修远兮，吾将上下而求索。"在漫长的人生旅途中，面对着工作、学习、生活中不时展现的插曲和种种挑战，只有经历过、锻炼过，才能真正突破小我，练就一颗宽容和博大之心，去容纳和谅解别人，更容纳和谅解自己。

当我们抱怨繁重的工作永无休止时，可曾想过祖辈父辈们曾经吃不饱穿不暖，最大的渴求就是一份工作，如果有干不完活，就甘之如饴地加班加点；当我们在快节奏的生活中觉得不胜其累，想寻求解脱时，可曾想过在那车马慢的"浪漫"时代里人们常常食不果腹，甚至有饿死的生命惨剧。

英国作家查尔斯·狄更斯在《双城记》里说："这是一个最好的时代，也是一个最坏的时代；这是一个智慧的年代，这是一个愚蠢的年代；这是一个信任的时期，这是一个怀疑的时期；这是一个光明的季节，这是一个

黑暗的季节;这是希望之春,这是失望之冬;人们面前应有尽有,人们面前一无所有;人们正踏上天堂之路,人们正走向地狱之门。"而我想说,这是一个改革的时代,一个开放的时代,一个各种思想交汇的时代,艰难困苦才能孕育玉汝于成,不懈奋斗才能实现梦想。加油吧,少年。

重温历史明初心　锤炼党性铸使命

◇ 张瑞芸

张瑞芸,东营市东营区人民法院审判保障中心干警。

　　在一个万里无云的周末,我和朋友来了一场说走就走的旅行。经过对比后发现相较于热门景点,还是革命老区的食住行既有特色又平价,因此选择去了不远处的沂蒙革命老区。本以为只是一次普通游玩,没想到给了我深深的震撼,让我对"初心"有了更深的认识。

　　"初心"是"沂蒙母亲"王焕于大娘手里的粮,是"沂蒙大姐"李桂芳肩上的门板。在那段日寇疯狂扫荡的年代里,王焕于大娘用心安排和照料八路军将士的孩子,让烈士的孩子吃奶,让自己的孙子吃粗粮,宁愿饿死了自己的孙子,也不能断了烈士的根。为保证战士们顺利完成任务,李桂芳组织沂蒙山区 32 名妇女在冰冷的河里用自己的肩膀扛着门板架起了火线桥……沂蒙红嫂纪念馆中还有很多很多她们的故事。她们是千千万万沂蒙妇女的代表,她们用柔弱的身躯筑起了人民革命的铜墙铁壁,她们用血和泪、爱和恨,弹奏出撼人心魄的时代最强音。

　　据统计,从抗日战争到解放战争,沂蒙妇女共做军鞋 315 万双,做军衣 122 万件,碾米碾面 11 716 万斤,动员参军 38 万人,救护兵员 6 万人,掩护革命同志 9.4 万人。有 3.1 万名沂蒙战士献出生命,这就意味着 3 万多母亲失去了挚爱的儿女。但是,正是因为我们的沂蒙红嫂,正是因为我们的人民群众,正是因为这种沂蒙精神,让我党用小米加步枪赶跑了日本侵略者、打败了拥有美式装备的整编七十四师。沂蒙山区的英雄故事只是一个缩影,却印证着一个不变的真理,那就是全心全意为人民服务是我们党的根本宗旨。我党从成立之初到如今,始终坚持着人民群众路线,始终把人民的利益放在首位,始终不忘初心。

　　"初心"是孟良崮上插着的红旗,是粟裕将军和无数革命烈士的墓碑。"孟良崮上鬼神号,七十四师无地逃。……喜看贼师精锐尽,我军个个是英豪。"我耳边回响着陈毅将军的诗句,遥望着陈毅将军的纪念碑,庄重和敬佩之情油然而生。孟良崮战役纪念馆中陈列着的一张张照片展现

了无数母送子、妻送郎、妹妹送哥上战场的场景,沂蒙六姐妹主动挑起拥军的扁担,为部队当向导、送军粮、运物资的场景……这一幕幕仿佛就发生在昨天,在我的脑海中久久挥之不去。陈毅将军曾说:"我就是躺在了棺材里也忘不了沂蒙山人。他们用小米供养了革命,用小车把革命推过了长江。"

看到孟良崮这片土地上的故事,我对党的初心和使命有了更深的理解。为了中国更好的未来,人民更好的生活,军民一心,将人民革命坚持到底、斗争到底,这种团结一致、勇敢坚定,始终代表人民利益的精神不正是我党一贯坚持的初心吗?青山无语,丰碑永存。昔日金戈铁马的战场已成为我们红色教育的大讲堂,我们永远怀念在战争中英勇牺牲的革命先烈,他们不朽的功勋将永远镌刻在共和国的史册上。

习近平总书记强调:"为中国人民谋幸福,为中华民族谋复兴,是中国共产党人的初心和使命,是激励一代代中国共产党人前赴后继、英勇奋斗的根本动力。"作为一名法院工作者,我要向革命烈士致敬,向沂蒙红嫂们学习,要继承前辈勇于奉献、顽强奋斗的优良传统,紧紧跟党走,坚守初心,做好本职工作,牢记自身使命,做一名合格的共产党员。

常怀敬畏之心　严守正义底线

——观电视剧《底线》有感

◇ 刘雪艳

刘雪艳，东营市东营经济技术开发区人民法院立案庭（诉讼服务中心）法官助理。

电视剧《人民的名义》火了之后，我常常在想，有以公安干警为主角的电视剧，有以纪委监察干部为主角的电视剧，有以部队战士为主角的电视剧，为什么没有一部以法院人为主角的电视剧呢？和同事们讨论时，他们说，基层法院的日常无非就是开庭、调解、调证、保全、写判决，循环往复，没有任何的跌宕起伏，每天处理的案子多数是鸡毛蒜皮的小事，和抓凶手、斗"老虎"这些精彩的情节没法比，抓不住人们的眼球，拍不出好片子，所以就没人去拍了。直到《底线》开始宣传，这部由最高人民法院指导创作、最高人民法院立案庭监制的以法院人为主角的电视剧立马引起了我的兴趣。观其剧名，何为底线？工作有底线抑或是做人有底线？带着这个问题在工作之余，我观看了《底线》。这部司法、普法剧非常接地气，以真实案例为创作素材，立足法院工作现实，聚焦当代法院人风采，讲述了方远、周亦安、叶芯等法院人投身法治建设、践行初心使命、坚守法治信仰的故事，反映了基层法院工作的方方面面，通过法官与群众的双重角度呈现立体化的办案流程，让每位观众都有代入感。

一、真实感

作为一名基层法院的法官助理，在观看这部电视剧时我觉得无比亲切。"人情世故是说变就变的，所以一定得做好笔录。""法律不能审判法律之外的事情，但我们可以阻止悲剧再次发生。""法院，无论是调解还是判，最终目的就是让你们案结事了，息诉罢访。"这一个个熟悉的场景、一句句熟悉的台词、一串串熟悉的人物关系，让我感觉自己就好像置身其中，这就是我们日常工作的真实写照。日常是"在线诉讼""电子卷宗""诉源治理""一站式多元解纷机制"等刻进法院人基因里的名词，是电子卷宗看到眼睛疼，是内网太卡的"吐槽"，是"周六保证不休息，周日休息不

保证"的加班日常,是"少一些二审改判,永远都不被信访投诉"的朴素祝愿,还有对案件堆积如山的诙谐"吐槽"……这份真实让我等法院人不禁莞尔,剧中的每个角色都有血有肉,不脸谱化。法院人也会八卦,也会因为案件意见不统一而争吵。就连庭审过程,也真实得像随便到庭审直播网上找的庭审录像、庭审直播一样。其实真实庭审并没有很多我们想象中针锋相对的辩论,也会出现很"抓马"(即戏剧化)的情景。该剧完全从法院"柴米油盐酱醋茶"的故事出发,塑造了生动的法官形象,营造的基层法院氛围更是极具代入感。我忍不住地从剧中人视角对照工作,又以观剧者身份审视自我。我在一桩桩案件中感受人生的千姿百态、生活的酸甜苦辣,见证社会和人性的善良丑恶。"每天一睁眼睛,就是卷宗、开庭、审限这些事,更别提还有信访、调研、考核,天天年年如此,每天说着车轱辘话,干车轱辘活,像个机器一样,到底图什么?到底为了什么?"的困惑相信每一个法院人或多或少都曾有过,但相信我们都能在工作中找到答案。

二、烟火气

"方婶儿"会和他的"怨种兄弟"互坑互怼,庭上认真、私下调皮的周亦安会拆自己妈妈的台,也会有要不要为了妈妈放弃自己理想的迷茫。严肃的雨霏法官也会在工作之余去学习舞蹈、打球放松一下。媛媛法官会弹钢琴,也会面临业余时间去工作还是陪伴爱人的纠结。这些轻松诙谐的生活化场景让这部剧充满了现实感、真实感和生活的"烟火气"。在调解"欠条丢失案"时,法官助理周亦安有别于"一丝不苟、以法服人"的"法条姐",选择采取"心态拿捏、趁热打铁"的方法;立案庭庭长方远也会在出门时碰到塞钱办事的亲戚,他妻子也会在单位遇到想要求方远办事的上司、同事,每天面对的也多是"鸡毛蒜皮"的家长里短。在严肃的司法氛围中穿插着家长里短,充满真实的"烟火气"和"地气",这才是基层法院工作的常态。

三、碰撞性

剧中法院的新人和老人、高院和基层法院的法官对同一案件可能有截然不同的处理思路、处理方法,这反映了法律作为社会学科中的分支,本身具有演进的过程。随着社会进步,法官的判案思维必然会发生变化。在现实社会中,大多数普通人鲜少有耐心去研读法理,在办案过程中如果

一味讲究法律条文、陈述法律依据,只会让人知其然不知其所以然,相反剧中人的争吵却很容易让人看懂、听懂并产生自己倾向性的观点。就像在"辱母杀人案"中,主审法官与合议庭成员之间为了案件的审理而产生思维碰撞每位法官站在自己的立场之上,利用现有证据以及法律依据进行讨论,从不同视角来解读案件,最终通过合议来形成判决,这个情节能让人了解法律、了解法院人的工作。不同的法官、法官助理都有一套自己办案的经验方法,如"法条姐"一丝不苟、以法服人,周法官心态拿捏、趁热打铁。他们方法不同、出发角度不同,可能会在办案中产生思维碰撞。如在"主播猝死案"中,在其他法官准备依据以往相同类型案件的判决结果审理时,叶芯并未拘泥于此,而是抛开以往的判例,重新梳理案件,推敲案件事实,分析法律关系,结合实际情况得出不同的结论,让我们了解到办案不仅可以依靠经验,也可以注重每个案件的实际情况和特殊性,从而找到突破口。从穆某期遇害案再到雷某宇母子案,审理过程中法理与情理、守陈与革新互相碰撞,启迪着我们要从高高的卷宗堆里暂时抬起头,不惧怕任何的碰撞,要让案件在碰撞中闪耀公平正义的火花。

四、守初心

让母贝承受住砂粒的蹂躏,终于长出璀璨珍珠的是坚守;让天空忍受住雨水倾盆的阴霾,终于展现那一道彩虹的是坚守;让泉水忘记流进山谷的崎岖历程,终于汇入蔚蓝无垠大海的是坚守。作为法院人,一件件、一桩桩的案子看不到尽头,这一批案子刚刚了结,一摞新的案卷就已经摆在案上,无休无止,无穷无尽。案子对我们来说可能是小案,但是对于当事人来说都是"天大的事",是心头上重要的事,而审判结果将可能影响他们一生,因此当事人都希望在自己的司法案件中感受到公平正义。正如剧中方远法官所说:"我们法官的头发就两种情况:一种是白头发,一种是没头发。"虽然有些夸张,但是为了证据确凿、程序正当、法律适用准确,最大限度化解当事人之间的矛盾,更为了让人民群众在每一个司法案件中感受到公平正义,法官总是在绞尽脑汁想办法,不断学习新的法律法规以及司法解释,谨小慎微,生怕出一点差错,从而熬白了,甚至熬掉了头发。"努力让人民群众在每一个司法案件中感受到公平正义"需要我们磨炼自己的心性,耐得住寂寞、守得住清贫、经得住诱惑;需要我们切实负起责任,不以事小而不为,不以事杂而乱为,不以事急而盲为,不以事难而怕为;需要我们坚守法治信仰、践行初心使命;更需要我们在平凡岗位中履职尽

责、为民着想、为民服务。"审判不是为了报复恶,而是为了提振善"是剧中法官的肺腑之言,更是人民法院在案件审理时所应坚守的底线。

五、有温度

从《底线》这部剧可以看出,随着时代的不断进步与发展,人民群众对司法的期盼已经不再满足于单纯的了结事件,更多的是期待法律可以更加有"人情味儿",期望司法不仅可以保障自身的合法权益,还可以福泽社会中有相同遭遇的群体,预防类似事件的发生,因此对裁判结果要"知其所以然"。就像剧中所言:"法律不仅仅是为了解决单个的案件,而是纾解社会矛盾,匡扶正义,维护社会公序良俗……用判决来维护公序良俗,比用判决来惩罚一个犯错误的人更加重要。"剧中的方法官也是这样做的,在剧中他不厌其烦地多次接待前来立案的齐大爷,详细告知他的事不符合立案条件的缘由,并主动联系其所在街道协商解决办法,不因为老人多次到访而推诿懈怠,不因为难处理而推脱等待,将司法为民的温暖送入人民群众的心中,加深了法院与群众之间的了解,更是打破了人民群众对法院的刻板印象,让观众能够感受到司法的温度。来基层法院立案的当事人知识水平参差不齐、理解能力各不相同,只有耐心地给当事人解释、阐明和引导,对错误之处提示更正,才能让司法的温度存在于每位来访群众的心中。我们要赋予法律适度的温情,因为各种各样的当事人、各式各样的案件对我们来说司空见惯,但是对当事人来说可能是他唯一和法院打交道的经历,每一个案件背后都是人民群众的切身利益。我们应该耐心地对待每一位当事人,认真地对待每一个案件,牢记初心使命,把群众的诉求当作工作的重中之重,不生硬冷漠、推诿搪塞,应该充分释法明理、积极化解矛盾纠纷,时刻提醒自己不能做冰冷的法律机器,要努力让人民群众在每一个司法案件中感受到公平正义,感受到司法为民的人文关怀,感受到司法的温度。

六、展未来

《底线》这部剧以立案庭为切入点,呈现了基层法院不同庭室的工作概况,让人民法院工作可感、可知、可评,更能够接受人民群众检阅,显示出新时代司法改革举措务实的自信和底气。比如在"主播猝死案"中,法官在正式立案前反复调解的桥段,真实展现了人民法院坚持把非诉讼纠纷解决机制挺在前面,持续深化诉源治理工作的现状。剧中多次提到的一站式多元纠纷解决和诉讼服务体系建设,为群众提供了解决纠纷的多元化方式,让司法服务充满了人文关怀,更加地便民高效务实。希望这部剧的热播能搭起人民群众与法官干警之间理解的桥梁,让人民群众更多地了解法院的工作流程,在解决纠纷的基础上,理解法官、尊重法律。法院人也更多地切实为群众解决"急难愁盼"的问题,以高度的责任感对待每一起案件、每一项工作,在以后的工作中不忘初心、坚守底线,在法律尺度下做一个有温度的法官干警,让人民群众感受到司法的公平正义,让"纸上的法律"变为"行动中的法律",坚定不移地去实现"让人民群众在每一个案件中感受到公平正义"的目标。

书香法院

从两个方面谈规范法官的自由裁量权

——读《裁判的方法》有感

◇ 王　妮

王妮,东营市中级人民法院环资庭法官助理。

读完梁慧星教授的《裁判的方法》这本书,我收获颇多,深刻领悟到大家名家的高明之处就在于用浅显易懂甚至生活化的语言精准地阐明基本的原则、规则,却又不失逻辑性、丰富性和完整性。书中关于法官自由裁量权和法律思维指导下裁判文书说理的方法让我耳目一新,我结合工作实际有了新的感悟和认知,希望一吐为快。

本书中关于法官的自由裁量权出现在法官法律思维的被动性与主动性章节中,是法官主动性的内容之一,所涉内容不多,蕴含意义深远。而裁判文书说理的部分内容出现在法律思维与学习方法章节中。我们法庭之前审理的一起案件恰好涉及自由裁量的有关内容,我们面临法官应当如何"酌定"方能从终极目标上实现司法的公平与正义的考验。在目前的审判实践中,自由裁量权被滥用的现象大量存在,有的裁判文书轻易搬出"酌定""酌情"等字眼,因此对"酌定"的前提和自由裁量权的范围应有所规范。

一、抛砖引玉,案例引发思考

下面以我们审理的一起涉及财产损害赔偿的案件为例来说明。大致案情是外来火源引发原告承租的仓库着火毁损,外来火源未查明来源,原告起诉被告村委会应在其未做好消防宣传、未尽安全保障义务范围内承担侵权责任。此案之前有关联案件,关联案件是仓库毁损引发的房屋租赁合同纠纷,仓库的所有人状告仓库的承租人(本案原告)未尽妥善管理租赁仓库的职责致使仓库毁损,应当承担赔偿责任。一审判决承租人全额赔付。二审予以改判,认为在有外来火源致损的前提下,承租人应当对租赁的仓库按照其过错程度承担相应的赔偿责任。二审法院酌定承租人赔偿70%,但这个责任比例或者赔偿比例在专业法官会议上争议也很大,

有的法官认为70%的比例太高,应当承担60%比较合理。该案的裁判文书里面明显提到的就是承办法官自由裁量权"酌定"下确定的赔偿比例。

上述案件中60%或者70%的比例,是法官在结合具体案情的情况下所作出的裁判选择。这个"酌定"不是随便"酌"、任意"定","酌定"的自由裁量权必须也应当予以规范。自由裁量权的规范包括三个含义:一是约束法官自由裁量权,即约束法官的滥用和恣意自由裁量权;二是激励法官行使自由裁量权,即鼓励法官通过自由裁量权的行使实现法律的精神和目的;三是保障法官行使自由裁量权,即法官的正当自由裁量权的行使不受谴责。审判实践中需要着重把握的是上述的第二个含义"鼓励法官通过自由裁量权的行使实现法律的精神和目的",这点在环境资源审判中,尤其是刑事案件涉及生态环境修复,鼓励贯彻恢复性司法理念、探索因案制宜的裁判方法上体现得很明显(比如河口区法院审理的一起刑事附带民事公益诉讼案,除了涉及实刑缓刑的裁判,还涉及判决被告人在一定时间内以役代罚,清除涉案区域内用于非法猎捕的捕兔网)。梁慧星教授认为,法律思维的本质特征是严格按照法律条文进行判断,法官法律思维的目的是公正裁判,因此必须坚持以公正性为最终的判断标准。而上述第二个含义——实现法律的精神和目的——也应当首先从裁判公正上予以回应,即行使自由裁判权也要首先保证判决结果公正。

二、抽丝剥茧,探寻现象下的本质

有关自由裁量权的限制与规范的大部分文章所秉持的基本观点是对法官的自由裁量进行规范和规制,防止规则被滥用,法官在自由裁量时应当谨慎保守、依照法律解释的基本规则进行个案处理,这恰恰在一定程度上对裁判文书说理提出了更高要求。梁慧星教授认为有两种情形下的特殊案件需要加强说理:一是证据较多、事实认定复杂的案件,二是法律适用时需要解释、明晰、扩张或是限缩甚至补充法律漏洞的案件。审判实践中,囿于目前民众的法律觉悟和法律素养不高,加强裁判文书说理,对于提高普通民众对裁判结果的可接受程度具有重大意义,尤其是现阶段迈入法治文明时代、网络融媒体时代,裁判文书甚至承载着普法载体功能,加强说理就更为重要。这要求法官在行使自由裁量权对案件定性或者裁判时加强裁判文书说理。自由裁量所依据的事实和证据,以及为何是这样的责任承担和赔偿比例应当在判决书说理时说透彻、讲明白,而不是仅仅以"酌定"二字一笔带过。

法官行使自由裁量权应当考虑的问题主要包括：① 确定当事人争议的利益；② 确定法律对该争议是否有明确的规定；③ 考虑当事人主张的利益是否有正当性；④ 保障一方当事人的固有利益是否构成对对方当事人固有利益的侵害；⑤ 考虑保护当事人是否侵害社会公共利益；⑥ 进行实质性的裁量；⑦ 对实质性裁量进行检测，全面审查该裁量的有效性、必要性、正当性和目的性。这里所述只是通用的书面理论，案件的具体案情不可能千篇一律、规整有序，需要我们在具体分析时抽丝剥茧，透过现象看本质。全面检测和审查裁量的正当性既是在法律思维下对法官公正裁判的要求，也是自由裁量权不能偏离的轨道。

读《平凡的世界》有感

◇ 朱继华

朱继华，东营市河口区人民法院执一团队干警。

　　一个偶然的机会，我又重新读了一遍路遥先生的《平凡的世界》，随着年龄增长，对这本书有了更加深刻的理解，在平凡中看到了主人公的不平凡。人的最大智慧就是认识到自己是平凡的。路遥为我们讲述的不只是那个久远的年代，更是一种人生应有的信仰和追求。

　　我们都处在一个平凡的世界中，平凡的人、平凡的路、平凡的事，但我们又显得不平凡。书中讲述的是在黄土高原上，生活着一群世世代代耕作的农民，他们过着日出而作、日落而息的生活。主人公孙少平、孙少安两兄弟生活在一个极度贫困的农民家庭中。在这个家庭里，有着善良与坚韧，有着苦难与奋斗，有着无奈与坚定，也有着爱与痛。哥哥孙少安为了能让家里人过得好一点，起早贪黑地干活。他13岁就开始跟随着父亲上山下地，扛起了家庭的重任，18岁就当上了生产队的队长，并且劳动的能力受到了众人的称赞。他有着与年龄不相符的成熟与稳重，是整个家庭的依靠。而弟弟孙少平非常憧憬外面的世界，因为喜爱读书而成了一个有理想、有志气的青年。物质上的缺乏没能阻止孙少平去寻找精神上的满足，高中毕业后，他毅然决定离开家去外面的世界打拼。他先是成为一名揽工汉，遭受过冷眼与嘲笑，也得到过真诚的鼓励与帮助。少安与少平如果在同样的环境下，读一样多的书，各方面可能会惊人地相似。但是命不由人，少安13岁就开始干当时看来永无止境的苦力活，而少平在大哥的帮助下读完了高中，就是因为读完了高中。少平的人生观与哥哥完全不相同。少平追求的是一种理想，它与钱财无关，与前途无关，只是一种美好的梦想，是不甘心一辈子与土地依伴的心理。

　　路遥用深厚的文学基础描绘了多个人物的性格，不失客观地书写了那个时代和那个时代下各种小人物闪烁的人性光芒。

　　《平凡的世界》是路遥先生"用生命写出的作品"。这需要多年生活经历做积淀，才能完成一部如此伟大的作品。路遥是黄土地的儿子，他对

黄土地有着深沉而炽热的爱。不需要华丽的辞藻和惊险的情节,也不需要惊天动地的场面,只需要平淡朴实的语言,就足以给我们的生命带来一场难以忘却的洗礼。书中始终离不开两组词:苦难和奋斗,平凡和伟大。在苦难中奋斗,在平凡的世界成就伟大的事业,这是一种境界,是一种人生。

《平凡的世界》是一部伟大的作品,它适合所有人去读,每一个感到迷茫的人都应该认真地看看,你总会在里面找到自己的影子。我们每个人都生活在这个平凡的世界里,也都梦想着追求自己的快乐生活,而快乐与否往往在于自己的一念之间。人应该活得乐观,用更广阔的眼界去审视我们周围的世界,这样才不至于将自己囚于一个狭小的范围,人生才更加充实;这样对人生才能有更独特的理解,也才能活出自己的个性来。也许我们在平凡的工作中会遇到许多琐碎的、不公平的事,可是只要我们学会适应,学会改变,学会选择与放弃,学会善待自己,我们就会从中体会到快乐。所谓日升日落,愁也一天,乐也一天,为何不欢欢喜喜地去面对每一天呢? 生命的意义就在于你能创造这过程的美好与精彩,生命的价值就在于你能够镇静而又激动地欣赏这过程的美丽与悲壮。相信自己,平凡的你在平凡的世界中能创造不平凡的人生。

人的一生就像这本书一样,不在于结局如何而在于过程是否精彩,人生就该像主人公孙少平那样从来不对生活低头,要不断地去探索和追求,在平凡的生活中走出一条让所有人都为之叹服的路。

铭记百年党史　践行初心使命

——《中国共产党简史》读书心得

◇ 臧艳菡

臧艳菡，东营市东营区人民法院综合办公室科员。

　　《中国共产党简史》记录了一百年来中国共产党团结带领人民进行革命、建设和改革的光辉历程，系统总结了党和国家事业不断从胜利走向胜利的宝贵经验，集中彰显了党在各个历史时期淬炼锻造的伟大精神。从这本书中我们看到，我们党的一百年是矢志践行初心使命的一百年，是筚路蓝缕奠基立业的一百年，是创造辉煌开辟未来的一百年。

　　历史不会忘记，在战火纷飞的革命年代，我们党带领人民经过28年浴血奋战，经过土地革命战争、抗日战争、解放战争，推翻了压在中国人民头上的帝国主义、封建主义、官僚资本主义三座大山，建立了中华人民共和国，实现了民族独立、人民解放，实现了中国从几千年封建专制制度向人民民主制度的伟大跨越，在艰难困苦当中为中华民族踏出了一条新生的道路，中华民族从此开启了发展进步的新纪元。

　　历史不会忘记，在热火朝天的建设时期，面对"一辆汽车、一架飞机、一辆坦克、一辆拖拉机都不能造"的现实，毛主席豪迈地说："一张白纸，没有负担，好写最新最美的文字，好画最新最美的图画。"我们党带领全国各族人民进行土地改革、实行"一五"计划、进行三大改造、研发两弹一星，确立了社会主义基本制度，为当代中国一切发展进步奠定了政治和经济基础，描绘出了社会主义建设的宏伟蓝图。

　　历史不会忘记，在波澜壮阔的改革年代，我们党团结带领人民进行改革开放新的伟大革命，极大地解放和发展了社会生产力，极大地增强了社会发展活力，人民生活显著改善，综合国力显著增强，国际地位显著提高。我国成功实现了从高度集中的计划经济体制到充满活力的社会主义市场经济体制、从封闭半封闭到全方位开放的伟大历史转折。我们党引领人民绘就了一幅波澜壮阔、气势恢宏的历史画卷，谱写了一曲感天动地、气壮山河的奋斗赞歌。

历史不会忘记,在日新月异的新时代,以习近平同志为核心的党中央团结带领全国各族人民,采取一系列战略性举措,推进一系列变革性实践,实现一系列突破性进展,取得一系列标志性成果,推动党和国家事业取得历史性成就、发生历史性变革。5G信号抵达世界之巅、"祖冲之号"问世、"天问一号"成功登陆火星、嫦娥四号"首探月背……全国各族人民努力攻坚克难,用一个个"中国之最""世界之最",交出一份份新时代发展的优秀答卷,必将书写越来越多令人赞叹的精彩华章。

习近平总书记指出:"青春总是同梦想相伴。中国共产党走过了百年奋斗历程,但我们的初心和梦想历久弥坚。百年恰是风华正茂。"生逢盛世,重任在肩,作为新时代的法院干警当不断坚定理想信念、增强为民服务本领、践行真抓实干的为民初心,踏踏实实干好本职工作,"拉车不松套,履责不掉队",永远保持不骄不躁、艰苦奋斗的工作作风,以昂扬奋发的姿态向着更加宏伟的目标砥砺前进。

观《底线》有感

◇ 陈圆圆

陈圆圆，东营市河口区人民法院民事审判第二团队法官助理。

法院，在普通人的眼中是庄严神圣的，充满了让人敬畏的距离感。电视剧《底线》则以大众喜闻乐见的方式揭开了法院的神秘面纱，从法院视角对群众不理解的案件处理过程进行了释明，让人民群众了解到法官不是冷冰冰的执法机器，也不是不食人间烟火的"冷面判官"，而是有血肉、有深度、有温度的人，他们既是手执法槌的司法工作者，也是真实鲜活的普通人。

"对于我们来说，这就是卷宗，可对当事人来说，那就是人生。"这就是每个法院人秉持的办案理念。随着时代的进步，各个基层法院的案件受理数逐年增加，每一个案件，对我们来说可能就仅仅是一个案件而已，但对当事人来说，也许这辈子就遇上这么一场官司。作为法院人，在办理案件时要时常换位思考，不能冷漠地行使自己手中的权力，不能有丝毫的懈怠和马虎，要全力以赴，倾尽所能，透过当事人的诉请去寻找他们内心真正的诉求，去寻找矛盾的根源，去寻找各方当事人之间的利益平衡点，去最大限度地保护每一方当事人的合法权益，只为真正的案结事了，定分止争。

"'性骚扰'这三个字会伴随李芳凝的一生，所以她妈妈才要撤诉，所以我才主张这个案子要调解一下，这是我作为一个法官对我当事人最大的保护。"这就是每个法院人所坚守的职责。法院人的任务和职责不是简单地开庭判案和背法条，而是要实实在在地给当事人解决问题，化解矛盾纠纷，最大限度保护当事人的合法权益，所以在办理具体案件时，不能简单地一味追求法律效果，而是要冷静、理智、客观、公正地分析案件的具体情况，深入了解案件、思考问题，及时调整思维模式，让法律有力度，更有温度，让法治的阳光温暖当事人的心田。

"在这个案件中呢，你潜意识里要的是自我满足，满脑海里想的全是自己的正义，而不是当事人的正义。"这是每个法院人都要极力避开的雷

区。当事人眼中的正义不是简单的"胜诉",而是在胜算概率较大的情况下诉请得到最大限度的支持,在胜算微乎其微的情况下尽快止损。正义应是法院人追求的最高价值目标,司法的公平和正义不仅仅体现在判决结果上,更体现在案件审理的每一个环节中。这要求我们在梳理案情、化解矛盾时,扎扎实实办好每个案件,最大限度地尊重当事人的每一个选择,让当事人真切感受到法治带来的公平正义。

"每天一睁开眼,就是卷宗、开庭、审限,还有信访、调研、考核,天天如此,年年如此。"这是每个法院人的日常工作。日复一日,年复一年,每个基层法院都有很多为案件头疼、为案件之外的各项事务性工作头疼的人。多数法官应该有过半夜醒来后无法入眠,只因大脑会不受控制地去思索一件又一件未结的案件;多数法院人应该有过在食堂吃饭时,发现聊得热火朝天的内容竟是如何更好地办理手中的案件,只因工作时间大家都在忙碌,难得有完整的时间去探讨、分析案件。法院人的工作没有电视剧里那样的丰富情节,更多的是一份平淡、繁杂甚至无奈,但身为法院人就要秉持认真努力、细致耐心的态度,翻阅一摞摞卷宗材料、进行一次次用心调解、查阅一部部法律法规、检索一个个关联案件,用心接待每一个当事人、制作每一份文书、处理每一起案件,以事实为依据,以法律为准绳,维护法律尊严,守住司法正义的底线。

"老百姓遇到不公平的事情可以找法官说理,可是法官受到委屈又该如何?医者不能自医便是这个道理。"这是每个法院人都会遇到的问题。在工作中我们时常体会到面对矛盾纠纷错综复杂局面时的无力感,处理新型疑难杂案的挫败感,承受着案件数量多、事务繁杂的巨大压力,感受着一例例案件中人性的冷漠、亲友的背叛,遭受到当事人的质疑、谩骂甚至威胁……"无论受多少委屈、费多少心血,只要当事人满意,我们毫无怨言。"这是法院人在受到委屈、遇到难题时开导自己的话,也是法院人的精神支撑。身为法院人,要学会在司法实践中锤炼办案技巧,在质疑和谩骂中修炼内心,在困难和挫败中征服畏惧,时刻准备着迎接新任务和新挑战的到来。

"一个案子接着一个案子,没日没夜地干,有意义吗?"这个疑问也许时常会在夜深人静、无法入睡时闪现在法院人的脑海中。对法治的信仰、对公平正义的追求,让无数法院人坚定不移地追寻法官存在的意义。正如剧中张伟民副院长所说:"既然我们生活的这个世界无法完美,法官就必须存在。这世上只要还有不公,就总得有人来断个是非,判个公道,这才是法官真正的意义。人生怕也是如此啊,也许根本就没有什么终极意义,而这些行为过程的本身就是在寻找的意义。"

　　剧中的案件和角色,相比于现实,只是一种缩影,所呈现的也是法院群体的冰山一角。电视剧虽已剧终,但司法道路永无终点,一代又一代怀揣法治信仰、坚守法律底线、心中装着人民群众的法院人将永远在路上,为了让人民群众在每一个司法案件中都能感受到公平正义而努力。

书香法院

山东省东营市东营区人民法院民事判决书

（2022）鲁 0502 民初 1792 号

拟稿人尹庆雷,东营市东营区人民法院民二庭综合团队负责人、一级法官。

原告:叶某香。
委托诉讼代理人:熊作胜,山东九竹律师事务所律师。
被告:山东某旅游集团有限公司。
法定代表人:吴某,执行董事。

原告叶某香与被告山东某旅游集团有限公司合同纠纷一案,本院于 2021 年 11 月 15 日作出（2021）鲁 0502 民初 4162 号民事判决,原告不服提起上诉。2022 年 2 月 25 日,山东省东营市中级人民法院经审理作出（2022）鲁 05 民终 356 号民事裁定,撤销本院作出的（2021）鲁 0502 民初 4162 号民事判决,发回重审。本院于 2022 年 4 月 28 日立案后,另行组成合议庭,公开开庭进行了审理。原告委托诉讼代理人熊作胜、被告某旅游公司法定代表人吴某到庭参加诉讼。本案现已审理终结。

原告叶某香向本院提出诉讼请求:（1）判令解除原、被告于 2019 年 7 月 29 日签订的某连锁加盟（单）店设立协议;（2）判令被告返还原告加盟费 50 000 元、保险费 5 000 元、履约保证金 498 000 元,赔偿原告租赁费、装修费等 85 473 元,以上共计 638 473 元。事实和理由:2019 年 7 月 29 日,原、被告签订某连锁加盟（单）店设立协议 1 份,加盟被告从事旅游业务经营。协议签订后,原告积极寻找旅游消费客源,被告既未能按协议约定提供相应的旅游产品和路线,也拒不向已交纳会员费和押金的会员退还会员费和押金。原告为避免激化矛盾自行代为垫付。被告的违约行为严重损害了叶某香的商誉,致使原告旅游业务已无法开展。且自 2019 年 12 月以来发生全国性疫情,致使协议履行不能,合同目的无法实现。另外,签订协议时,被告欺骗原告缴纳旅行社责任保险费 5 000 元,原告多次索要无果。特诉至贵院,望判若所请。

被告山东某旅游集团有限公司辩称:
（1）原告请求返还加盟费和旅游责任保险费没有事实和法律依据。

具体理由如下:一是案涉加盟合同已履行完毕,被告已按照协议约定积极履行合同义务,不存在违约行为;二是原告因自身原因未办理生产经营所需的营业执照和旅游业务经营许可证,致使旅游业务不能展开,未能实现合同目的,应由原告自行承担责任和损失;三是案涉加盟合同期限为一年,合同期限届满后双方并未续签合同,原、被告之间已不存在合同关系。(2)原告请求返还履约金没有事实和法律依据。具体理由如下:一是原告向任某丽交纳履约金,而任某丽构成非法吸收公众存款罪,案涉履约金系赃款,与被告无关;二是被告对原告与任某丽之间的经济往来并不知情,案涉合同未约定履约金,被告也从未收到履约金,不应承担返还责任。(3)原告支付的租赁费、装修费是其经营所需,是案涉合同中明确约定由叶某香自行承担的费用,原告要求被告赔偿没有事实和法律依据。综上,请求依法驳回原告的诉请。

本院经审理认定事实如下:

2019年7月29日,原告(乙方)与被告(甲方)签订《山东某旅游集团有限公司某连锁加盟(单)店设立协议》(以下简称《加盟店设立协议》),协议载明:甲方在内蒙古自治区呼和浩特市设立山东某旅游集团有限公司服务网点或分社(以下简称网点),乙方是该旅游服务网点的第一责任人并独立承担该服务网点的一切债权债务和安全责任;合作期限为1年,自2019年7月29日至2020年7月28日;乙方服务网点经营目标任务及奖惩标准为年销售白金会员1 500个,每月125个会员(以公司系统交易数量为准),乙方连续3个月未完成会员量的取消加盟资格,所有加盟费、旅行社责任险不予退回;单店加盟费为50 000元,按年度缴纳,每年度前2个月缴纳;旅行社责任险5 000元,按年度缴纳;付款方式约定甲方对外统一收款账号为单位山东某旅游集团有限公司,开户行中信银行东营西城支行,账号8112501012800165×××3;网点经营所需要的场所、设施设备及各种标准化规范等条件由甲方委托乙方按照标准进行完善,费用由乙方承担;乙方营业部的一切装潢工程的设计,均由甲方统一规划、验收,有关营业部的各项装修费用由乙方负责承担;补充条款约定乙方缴纳的旅游履约保证金退款方式,在游客抵达旅游目的地后2日内,按公司规定在扣除相关费用后无息退还;该合同尾部甲方处加盖被告印章并由法定代表人吴某签字,任某丽在业务代表处签字。同日,原告向被告缴纳2019年8月1日至2020年7月31日加盟费50 000元,责任险5 000元;交款方式为刷卡,账号为8112501012800165×××3。被告向原告出具的

相应收据名称为"通用收据"，收据上均加盖了被告财务专用章。

原告共向任某丽、陈某丽转款保证金 621 000 元，原告已收到退还保证金 123 000 元(含扣除杂费等)，尚未收到退还的履约保证金情况如下：加盖"山东某旅游集团有限公司收款专用章(1)"(以下 1 号专用章)、时间为 2019 年 7 月 30 日的《收款收据》对应的夏某梅、秦某海、朱某军、黄某敏缴纳的行程为迪拜的履约保证金共计 40 000 元，其中包括每人杂费运费 1 500 元；加盖 1 号专用章、时间为 2019 年 7 月 30 日的《收款收据》对应的路某清、杨某芳、刘某萍、张某珍缴纳的行程为迪拜的履约保证金共计 40 000 元，其中包括每人杂费运费 1 500 元；加盖 1 号专用章、时间为 2019 年 7 月 30 日的《收款收据》对应的郭某菲、于某红、张某兰、王某缴纳的行程为迪拜的履约保证金共计 40 000 元；加盖 1 号专用章、时间为 2019 年 7 月 30 日的《收款收据》对应的张某海、褚某莲、顾某、张某娣缴纳的行程为迪拜的履约保证金共计 40 000 元，其中包括每人杂费运费 1 500 元；加盖 1 号专用章、时间为 2019 年 7 月 30 日的《收款收据》对应的洪某菊、孙某荣缴纳的行程为迪拜的履约保证金共计 20 000 元，其中包括每人杂费运费 1 500 元；加盖 1 号专用章、时间为 2019 年 7 月 30 日的《收款收据》对应的叶某香、叶某英、高某琴、赵某华缴纳的行程为迪拜的履约保证金共计 40 000 元，其中包括每人杂费运费 1 500 元；加盖 1 号专用章、时间为 2019 年 7 月 30 日的《收款收据》对应的安某玉、张某、张某凤、朱某平华缴纳的行程为迪拜的履约保证金共计 40 000 元，其中包括每人杂费运费 1 500 元；加盖 1 号专用章、时间为 2019 年 7 月 30 日的《收款收据》对应的连某、张某芳、张某云、何某祥缴纳的行程为迪拜的履约保证金共计 40 000 元，其中包括每人杂费运费 1 500 元；加盖 1 号专用章、时间为 2019 年 7 月 30 日的《收款收据》对应的辛某峰、杨某、姚某缴纳的行程为土耳其的履约保证金共计 30 000 元；加盖 1 号专用章、时间为 2019 年 7 月 31 日的《收款收据》对应的牛某玲、王某荣缴纳的行程为迪拜的履约保证金共计 20 000 元，其中包括每人杂费运费 1 500 元；加盖 1 号专用章、时间为 2019 年 8 月 18 日的《收款收据》对应的富某星缴纳的行程为美国的履约保证金 13 000 元；加盖 1 号专用章、时间为 2019 年 8 月 18 日的《收款收据》对应的林某元缴纳的行程为美国的履约保证金 13 000 元；加盖 1 号专用章、时间为 2019 年 8 月 19 日的《收款收据》对应的王某立、薛某缴纳的行程为海南的履约保证金共计 12 000 元；加盖"山东某旅游集团有限公司收款专用章(2)"(以下简称 2 号专用章)、时间为 2019 年 9 月 7 日的《收款收据》对应的张某、姜某明缴纳的行程为新疆的履约保证金共计 24 000 元（每人杂费 2 000 元）；加盖 2 号专用章、时间为 2019 年 9 月 9 日的《收款收据》对应的路某娥、云某俏缴纳的行程为新疆的履约保证金共计 12 000 元（每人杂费 2 000 元）；加盖 2 号专用章、时间为 2019 年 9 月 10 日的《收款收据》对应的菅某团、段某涛缴纳的行程为迪拜的履约保证金共计 20 000 元；加盖 2 号专用章、时间为 2019 年 9 月 10 日的《收款收据》对应的伊春某、伊俊某、解某梅、张某萍缴纳的行程为普吉岛的履约保证金共计 28 000 元（其中每人杂费、联运费为 650 元）；加盖 1 号专用章、时间为 2019 年 9 月 15 日的《收款收据》对应的于某淋、刘某海、于某梅缴纳的行程为贵州的履约保证金共计 18 000 元；加盖 1 号专用章、时间为 2019 年 9 月 15 日的《收款收据》对应的赵某弟缴纳的行程为贵州的履约保证金 6 000 元。以上共计 496 000 元。其中已出行人员为伊春某、伊俊某、解某梅、张某萍、路某娥、云某俏、张某、姜某明、赵某华、何某祥、朱某军、张某珍、洪某菊、安某玉、牛某玲、王某荣、张某海、褚某莲、顾某，运费杂费合计 27 100 元，其余人员未出行。

2019 年 9 月 20 日，某旅游公司下发《紧急通知》，载明：近期以来，由于低价游带来的不正当竞争，国家文化和旅游部要求各省（区、市）对全国旅行社推出的低价旅游进行重点整顿清理。原会员体验线路在整顿范围之内。为了进一步保证会员的合法权益，公司按照国家相关规定，停止会员免费体验线路，交付供应商的履约保证金可以根据当地营业部情况，酌情按最优惠的旅游价格转换成具体旅游线路，有效期三年。对于原所有某旅游公司的优质会员，公司将继续为会员提供更多的质高价优的国内国外体验旅游线路。

本院于 2022 年 7 月 29 日对任某丽制作调查笔录，主要内容为：（1）1 号专用章和 2 号专用章都是被告刻制的印章，被告将 1 号专用章交给任某丽使用，2 号专用章由被告使用，使用不同的印章主要是为了作业务区分；（2）有部分出行单收据是在被告总部当场交给原告，被告法定代表人吴某在场；（3）对于出行单收据日期在 2019 年 9 月 18 日之前，并且经过任某丽签字的、款项进入任某丽账户的，任某丽均认可收到相应款项；（4）任某丽对案涉出行单收据中"任某丽"签字认可，承认系其本人所签；关于会员费、加盟费，任某丽表示与被告有约定，会员费 2 000 元，任某丽收 600 元，被告收 1 400 元。加盟费 50 000 元，任某丽与被告各一半。

另查明，本院已生效（2021）鲁 0502 刑初 86 号刑事判决书查明，

2019年1月7日，被告人任某丽注册成立菲行鱼公司，在不具有旅游业务资质以及理财、存款等金融服务资质的情况下，以菲行鱼公司名义通过个人和业务人员向社会公开宣传，开展"加入会员即可以享受到三年内两次免费境内外旅游"业务，变相吸收社会公众交纳一定数额的会员费以及旅游保证金，并据此认定任某丽构成非法吸收公众存款罪，判处有期徒刑四年，并处罚金十万元。上述刑事判决书所涉旅游保证金并不包括本案旅游保证金。

再查明，东营市公安局东营分局于2019年10月8日对被告法定代表人吴某制作询问笔录，主要内容：公安机关问"菲行鱼公司给客户提供的相关收据等手续加盖的某旅游公司的公章，这是怎么回事？"吴某答："我和任某丽签好服务委托协议后，为了他们公司经营方便我们公司给菲行鱼公司提供了某专用章1号章和2号章。1号章在我们公司北一路某旅游公司门头使用，菲行鱼公司的业务员从我们门头设了一个窗口办理业务。2号章直接交菲行鱼公司使用。但是，任某丽在收取会员的会员费和保证金后并没有按照协议的要求汇到某公司的对公账户，我们公司发现问题后，找任某丽，得知她的公司出现资金链断裂问题。"东营市公安局东营分局于2020年5月4日对被告法定代表人吴某制作了询问笔录，主要内容如下。公安机关问："旅行社是否收保证金？"答："旅行社不允许收保证金。"问："详细讲一下你和任某丽洽谈合作事宜。"答："2019年7月12日，我要求任某丽出具一份证明文件，证明菲行鱼会员所缴纳的会员费和履约保证金均转入菲行鱼公司任某丽账户，所有收据由菲行鱼公司提供并有任某丽签字，菲行鱼公司承担并履行会员退款义务和责任。山东某旅游集团有限公司不承担一切经济责任和法律责任。"问："你和任某丽达成合作事项后，是否开展相关业务？"答："2019年7月12号左右（具体时间我记不清楚了），我安排我公司员工刻了山东某旅游集团有限公司收款专用章1号和山东某旅游集团有限公司收款专用章2号两枚章。1号章归我们某旅游集团有限公司使用；2号章我让任某丽使用。在某旅游集团有限公司设立一个柜台招揽菲行鱼公司会员，陈某丽负责这个柜台，客户交钱后，给客户出具的收据及保证金要盖1号章。从任某丽那里入会员交费要盖2号章。"问："保证金你和任某丽是否分成？"答："不分成"问："会员缴纳的会员费和保证金的收据上都盖有山东某旅游集团有限公司收款专用2号章，你怎么说你们公司不承担责任？"答："当时，我和任某丽说过盖我们公司章必须使用我们公司的收据并和会员签旅游合

同。钱没有转到我们公司。再说,收据上写的是咨询费,不是会员费。我觉得我们公司不应承担责任。"问:"你和任某丽合作期间,是否有对她有某个任命?"答:"当时,任命任某丽为某旅游集团执行总经理。"

本院认为原、被告签订的《加盟店设立协议》系当事人真实意思表示,且不违反法律、行政法规的强制性规定,合法有效。本案焦点问题有4个:一是原告请求解除《加盟店设立协议》应否支持,二是原告要求被告退还加盟费、保险费以及赔偿损失是否有事实和法律依据,三是如何确定未返还履行保证金数额,四是原告要求被告返还履约金是否有事实和法律依据。

关于焦点一,本院认为:案涉《加盟店设立协议》明确约定合作期限为1年,原告也仅交纳了1年加盟费,而现早已超过约定的合作期限,双方并没有再继续履行,故《加盟店设立协议》也就没有解除的必要。因此,原告要求解除《加盟店设立协议》,缺乏事实依据。

关于焦点二,本院认为:《最高人民法院关于适用〈中华人民共和国民法典〉时间效力的若干规定》第一条第二款规定"民法典施行前的法律事实引起的民事纠纷案件,适用当时的法律、司法解释的规定,但是法律、司法解释另有规定的除外",本案中,案涉合同签订时间为2019年7月29日,合同履行限期为1年,原告因在合同履行期间内与被告发生纠纷提起诉讼,故应适用当时的法律和司法解释审理本案。《最高人民法院关于适用〈中华人民共和国合同法〉若干问题的解释(二)》第二十六条规定"合同成立以后客观情况发生了当事人在订立合同时无法预见的、非不可抗力造成的不属于商业风险的重大变化,继续履行合同对于一方当事人明显不公平或者不能实现合同目的,当事人请求人民法院变更或者解除合同,人民法院应当根据公平原则,并结合案件的实际情况确定是否变更或者解除",该法律条文规定了情势变更原则,本案中,当事人在签订案涉协议时并不能预见疫情,且其也不属于商业风险,若继续履行加盟协议明显对原告不公平,符合上述法律规定的情势变更原则,考虑到合同已无法解除的事实,本院变更加盟费为30 000元。关于保险费问题,经查,被告已向保险公司缴纳责任保险,没有证据证明该部分费用保险公司已经退还,故原告要求退还保险费缺乏事实依据。关于装修费、租金问题,原告提供的证据不足以证明实际发生数额,原告主张该项损失缺乏事实依据,且即便原告有相应支出,在本院已变更加盟费前提下,再判令被告承担该损失没有法律依据。

关于焦点三,本院认为:从查明事实看,原告提交的《出行单收据》中均有任某丽签字,且均发生在 2019 年 9 月 18 日之前,原告也提交证据证明上述款项分别转入任艳丽、陈某丽账户,且绝大部分款项转入任某丽账户,因此应当认定《出行单收据》中对应的履约保证金均已实际缴纳,任某丽虽陈述只对转入其账户的保证金认可,但该陈述与其签字确认的事实矛盾,本院以其签字确认为准进行认定。关于已退还原告保证金问题,本院认为:从举证责任角度来说,暂不论任某丽收款行为是否代表被告,从客观事实来看,任某丽收到履约保证金,其应对退还保证金情况提交证据证明,但本案特殊之处在于任某丽现处于羁押之中,无法进一步落实相关情况,且在本院向其询问退还保证金情况时,其也明确表示均通过陈某丽退还,并不记得已退还原告具体数额。基于此事实,本院要求原告提交了陈某丽退还保证金的证据,并向其释明不得作虚假陈述、故意隐瞒退还数额,原告均表示已如实陈述并愿意承担相应法律后果。再加之,被告并未提交证据证明返还保证金数额高于原告主张以及陈某丽作为证人出庭作证时也认可原告主张已退还保证金的事实属实,故本院综合案件情况,以原告提交的证据为准进行认定。

关于焦点四,原告认为:原告虽将履约保证金交付给任某丽,但任某丽交付原告的《出行单收据》中加盖了 1 号专用章或 2 号专用章,且任某丽也是签订案涉加盟协议的业务代表,因此应当视为被告收到了上述款项,但被告并未退还保证金,被告应承担返还义务。被告认为:原、被告签订的加盟协议明确约定了公司对外统一收款账号,但原告并未向约定账号转款,且被告并未实际收到上述款项,上述款项实为任某丽非法吸收的款项,不应由被告承担责任。本院认为:结合双方的意见以及任某丽已被生效判决认定构成非法吸收存款罪的事实,针对该争议焦点,首要解决的问题是本院应否对该项请求进行审理。本院认为:《最高人民法院关于在审理经济纠纷案件中涉及经济犯罪嫌疑若干问题的规定》第三条规定"单位直接负责的主管人员和其他直接责任人员,以该单位的名义对外签订经济合同,将取得的财务部分或者全部占为己有构成犯罪的,除依法追究行为人的刑事责任外,该单位对行为人因签订、履行该经济合同造成的后果,依法应当承担民事责任"。本案中,任某丽以被告名义收款,经查上述款项其均据为己有,因此其是否具有代理权,抑或是否构成表见代理均对被告是否担责具有影响,应当实质审理确定。此外,《全国法院民商事审判工作会议纪要》第 128 条第 1 款第 5 项规定"受害人请求涉嫌刑事范围的行为人之外的其他主体承担民事责任的,民商事案件与刑事案件应当分别审理"。本案中,任某丽虽构成非法吸收存款罪,但此事实与被告应否承担责任是不同事实,按上述规定,本院应当进行审理。关于被告应否承担责任,本院认为:其一,从被告任某丽是否有权收款的角度分析,吴某在公安机关陈述为"任某丽在收取会员的会员费和保证金后并没有按照协议的要求汇到某公司的对公账户,我们公司发现问题后,找任某丽得知她的公司出现资金链断裂问题",可以说明任某丽有权以被告名义对外收款,任某丽违反其与被告之间协议的行为不应成为否认其有权收款的理由。其二,从查明事实看,被告提供收款专用章供任某丽使用,从印章的用途来看,收款专用章当然具有收款的作用,并没有证据证明收款专用章不能对外收取保证金。其三,即便认定任某丽构成无权代理,本院也认定其收款行为构成表见代理。理由如下:一是收款专用章为被告刻制并交由任某丽使用,这无疑具有强大的外观表象;二是收款专用章用于收款事宜,印章之名与印章用途一致,具有匹配性;三是从在案证据体现的时间顺序来看,案涉加盟协议签订时间为 2019 年 7 月 29 日,原告首次向任某丽转账保证金的时间为 2019 年 7 月 29 日 18 时左右,而在 2019 年 8 月 1 日,被告法定代表人吴某仍与原告叶某香等人拍照留念,从时间逻辑以及常理分析,转账如此巨大的旅游保证金,当事人在后续 8 月 1 日见面聊天中一般会涉及,被告若不知情与常理并不相符,进一步说,被告客观上具有放任的心态,更进一步强化了外观表象,构成容忍性表见代理;四是虽然案涉加盟协议约定了被告对外统一收款账户,但在合同履行中更改履行方式并不鲜见,且公司指定个人代公司收款也是常见状态,再结合本案强大的客观表象,不能仅以此认为原告主观上具有过失;五是吴某在公安机关陈述"旅行社不允许收保证金",因此应当将协议约定的统一对外收款账户解释为加盟费以及保险费的收款账户,不能解释为保证金的收款账户。因此,不能据此认定原告主观上具有过失。综上,根据协议"乙方交纳的旅游履约保证金退款方式,在游客抵达旅游目的地后两日内,按公司规定在扣除相关费用后无息退还"之约定,被告应承担退还保证金的合同责任。至于被告承担责任后与任某丽之间的法律关系,被告可另寻法律途径解决。

综上,原告要求解除案涉加盟协议,没有事实依据,本院不予支持。原告要求被告返还加盟费,本院酌情支持 20 000 元。原告要求被告返还履约金,本院支持 470 900 元(498 000 元 –27 100 元)。原告要求被告返

还保险费、赔偿租金、装修等损失,没有事实和法律依据,本院不予支持。依照《最高人民法院关于适用〈中华人民共和国民法典〉时间效力的若干规定》第一条第二款、《中华人民共和国合同法》第一百零七条、《最高人民法院关于适用〈中华人民共和国合同法〉若干问题的解释(二)》第二十六条、《中华人民共和国民事诉讼法》第六十七条之规定,判决如下:

一、被告山东某旅游集团有限公司于本判决生效之日起十日内返还原告叶某香加盟费 20 000 元、保证金 470 900 元,共计 490 900 元;

二、驳回原告叶某香的其他诉讼请求。

如果未按本判决指定的期间履行给付金钱义务,应当依照《中华人民共和国民事诉讼法》第二百六十条规定,加倍支付迟延履行期间的债务利息。

案件受理费 10 185 元,由原告负担 2 354 元,被告负担 7 831 元。

如不服本判决,可以在判决书送达之日起十五日内,向本院递交上诉状,并按照对方当事人或者代表人的人数提出副本,上诉于山东省东营市中级人民法院。

本判决生效后,负有履行义务的当事人应及时足额履行生效法律文书确定的义务。逾期未履行的,应自觉主动前往一审法院申报经常居住地及财产情况,并不得有转移、隐匿、毁损财产及高消费等妨害或逃避执行的行为。本条款即为执行通知暨财产报告条款,违反本条款规定的,本案执行立案后,执行法院可按照法律文书载明的送达地址送达相关法律文书,并可依法对相关当事人采取列为失信名单、限制消费、罚款、拘留等强制措施,构成犯罪的,依法追究刑事责任。

审 判 长 尹庆雷
人民陪审员 王 波
人民陪审员 于 涛

二〇二二年九月十四日

书 记 员 王鲁婷

山东省东营市中级人民法院民事判决书

（2022）鲁 05 民初 40 号

原告:中国某银行股份有限公司青岛分行。

负责人:李某,行长。

委托诉讼代理人:张某,该银行员工。

委托诉讼代理人:李广新,上海锦天城(济南)律师事务所律师。

被告:东营某金属材料有限公司。

诉讼代表人:杨某,该公司管理人负责人。

委托诉讼代理人:韩某,管理人工作人员。

委托诉讼代理人:张某颖,女,管理人工作人员。

拟稿人隋美玲,东营市中级人民法院民二庭副庭长。

　　原告中国某银行股份有限公司青岛分行(以下简称某银行青岛分行)与被告东营某金属材料有限公司(以下简称某公司)普通破产债权确认纠纷一案,本院于 2022 年 5 月 12 日立案后,依法适用普通程序,公开开庭进行了审理。原告某银行青岛分行的委托诉讼代理人张某、李广新,被告某公司的委托诉讼代理人韩某、张某颖到庭参加诉讼。本案现已审理终结。

　　某银行青岛分行向本院提出诉讼请求:(1)确认某银行青岛分行对某公司享有普通破产债权 37 910 620.98 元(其中,生效民事判决中延迟履行期间的债务利息 35 440 119.49 元、银行承兑汇票垫款中的复利 2 470 501.49 元);(2)本案诉讼费用由某公司承担。2022 年 4 月 22 日,东营市中级人民法院召开某公司破产重整案第一次债权人会议,某公司管理人出具的债权确认表中对某银行青岛分行申报的延迟履行期间的债务利息 35 440 119.49 元,以及银行承兑汇票垫款中利息的罚息部分 2 470 501.49 元未予确认。现对上述债权的事实依据说明如下:
一、关于生效民事判决中延迟履行期间的债务利息。某银行青岛分行与某公司等当事人金融借款合同纠纷系列案件,经山东省青岛市中级人民法院审理,分别于 2021 年 2 月 2 日、2 月 2 日、3 月 8 日、3 月 13 日作出(2020)鲁 02 民初 2193 号、2194 号、2195 号、2196 号民事判决书,判决生效日期

分别为 2021 年 2 月 17 日、2 月 17 日、3 月 23 日、3 月 13 日。判决内容包括:"如果未按本判决指定的期间履行给付金钱义务,应当依照《中华人民共和国民事诉讼法》第二百五十三条规定,加倍支付延迟履行期间的债务利息"。上述民事判决书生效后,某公司应在 10 日内偿还债务。因某公司等当事人未履行判决书内容,构成实质违约,某银行青岛分行已申请执行,目前案件均已取得终本裁定。2022 年 1 月 26 日,东营市中级人民法院裁定受理某公司的重整申请,案号为(2022)鲁 05 破申 2 号。某公司除了自身借款外,还是东营方圆有色金属有限公司(以下简称方圆公司)的保证人,某银行青岛分行已按管理人要求分别申报主债权 567 171 810.11元和对方圆公司的担保债权 164 206 756.45 元,其中分别包含延迟履行期间的债务利息 27 787 886.95 元和 7 652 232.54 元,合计金额35 440 119.49 元。根据《最高人民法院关于人民法院受理破产案件前债务人未付款项的滞纳金是否应当确认为破产债权请示的答复》(〔2013〕民二他字第 9 号)明确,人民法院受理破产案件前债务人未付款项的滞纳金应确认为破产债权。某银行青岛分行申报的延迟履行期间的债务利息,系在某公司作为债务人进入破产程序前,由某公司对未清偿债务所承担的清偿责任,应确认为破产债权。根据《全国法院破产审判会议纪要》(以下简称《破产审判会议纪要》)第 28 条规定,破产财产按照企业破产法第一百一十三条规定的顺序清偿后仍有剩余的,可依次用于清偿破产受理前产生的民事惩罚性赔偿金、行政罚款、刑事罚金等惩罚性债权。上述条文适用的范围应当以破产受理前产生的破产债权为限,前提是被认定为破产债权,然后才考虑清偿顺位的问题,亦即劣后债权也属于破产债权范围。某银行青岛分行申报的延迟履行期间的债务利息虽然属于劣后债权,但也应包含在破产债权范围内。二、关于银行承兑汇票垫款中的复利。2019 年 3 月 14 日,某银行青岛分行与某公司签订一份《电子汇票银行承兑协议》(编号:ZH1900000030001),同日,某银行青岛分行开具银行承兑汇票 10 000 万元,出票人为某公司,到期日为 2020 年 3 月 11 日。某公司于出票当日与某银行青岛分行签订《质押合同》(编号:公担质字第 DB1900000021995 号),约定以 10 000 万元存单做质押,担保该笔承兑汇票到期付款。某银行青岛分行依约履行了合同义务,某公司未在银行承兑汇票到期日给予兑付,某银行青岛分行为此垫付票款 10 000 万元。2020 年 7 月 31 日,某公司归还垫款本金 10 000 万元,截至某公司破产重整受理日前,尚欠某银行青岛分行垫款罚息 9 570 501.49 元,其中本金的罚息 710 万元,利息的罚息 2 470 501.49 元。某银行青岛分行向管理人申报了上述债权 9 570 501.49 元,管理人仅确认本金的罚息 710万元,对利息的罚息 2 470 501.49 元未予确认。《电子汇票银行承兑协议》约定,如某公司保证金和存款账户中资金不足以支付到期电子汇票,某银行青岛分行垫付票款后,有权将垫付票款转为某公司的逾期贷款,并有权自垫款发生之日起至某公司完全清偿之日止,对垫付的票款按每日万分之五的利率收取罚息。根据上述协议内容,某银行青岛分行已实际垫付票款,并将垫付票款转为某公司的逾期贷款,有权收取罚息,应将利息的罚息 2 470 501.49 元确认为某银行青岛分行债权。

某公司辩称,某银行青岛分行主张的迟延履行期间的债务利息不属于破产债权,某银行青岛分行与某公司未约定对电子汇票垫款计收复利,某银行青岛分行的诉讼请求没有事实和法律依据,应予驳回。理由如下:一、某银行青岛分行主张的迟延履行期间的债务利息不属于破产债权。1. 最高人民法院《关于审理企业破产案件若干问题的规定》(以下简称《审理破产案件规定》)第五十五条明确规定了破产债权的范围。《审理破产案件规定》第六十一条第一款第二项规定,人民法院受理破产案件后债务人未支付应付款项的滞纳金,包括债务人未执行生效法律文书应当加倍支付的迟延利息和劳动保险金的滞纳金不属于破产债权。《最高人民法院关于适用〈中华人民共和国企业破产法〉若干问题的规定(三)》(以下简称《破产法司法解释三》)第三条规定,破产申请受理后,债务人欠缴款项产生的滞纳金,包括债务人未履行生效法律文书应当加倍支付的迟延利息和劳动保险金的滞纳金,债权人作为破产债权申报的,人民法院不予确认。债务人未履行生效法律文书确定的债务而加倍支付的迟延履行期间的债务利息具有法定性、惩罚性,其目的在于敦促债务人及时履行生效法律文书确定的金钱给付义务。如将该部分利息确定为破产债权,将导致惩罚措施转嫁于其他债权人,有违破产程序公平受偿原则。2.《中华人民共和国企业破产法》(以下简称《企业破产法》)及相关司法解释并未载明有"劣后债权"这一法律术语,这一术语仅被运用于法学理论中。《全国法院破产审判工作会议纪要》(以下简称《破产审判会议纪要》)第二十八条规定,破产财产依照企业破产法第一百一十三条规定的顺序清偿后仍有剩余的,可依次用于清偿破产受理前产生的民事惩罚性赔偿金、行政罚款、刑事罚金等惩罚性债权。迟延履行期间的加倍部分债务利息非基于当事人的约定而产生,而是依据法律规定的强制性措施,是在补偿

债权人损失以外的、具有惩罚性质的款项,属于民事惩罚性赔偿金,系《破产审判会议纪要》规定的惩罚性债权,非破产债权。3.为化解某公司债务风险,最大限度维护全体债权人利益,方圆集团省级金融债委会在2019年12月达成一致意见并形成会议纪要,明确不采取诉讼手段清收债权。自2019年12月某公司风险爆发至东营中院裁定受理某公司进入重整程序以来,多数金融机构债权人遵守金融债委会会议纪要的规定,没有对某公司提起诉讼。某银行青岛分行申报的迟延履行金系未履行法院生效判决而产生的债权,某银行青岛分行作为金融债委会成员之一,未遵守金融债委会会议纪要的规定在2020年提起诉讼,如果将某银行青岛分行主张的迟延履行期间的债务利息确认为破产债权,不仅不符合司法解释的规定,也将使得某银行青岛分行违反金融债委会约定的行为获得司法支持,对其他遵守约定的金融机构债权人显失公平,对金融债委会在企业纾困中发挥积极作用带来负面的示范效应。二、关于银行承兑汇票垫款中的复利。某银行青岛分行与某公司签订的《电子汇票银行承兑协议》(以下简称《承兑协议》)第7条约定,甲方保证金和存款账户中资金不足以支付到期电子汇票,乙方垫付票款后,有权将垫付票款转为甲方的逾期贷款,并有权自垫款发生之日起至甲方完全清偿之日止,对垫付的票款按每日万分之五的利率收取罚息。某公司管理人已确认罚息710万元,对某银行青岛分行主张的复利不予确认,理由如下:(1)双方在《承兑协议》中未约定对罚息计收复利,因此某银行青岛分行无权主张对罚息计收复利。(2)对罚息计收复利不符合法律规定。中国人民银行发布的《人民币利率管理规定》第二十条、第二十五条仅规定了银行对借款人未按时支付的正常利息可以计收复利,对罚息计收复利没有规定。另,案涉《承兑协议》签订于2019年3月14日,应适用《中华人民共和国合同法》(以下简称《合同法》)的规定。《合同法》第四十一条规定,对格式条款的理解发生争议的,应当按照通常理解予以解释。对格式条款有两种以上解释的,应当作出不利于提供格式条款一方的解释。本案中的《承兑协议》是银行一方提供的格式合同,在法律法规和相关金融管理规章没有就罚息应否计算复利作出明确规定的情况下,双方当事人亦没有约定罚息应当计算复利,按照对于格式合同或者格式条款的理解发生争议的解释原则,应作出对某银行青岛分行不利的解释,即《承兑协议》第7条约定的应当计收罚息的计算基数不包括复利。(3)复利和罚息都是对某公司逾期还款行为的惩罚措施。收取罚息已经体现了对某公司逾期还款行为的惩罚,如再计收复利,有违公平和补偿原则。综上所述,某银行青岛分行的诉讼请求缺乏事实和法律依据,应予驳回。

某银行青岛分行围绕诉讼请求依法提交了《民事裁定书》《电子汇票银行承兑协议》《质押合同》、电子银行承兑汇票、还款清单、《民事判决书》《执行裁定书》《债权审查通知书》、送达回证打印件。方圆公司提交了《民事裁定书》《决定书》。双方当事人对上述证据真实性均无异议。本院认为,上述证据内容客观真实,与本案待证事实具有关联性,本院予以确认并在卷佐证。

根据当事人的陈述和经审查确认的证据,本院认定事实如下:

一、关于生效民事判决确认的债权情况

2021 年 2 月 2 日,青岛市中级人民法院作出(2020)鲁 02 民初 2193 号民事判决书,判决某公司自判决生效之日起十日内向某银行青岛分行偿还借款本金 375 032 461.65 元、利息(含利息、罚息和复利)28 715 701.48 元(该利息已计算至 2020 年 10 月 31 日,此后至实际给付之日止的利息、复利、罚息以本金 375 032 461.65 元为基数,按照合同约定的利率进行计算);方圆公司、崔某祥、王某翠对上述债务承担连带清偿责任。该判决于 2021 年 2 月 23 日生效。

2021 年 2 月 26 日,青岛市中级人民法院作出(2020)鲁 02 民初 2196 号民事判决书,判决某公司自判决生效之日起十日内向某银行青岛分行偿还借款本金美元 1 220 万元、利息(含利息、罚息和复利)美元 502 171.95 元(该利息已计算至 2020 年 10 月 31 日,此后至实际给付之日止的利息、复利、罚息按照《流动资金借款合同》的约定进行计算)。方圆公司、崔某祥、王某翠对上述债务承担连带清偿责任。该判决于 2021 年 3 月 24 日生效。

2021 年 2 月 2 日,青岛市中级人民法院作出(2020)鲁 02 民初 2194 号民事判决书,判决方圆公司自判决生效之日起十日内向某银行青岛分行偿还借款本金 33 826 225.52 元、利息(含利息、罚息和复利)2 964 886.16 元(该利息已计算至 2020 年 11 月 11 日,此后至实际给付之日止的利息、复利、罚息以本金 33 826 225.52 元为基数,按照合同约定的利率进行计算)。某公司、崔某祥、王某翠对上述债务承担连带清偿责任。该判决于 2021 年 2 月 23 日生效。

2021 年 3 月 8 日,青岛市中级人民法院作出(2020)鲁 02 民初 2195

号民事判决书,判决方圆公司自判决生效之日起十日内偿还某银行青岛分行借款本金 99 954 271.09 元及利息、罚息、复利(截止到 2020 年 10 月 31 日的利息、罚息、复利为 5 792 017.44 元,自 2020 年 11 月 1 日起至实际给付之日止的利息、罚息、复利按照《流动资金借款合同》《借款展期协议》的约定计算);天圆公司对借款本金 99 954 271.09 元及计算至 2017 年 1 月 23 日的利息、罚息、复利承担连带清偿责任,某银行青岛分行就享有的该保证债权在天圆公司的破产程序中申报处理;大海集团对借款本金 99 954 271.09 及计算至 2018 年 11 月 26 日的利息、罚息、复利承担连带清偿责任,某银行青岛分行就享有的该保证债权在大海集团的破产程序中申报处理;某公司对上述债务在最高本金余额 19 亿元及相应利息、罚息、复利、实现债权和担保权利的费用的范围内承担连带清偿责任;崔某祥、王某翠对上述债务在最高本金余额 14 亿元及相应的利息、罚息、复利、实现债权和担保权利费用的范围内承担连带清偿责任。该判决于 2021 年 3 月 28 日生效。

上述民事判决均载明,如果未按判决指定的期间履行给付金钱义务,应当依照《中华人民共和国民事诉讼法》第二百六十条规定,加倍支付迟延履行期间的债务利息。

某银行青岛分行庭审中将其主张的生效民事判决迟延履行期间的加倍债务利息变更为 34 815 092.87 元,并明确了计算方式。其中,(2020)鲁 02 民初 2194 号民事判决书项下的加倍债务利息为 2 098 932.92 元,(2020)鲁 02 民初 2195 号民事判决书项下的加倍债务利息为 5 422 140.94 元,(2020)鲁 02 民初 2193 号民事判决书项下的加倍债务利息为 23 104 488.64 元,(2020)鲁 02 民初 2196 号民事判决书项下的加倍债务利息为 4 189 530.37 元。上述四笔加倍债务利息中的计算基数均为相应判决书判项中的本金 + 已算明的利息。

某公司认为,根据《最高人民法院关于执行程序中计算迟延履行期间的债务利息适用法律若干问题的解释》第一条规定,加倍部分债务利息的计算方法为:债务人尚未清偿的生效法律文书确定的除一般债务利息之外的金钱债务 × 日万分之一点七五 × 迟延履行期间,因此计算基数应为生效判决确认的本金,计算基数不应当包含利息。

二、关于涉案《电子汇票银行承兑协议》《质押合同》的签订履行情况

2019 年 3 月 14 日,某银行青岛分行与某公司签订《电子汇票银行承兑协议》(编号 ZH1900000030001),约定某公司向某银行青岛分行申请办理电子汇票承兑,某银行青岛分行同意承兑以某公司为出票人的电子汇票 3 张,票面金额共计 10 000 万元。某公司保证金和存款账户中资金不足以支付到期电子汇票,某银行青岛分行垫付票款后,有权将垫付票款转为某公司的逾期贷款,并有权自垫款发生之日起至某公司完全清偿之日止,对垫付的票款按每日万分之五的利率收取罚息。同日,某公司与某银行青岛分行签订编号为公担质字第 DB1900000021995 号《质押合同》,约定某公司以存单为上述《电子汇票银行承兑协议》提供质押担保,存单号码为 00042512,存单金额为 10 000 万元,质押担保的范围为主债权本金及其利息、罚息、复利、违约金、损害赔偿金、质押财产的保管费用、实现担保权利和债权的费用。上述协议签订后,某银行青岛分行按约为某公司开具了 3 张电子银行承兑汇票,电子汇票号码分别为:130545207465520190314360946141,130545207465520190314360946109,130545207465520190314360946133,票面金额分别为 4 000 万元、3 000 万元、3 000 万元,出票日期均为 2019 年 3 月 14 日,到期日期均为 2020 年 3 月 11 日。

上述电子银行承兑汇票于 2020 年 3 月 11 日到期后,某公司因涉诉导致其质押的存单中的款项被法院冻结,某银行青岛分行为某公司垫付票款 10 000 万元。2020 年 7 月 31 日,某银行青岛分行实现了质押存单的质押权,因涉案质押存单项下款项产生的利息偿还了某公司的其他债务,某公司未向某银行青岛分行偿还垫付款项的罚息。

某银行青岛分行向某公司管理人申报涉案电子银行承兑汇票垫付款产生的罚息 9 570 501.49 元,其中对本金的罚息 710 万元(计算方式:以垫付本金为基数,按日万分之五自 2020 年 3 月 11 日计算至 2020 年 7 月 31 日),某公司管理人予以确认;对利息的罚息 2 470 501.49 元(计算方式:以未付罚息为基数,自 2020 年 3 月 11 日起至 2020 年 7 月 31 日止按日万分之五按月计收),某公司管理人未予确认。

三、某公司重整的有关事实

2022 年 1 月 26 日,本院作出(2022)鲁 05 破申 2 号民事裁定书和(2022)鲁 05 破 2 号决定书,裁定受理对某公司的重整申请,并指定北京市君合律师事务所担任某公司管理人,杨某为管理人负责人。

2022 年 6 月 9 日,本院作出(2022)鲁 05 破 1-20 号民事裁定书,裁

定方圆公司、某公司等 20 家公司实质合并重整。

本院认为：某银行青岛分行要求确认其向某公司管理人申报的 37 910 620.98 元为普通破产债权，其中，法院受理某公司破产申请前涉案四份民事判决项下迟延履行期间应当加倍支付的债务利息 35 440 119.49 元（庭审中变更为 34 815 092.87 元），涉案银行承兑汇票垫款中的复利 2 470 501.49 元。本院对两部分债权分析如下：

1. 关于破产案件受理前生效民事判决确定的迟延履行期间的加倍部分债务利息。本院认为，其一，《中华人民共和国民事诉讼法》设置迟延履行金的目的是对迟延履行行为和妨碍民事诉讼行为的制裁和惩罚，敦促被执行人自觉履行判决、裁定等法律文书所确定的义务，并警戒其他人不再发生类似的违法行为。因此，从债权性质角度讲，迟延履行期间的加倍部分债务利息属于民事惩罚性债权。《最高人民法院关于执行程序中计算延迟履行期间的债务利息适用法律若干问题的解释》（法释〔2014〕8 号）第四条"被执行人的财产不足以清偿全部债务的，应当先清偿生效法律文书确定的金钱债务，再清偿加倍部分债务利息，但当事人对清偿顺序另有约定的除外"的规定体现的即是补偿性债权优先于惩罚性债权的原则。当破产财产不足以清偿全部债务时，也应贯彻这一原则。其二，债务人进入破产程序后，通常都已经资不抵债，若将惩罚性债权作为普通债权向债权人进行清偿，会使全体债权人本应分得的清偿财产减少，该惩罚行为实际处罚的将是无辜的债权人，而非违法的债务人。其三，《破产法司法解释三》第三条规定，破产申请受理后，对于债务人欠缴款项产生的滞纳金，包括债务人未履行生效法律文书应当加倍支付的迟延利息和劳动保险金的滞纳金，债权人作为破产债权申报的，人民法院不予确认。但上述司法解释中并没有直接涉及破产申请受理前的应当加倍支付的迟延利息的认定及清偿顺位问题。而根据《破产审判会议纪要》第 28 条规定，对于法律没有明确规定清偿顺序的债权，人民法院可以按照人身损害赔偿债权优先于财产性债权、私法债权优先于公法债权、补偿性债权优先于惩罚性债权的原则合理确定清偿顺序。因债务人侵权行为造成的人身损害赔偿，可以参照企业破产法第一百一十三条第一款第一项规定的顺序清偿，但其中涉及的惩罚性赔偿除外。破产财产依照企业破产法第一百一十三条规定的顺序清偿后仍有剩余的，可依次用于清偿破产受理前产生的民事惩罚性赔偿金、行政罚款、刑事罚金等惩罚性债权。因此，为维护全体债权人公平受偿，避免处罚对象的不当转移行为，结合《全国法院破产审判工作会议纪要》第28条的会议精神,破产申请受理前应当加倍支付的迟延利息属于破产债权中的劣后债权,在债务人财产全额清偿所有普通破产债权后仍有剩余时,才可按照比例获得清偿。某银行青岛分行主张将破产申请受理前迟延履行期间的加倍部分债务利息确认为普通破产债权,本院不予支持。

2. 关于涉案银行承兑汇票垫款中的复利。本院认为,涉案《电子汇票银行承兑协议》约定,某公司保证金和存款账户中资金不足以支付到期电子汇票,某银行青岛分行垫付票款后,有权将垫付票款转为某公司的逾期贷款,并有权自垫款发生之日起至某公司完全清偿之日止,对垫付的票款按每日万分之五的利率收取罚息。根据上述约定,某银行青岛分行仅有权就垫付的票款按每日万分之五收取罚息,其主张对垫款的利息亦根据每日万分之五收取罚息,实为复利,没有合同依据,某公司管理人对某银行青岛分行主张的利息的罚息未予确认正确,本院对某银行青岛分行的该项诉讼请求不予支持。

综上,依照《中华人民共和国合同法》第八条,《最高人民法院关于适用〈中华人民共和国企业破产法〉若干问题的规定(三)》第三条,《中华人民共和国民事诉讼法》第六十七条之规定,判决如下:

驳回原告中国某银行股份有限公司青岛分行的诉讼请求。

案件受理费231 353元,由原告中国某银行股份有限公司青岛分行负担。

如不服本判决,可以在判决书送达之日起十五日内,向本院递交上诉状,并按照对方当事人或者代表人的人数提出副本,上诉于山东省高级人民法院;也可以在判决书送达之日起十五日内,向山东省高级人民法院在线提交上诉状。

审 判 长　隋美玲

审 判 员　乔良艳

审 判 员　张世柱

二〇二二年十月二十一日

法官助理　王玉凤

书 记 员　屈梦蔚

山东省广饶县人民法院行政判决书

（2022）鲁 0523 行初 11 号

拟稿人张玉英,东营市广饶县人民法院综合审判庭员额法官。

原告:张某才。

委托代理人:马传贞,北京正山律师事务所律师。

被告:广饶县张某海办事处。

法定代表人:李某辉,主任。

出庭负责人:张某海,广饶县张某海办事处科技副主任。

委托代理人:燕林广,山东高格律师事务所律师。

委托代理人:燕子鹏,山东高格律师事务所实习律师。

原告张某才因被告广饶县张某海办事处不履行责令广饶县某街道张某村村民委员会限期公开村务的职责,于 2022 年 3 月 14 日向本院提起行政诉讼。本院于同日立案后,依法向被告送达起诉状副本及应诉通知书。本院依法组成合议庭,于 2022 年 4 月 1 日公开开庭审理了本案。原告委托代理人马传贞,被告科技副主任张某海及被告委托代理人燕林广、燕子鹏到庭参加诉讼,本案现已审理终结。

原告张某才诉称,原告系广饶县某街道张某村村民,属于本村集体经济组织成员,有权向村民委员会申请村务公开。根据《村民委员会组织法》第三十条的规定,原告于 2021 年 8 月 10 日通过 EMS 向张某村村民委员会邮寄了《村务公开申请书》,申请公开:(1) 广饶县某街道张某村房屋搬迁改造工程土地征收安置补偿费的分配方式及到位情况;(2) 广饶县某街道张某村房屋搬迁改造工程未承包的农村集体所有的土地征收补偿安置费的分配、使用方案;(3) 张某村自 2015 年至今村民会议、全体村民大会召开情况。该邮件于 2021 年 9 月 1 日妥投。根据法律规定,张某村村民委员会应当于 2021 年 11 月 1 日前予以答复,但是张某村村民委员会一直没有回复原告,原告遂于 2021 年 11 月 18 日通过 EMS 向被告邮寄了《责令村委会限期公开村务申请书》,被告于 2021 年 11 月 26 日签收该邮件。根据法律规定,被告应当在收到该邮件60日内作出答复,但是时至今日被告仍然没有做任何答复。被告的行为严重违反法律规定、严重侵害了原告的合法权利,应当依法确认其违法,并责令其限期履行职责。为维护原告合法权益,请求确认被告广饶县张某海办事处超期不履行责令张某村村民委员会限期公开村务的行为违法;判决被告广饶县张某海办事处限期履行职责;诉讼费用由被告承担。

原告向本院提交了以下证据:

1. 身份证复印件一份。拟证明原告的主体资格。

2. 《责令村委会限期公开村务申请书》及邮寄单据各一份。

3. 中国邮政速递物流详情一份。

原告拟以证据2和3证明被告于2021年11月26日签收了原告邮寄的责令村委会限期公开村务申请书,未在法定期限内作出答复。

被告广饶县张某海办事处辩称,被告于2021年11月26日收到原告张某才邮寄的《责令村委会限期公开村务申请书》。张某海办事处副书记宋某刚于次日签署意见,安排分管综治的副主任张某海和管区书记成某干落实。随后管区书记成某干找到原告所在村的村委主任汪某卿向其告知张某才邮寄《责令村委会限期公开村务申请书》的事实,要求村民委员会向其公开相关内容。被告已按照《村民委员会组织法》第三十一条的规定,履行了法定职责。综上,被告不存在不履行法定职责的事实,请求依法驳回原告的诉讼请求。

被告向本院提交了以下证据和依据:

1. 文件批办传阅单一份。拟证明被告收到原告邮寄的申请书后,随即安排相关人员具体落实原告的申请事项。

2. 情况说明一份。拟证明管区书记成某干向张某村村委主任汪某卿说明了张某才向被告邮寄《责令村委会限期公开村务申请书》的事实,并要求张某村村民委员会向张某才公开其要求的公开事项。

经庭审质证,本院对原、被告提交的证据认证如下:原告提交的证据1~3,能够反映案件真实情况、与待证事实相关联、来源和形式符合法律规定,本院予以采纳。被告提交的证据1与2之间能够相互印证或能够与本院采纳的证据相互印证的内容,本院予以确认。

经审理查明,原告张某才系广饶县某街道张某村村民。2021年8月31日,原告向广饶县某街道张某村村民委员会邮寄了《村务公开申请

书》,申请公开"(1)广饶县某街道张某村房屋搬迁改造工程土地征收安置补偿费的分配方式及到位情况;(2)广饶县某街道张某村房屋搬迁改造工程未承包的农村集体所有的土地征收补偿安置费的分配、使用方案;(3)张某村自 2015 年至今村民会议、全体村民大会召开情况"。2021 年 9 月 8 日,广饶县某街道张某村村民委员会收到申请后,对原告的申请未予答复。原告遂于 2021 年 11 月 18 日向被告邮寄《责令村委会限期公开村务申请书》,请求"责令张某村村委会限期公开于 2021 年 8 月 31 日申请公开的事项,并追究相关违法人员的法律责任"。被告于 2021 年 11 月 26 日签收上述申请书后,未依法履行相关职责,原告遂提起诉讼。

《中华人民共和国村民委员会组织法》第三十条规定:"村民委员会实行村务公开制度。村民委员会应当及时公开下列事项,接受村民的监督:……(五)涉及本村村民利益,村民普遍关心的其他事项。前款规定事项中,一般事项至少每季度公布一次;集体财务往来较多的,财务收支情况应当每月公布一次;涉及村民利益的重大事项应当随时公布。"第三十一条规定:"村民委员会不及时公布应当公布的事项或者公布的事项不真实的,村民有权向乡、民族乡、镇的人民政府或者县级人民政府及其有关主管部门反映,有关人民政府或者主管部门应当负责调查核实,责令依法公布;经查证确有违法行为的,有关人员应当依法承担责任。"本案中,原告作为广饶县某街道张某村的村民,有权向该村村民委员会申请村务公开。广饶县某街道张某村村民委员会对原告申请公开的事项未予公开,被告收到原告的《责令村委会限期公开村务申请书》后,应当负责调查核实后依法作出处理,但是被告未依法履行相关职责,构成违法,故原告要求被告履行法定职责的诉讼请求,理由正当,本院予以支持。被告虽主张其已按照《中华人民共和国村民委员会组织法》第三十一条的规定履行了法定职责,但现有证据不足以证明上述主张,本院不予支持。综上,依照《中华人民共和国行政诉讼法》第七十二条的规定,判决如下:

责令被告广饶县张某海办事处于本判决生效之日起六十日内对原告张某才于 2021 年 11 月 18 日提出的《责令村委会限期公开村务申请书》作出处理。

案件受理费 50 元,由被告广饶县张某海办事处负担。

如不服本判决,可以在判决书送达之日起十五日内向本院递交上诉状,并按对方当事人的人数提出副本,上诉于山东省东营市中级人民法院;也可以在判决书送达之日起十五日内,向山东省东营市中级人民法院在线提交上诉状。

审　判　长　张玉英
人民陪审员　刘新元
人民陪审员　范红宇

二〇二二年四月六日

法 官 助 理　徐文文
书 记 员 房　姗

练好法律人的基本功

——如何高效精准进行案例检索

◇ 王晓雨

王晓雨,东营市中级人民法院民二庭法官助理。

案例检索是法律人公认的一项必要技能。在审判实务中,案例检索对于案件审理时适用法律的统一具有重要意义。2020年7月15日,最高人民法院印发《关于统一法律适用加强案例检索的指导意见(试行)》,明确了通过健全完善案例检索机制,让在先案例成为法官作出裁判的参考。作为员额法官的重要助手,法官助理在辅助办案过程中熟练运用案例检索,能让办案效率显著提升。

一、为什么进行案例检索

(一)正确看待案例检索的必要性

从审判义务的角度来看,进入21世纪来,案例检索成为我国法官案件审理的"必备技能"。最高人民法院相继颁布了《最高人民法院关于案例指导工作的规定》《最高人民法院关于案例指导工作的规定的实施细则》《最高人民法院关于统一法律适用加强案例检索的指导意见(试行)》《最高人民法院关于完善统一法律适用标准工作机制的意见》等司法政策规范性文件,均明确了以下案件的案例检索义务:

(1)符合以下性质的"四类案件":重大、疑难、复杂、敏感的;涉及群体性纠纷或者引发社会广泛关注,可能影响社会稳定的;与本院或者上级人民法院的案例裁判可能发生冲突的;有关单位或者个人反映法官有违法审判行为的。

(2)拟提交专业法官会议或审判委员会的案件。

(3)缺乏明确而统一裁判规则或者尚未形成统一裁判规则的。

(4)院庭长根据审判监督管理权限要求案例检索的案件。

因此,法官在审理上述案件时,就必然被赋予了相应的案例检索义务。

（二）确保裁判尺度要统一，当事人关切要回应

在审判实践中，确实存在个案之间法律适用不统一的情况。2022年在某省法院审结的申请再审案件中，当事人以"同案不同判"作为申请再审理由的有200多件，这反映了当事人对"同案同判"的高度关注。而提倡案例检索，能促进裁判尺度的统一，也能更好地维护司法公信力。

（三）法官办案有需要，助理水平借此能提高

即便是经验丰富的法官，也会遇到拿不准的案件。这时法官助理发挥主观能动性，通过案例检索查找参考案例，既能有效帮助法官保证案件质量，又能很好地自我提升。

二、如何进行案例检索

（一）检索平台的选择

笔者使用比较多的检索平台主要有两个：一个是裁判文书网，另一个是法信平台。这两个平台可用单一检索和高级检索。案例单一检索有三种方式：① 关键词检索，即找到需要检索案件所包含的关键词，这就需要检索者在事实认定、法律适用方面具有一定的归纳总结能力和敏锐的审判识别能力；② 法条关联检索，这是从法条共同性出发，基于待决案件与已决案件采用相同的法律规定，并且根据审判经验预判能够适用该法律规定；③ 案例关联检索，需要被检索案例具有一定知名度，无论是在效力等级还是知名度上均为法官所熟知，这时可以在该案例基础上进行搜索。在这三种检索方式中，关键词检索系基础的检索方式，法条关联检索、案例关联检索系辅助方式。

另外，法院办案系统中的"案件关联"功能可以把当事人在本院的所有案件一键检索出来，这实际上也是一个案例检索的渠道，像房屋买卖、劳动争议、信用卡合同纠纷等案件，就很有可能存在关联案件。在内网上的"山东法院精准化案例规则库"值得多关注一下。

一些社会公益的案例数据库平台也值得重视，如1999年北京大学法学院牵头开发的全国首家司法案例检索数据库"北大法宝"（http://www.pkulaw.com）。这一社会平台的数据库亦提供了多元、全面的检索工具与检索类别，可与中国裁判文书网、法信平台相互比较检索方法，满足不同检索群体的需要。

除此之外，随着自媒体的发展，很多公众号也开始研究案例，可以关注一些高质量的、有权威性且认证度较高的公众号（如最高人民法院司法

案例研究、中国上海司法智库等），不仅方便学习，也可以作为一个检索渠道的补充。

（二）关键词的选取

既然是检索，就要首先讲一下检索用的"关键词"。如何选取关键词呢？熟悉案情是前提，尽量用"词"不用"句"，选词既要"准"又要"全"，适用法条要兼顾。

（1）熟悉案情是前提。在辅助办案时，笔者的习惯是先看一审文书，熟悉案件事实及争议焦点；然后看上诉状，看当事人上诉所依据的事实和理由，再有针对性地查阅一审卷宗。笔者觉得这个顺序效率比较高，同时对于是否需要案例检索也可以做到心中有数。

（2）尽量用"词"不用"句"。顾名思义，如果用一句话作为关键词进行检索，系统会优先去查找包含这一完整语句的案例，这样一来过于精准，反而检索不出理想的结果。

（3）选词既要"准"又要"全"。就是我们要选择最能代表案件核心情况的词来进行检索。

（4）适用法条要兼顾。就是我们可以将案件适用的法律条文作为检索关键词。

比如，对于公司法定代表人越权担保案件，我们在检索过程中就可以从案情事实中提取"担保、法定代表人、股东会决议"，从诉讼请求中提取"公司承担担保责任"，从法律条文中提取"公司法第十六条"等关键词，组合起来进行检索。

（三）类案范围的确定

从地域上看，主要检索最高人民法院发布的指导性案例、典型案例及裁判生效的案件，各高级人民法院发布的参考性案例及裁判生效的案件，上一级人民法院及本院裁判生效的案件。

从时间上看，除指导性案例以外，优先检索近三年的案例或者案件；已经在前一顺位中检索到案例的，可以不再进行检索。

三、案例如何用

第一，可以用检索报告辅助汇报案件。为了更好地呈现案例情况，我们可以形成一份案例检索报告。在法信平台先将案例检索出来，从中确定合适的并选择"加入检索报告"，系统就会自动生成一份案例检索报告，包括各个案例的案件名称、案情特征、争议焦点、案例裁判要点等都会列表呈现,进行案件汇报时与我们案件的情况一一对比,可以一目了然,得出的裁判结果也就更有说服力。

第二,关于不同观点案例的处理。在检索案例时,一些案件有时会有不同甚至相反的裁判结果,这就需要我们反复检索,充分考量,确定最佳参考案例。

第三,要重视当事人提交的案例。根据最高人民法院颁布的相关指导意见,对于当事人提交指导性案例的,应当在文书说理部分回应是否参照并说明理由。对于提交其他案例的,可以通过释明的方式回应。

法官助理
经验谈

二审文书撰写的术与道

◇ 张树欣

张树欣,东营市中级人民法院研究室副主任。

二审文书承载着当事人权利义务争议的解决之道,具有至关重要的作用。我结合审判辅助工作经验,以文书结构为架构,从二审文书撰写角度和大家分享一下我的工作方法和体悟。

一、当事人信息部分

1. 根据《人民法院民事裁判文书制作规范》(法〔2016〕221号)当事人的基本情况第2及第4项可知,公民身份号码、统一社会信用代码不是必须列明项。当前的文书有的列明了这两项,有的不列明。如果列明,要注意不必加冒号,直接跟写数字即可。还要注意信息核对,尤其要区分数字0和字母O。

2. 当事人信息应和提交的材料进行核对,不要和一审文书中的信息进行核对,避免二次出错。

3. 有些案件到了二审,当事人会更换诉讼代理人,这个时候要特别注意对代理手续是否齐备进行梳理。

4. 当事人公司名称过长且多次出现,可以用简称。首先,最好与一审文书中的简称一致,避免后期修改的麻烦;其次,公司全称后加括号,"以下简称"的后面直接写明简称,不必加冒号和双引号;最后,公司简称规则要一致,比如统一用地域 + 名称 + 公司或者地域 + 行业 + 公司,要体现出一定特点。

5. 注意区分二审是独任审理还是合议庭审理。

二、上诉请求和答辩意见部分

这一部分是法官助理主观能动性最强的部分,大部分上诉意见和答辩意见需要处理。为了尽快掌握当事人的逻辑,建议先通读上诉意见和答辩意见,这个过程要明确传达内容,厘清相关层次,同时对重复出现的语句和无关的语句进行标注,便于之后删除。

1.叙述方面需要注意四点:(1)注意法言法语的转换。如当事人说不符合"证据三性",就需要改成不符合证据的合法性、客观性和关联性。(2)注意内容的精简。如上诉请求部分,一般当事人会写请求二审法院依法撤销××法院(2023)鲁××民初××号判决书,这里可以简写为撤销一审判决,对于多次重复出现的内容只保留一次即可。(3)善于概括归纳。对于表述啰唆的句子在保留原意的基础上进行精简;将问句、感叹句等包含感情色彩的句式转换为陈述句(比如"他哪来这么多钱?他拿这些钱干什么了?"就可以改成对款项来源和用途存疑);一些抒发感慨、无实际意义的句子不要写入文书。(4)拿不准的内容尽量保留,因为删减比增加更容易。

2.数字如果是四位以上,就要每三位加一个分节符。如果是四位的整数,比如1234,可以不用加分节符。文书中的年份不能用简写,比如2023年不能写成23年。

3.如果出现了甲方、乙方,为清楚表述,用真实的名称代替。

4."案涉"和"涉案"这两个词在意义上没有什么区别,一般民事用"案涉",刑事用"涉案"。我检索了一下最高法的民事文书,"案涉"用得比较普遍。全文要做到统一。

5.对于未到庭的当事人,在最后也要注明×××未做陈述。用系统自动生成文书的时候没有这部分,可能会出现遗漏。

三、一审文书部分

1.把"本院"改为"一审法院",这里避免使用"原审法院",一是体现审级,二是避免歧义。

2.还要注意检查一审文书中是否有下列错误:(1)错别字;(2)不规范标点符号;(3)标号的顺序有误;(4)如果在前半部分增加了法律简称,一审文书法律名称也应该相应简写。

四、二审文书部分

有时候,我们要协助法官起草文书,这就需要对全案有清晰的把握和认知。我的工作流程一般是:(1)梳理一审文书。明确诉求,将原告和被告的观点与理由分条列明,从而明确争议点和矛盾点,再对一审查明事实部分进行梳理。(2)对照卷宗梳理一审庭审笔录。我习惯先把一审庭审

笔录打印出来,然后将证据带入,将对证明案件事实有用的证据记下标号和简要内容,这样就对案件建立起大概的了解。现在很多当事人会提交大量的微信聊天记录,信息量很大,但是很有必要全面审查。比如有一个案件涉及投标主体认定,一方当事人主张不是他投的标,投标的另有他人,但是通过梳理微信聊天记录我发现他自己曾经承认过投标案涉项目,一审虽然认定他是投标主体,但是忽视了这一非常有说服力的证据。(3)看一审"本院认为"部分,了解一审论证角度和层次。(4)形成自己的观点和说理体系,对上诉理由尽量做到一一回应。

1. 为了形成内心确信可以主动搜集材料。比如,之前有个买卖合同案件,卖方主张因为车辆正常年检,所以案涉车辆大架号与登记一致。我就向东营的几个审车机构打电话咨询,发现审车并不这么细致,即使不一致也有办法过审。因此过审就不能作为证明案涉车辆大架号与登记一致的足够充分理由。再比如,生产商以食品生产许可证许可项目中有"饮料",主张其具有案涉商品"固体饮料"的生产资质,而消费者主张"饮料"不等同于"固体饮料",其不具有生产资质。我打电话给市场监督管理局咨询这个问题,管理局说具体要看许可明细,我就找到生产商所在的省级市场监督管理局网站,查询到了其生产许可明细。

2. 自动文书生成系统生成的模板若没有"二审查明的事实与一审判决认定的一致,本院予以确认"这句话,则需要我们手动补充,这个地方容易遗漏。

3. 在理由部分需要援引法律时,必须写明条文的具体内容,引用法律条款中项的序号一律不加括号,序号的写法要与相关法律条文一致。

五、法官助理行文应注意事项

作为法官助理,需要从两个层面更好地助力法官工作:一是助力法官高效工作;二是让自己快速成长。

从第一个层面看,应做到两点:一是尊重法官的行文习惯。比如,二审中当事人争议的焦点问题和本案争议的焦点问题并无本质区别,这种情况下尽可能以法官惯常的方式去写,即去适应法官。我的做法是把自己写的文书和法官改后的文书都打印出来,两份对照,看法官修改了哪些地方,这些修改的地方是如何表述的,然后记下来,慢慢就会摸清规律。二是高效工作。可以建立自己的文书检索库:① 按案由根据其特殊情况进行标注。比如,对金融借款合同案件,涉及律师费承担(2021 民初 5 号)、借款人破产(2020民初712号)、配偶签署保证人声明(2021民初22号)等。② 对特殊事项进行标注。比如,该案有证人出庭作证、曾外出调查取证、改判……这样在遇到相似情形的时候能很快找到模板。

从第二个层面看,应做到两点:一是要以法官的标准要求自己。不管是否需要法官助理写"本院认为"部分,我们都可以尝试着撰写,然后与法官最后的文书做对照,从而不断校正思考的角度、提升文字表达能力、扩充法律知识面,只有这样才能快速成长,工作面才会变广。开始时我也是只写"本院认为"之前的部分,慢慢地开始写简单案件的,再渐渐地能够接触到复杂一些的案件。二是要以点带面善于总结。我所在庭室接触的案由较为固定,最好能对同类案由案件进行分析总结,比如惯常需要提交的证据、证据证明力的认定、通常争议的焦点、高频使用的法条、对相关事实的论述和认定标准……这样,才能对某类案件有较为清晰的把握,为更好地撰写文书打下基础。

有人把标点符号比作法治大厦的沙子,但沙子也会有眯人眼睛的风险。因此,我对法律文书中常见的标点误用情形进行了整理,供大家参考。

1. 错误:《中华人民共和国民法典》(以下简称《民法典》或"民法典")

正确:《中华人民共和国民法典》(以下简称民法典)

注:法律简称不加标点符号。

2. 错误:《最高人民法院关于适用〈中华人民共和国民法典〉总则编若干问题的解释》(法释【2022】6号)或(法释[2022]6号)或(法释(2022)6号)

正确:《最高人民法院关于适用〈中华人民共和国民法典〉总则编若干问题的解释》(法释〔2022〕6号)

注:发文年号放在六角括号内。

3. 错误:根据《中华人民共和国民法典》第一百五十二条第一款第(二)项

正确:根据《中华人民共和国民法典》第一百五十二条第一款第二项

注:引用法律条文项的序号不加括号。

4. 错误:最高人民法院《关于审理民间借贷案件适用法律若干问题的规定》

正确:《最高人民法院关于审理民间借贷案件适用法律若干问题的

规定》

注：发文机关要放在文件名称里。

5. 错误：住东营市东营区辉煌小区 5—1—302 室

错误：2023 年 1 月 5 日‐10 日

正确：住东营市东营区辉煌小区 5‐1‐302 室

正确：2023 年 1 月 5 日—10 日

注：表示门牌号码用短横线，表示时间、地域起止用一线

6. 错误：第一、 其一、 一， 1.

正确：第一， 其一， 一、 1.

注：第、其开头的序数词后面用逗号，不带括号汉字做序数词时后面用顿号，阿拉伯数字做序数词时后面用点号。

7. 错误：《中华人民共和国民法典》第一百二十一条规定，"没有法定的或者约定的义务，为避免他人利益受损失而进行管理的人，有权请求受益人偿还由此支出的必要费用。"

错误：《中华人民共和国民法典》第一百二十一条规定："没有法定的或者约定的义务，为避免他人利益受损失而进行管理的人，有权请求受益人偿还由此支出的必要费用"。

正确：《中华人民共和国民法典》第一百二十一条规定："没有法定的或者约定的义务，为避免他人利益受损失而进行管理的人，有权请求受益人偿还由此支出的必要费用。"

注：如果引用法条原文，用冒号引出，内容要加引号，句号在引号内；如果法条系自己表述，则用逗号引出。

8. 错误：当事人提交《销售合同》、《收据》、《出库单》、《收货单》

正确：当事人提交《销售合同》《收据》《出库单》《收货单》

注：书名号之间不加顿号。

法官说

（翁秀明，东营市中级人民法院民三庭庭长）

作为中级人民法院的法官，我们都阅读过很多一审法院的裁判文书，自己也写过很多一、二审文书，学习过很多优秀的裁判文书，也参加过不同级别的优秀裁判文书评选。如果问什么是理想的裁判文书，那么从感性角度出发,一定是读下来一气呵成的裁判文书。这种一气呵成,建立在裁判文书事实讲得清、法律用得准、逻辑清晰、文字规范的基础上。现从法官的视角分享一些对裁判文书制作的理解与思考。

1. 事实讲得清,就是把当事人之间的事实写清楚。裁判文书事实是否讲得清,不在于篇幅长短。如果不加区分,所有细枝末节都在里边,反而会冲淡基本事实和争议事实。而如果追求篇幅短,那么也不能省略说理需要用到的事实,包括细枝末节的事实。我们认为,需要重视与争议相关的细节事实,特别是在二审裁判文书中当事人的争议比一审更集中,更应当重视对细节事实的把握。有时候,基础事实的认定靠的就是细枝末节。有争议的细节和无争议的细节,只要与说理和裁判相关的,都要写出来。

2. 法律用得准,本意是要正确适用法律,别用错了法。法律适用错误的情形比较常见。这里我想强调的一个问题是,裁判文书得写明适用的法律。因为裁判文书得依据法律说理,不然就成了自说自话。我们曾经见过一些文书,在"本院认为"部分见不到任何关于法律依据的表述,一审文书要求在裁判主文表述前引用实体法,即在这个地方可以找到裁判的法律依据;而二审裁判文书在裁判主文前可以只引用程序性的法律规定,但如果说理部分也不表明适用的法律,那读者真不清楚案件裁判的依据是什么了。

3. 逻辑清晰是一个容易被忽视的问题。裁判文书的逻辑好坏不是二审、再审评价的问题,但是很容易影响裁判文书整体的效果。裁判文书的逻辑既体现在事实认定上,也体现在说理问题上,还体现在当事人的诉求与事实、说理的对应上。在事实部分,有时候按照时间顺序写,有时候按照有无争议写,逻辑层次比较好把握。在"本院认为"部分,如果争议焦点归纳得比较准确并逐个进行分析,自然而然地就会形成一个说理的逻辑。这个地方容易出现的问题是,争议焦点归纳得比较粗略,而一个争议焦点内又有若干个问题,这个时候也需要把握好逻辑层次。最常见的问题是当事人诉求抗辩与事实说理不对应,自说自话。

4. 文字规范问题很重要,即便是事实认定、法律适用、逻辑结构都无可挑剔的裁判文书,一旦出现文字差错、排版混乱、标点遗漏等问题,文书的质量也会大打折扣。

关于案例分析撰写的几点思考

◇ 张洋洋

张洋洋，东营市中级人民法院审管办法官助理。

2023 年 3 月，中共中央办公厅印发《关于在全党大兴调查研究的工作方案》，提出在全党大兴调查研究。最高人民法院张军院长要求，要把理论和实际联系起来，围绕"公正与效率"这一主题，在全国法院大兴调查研究。案例分析作为法院调研工作中的一部分，是审判工作的延伸，也是法官助理必备的技能之一。

一、学会在审判中发现问题

问题是研究的灵魂，发现并提出一个好的问题比解决它还要有意义。所有研究的第一步都是明确研究目和研究意义。每个法官经手的案例成百上千，只有展现出的裁判规则具有典型性、新颖性、疑难性、正确性、指导性、可参考性中的一项或多项，对立法、司法解释、司法政策、审判实践具有参考价值，比如新类型、涉新法、涉社会热点、修正原有裁判规则的案例，才有撰写案例分析的价值。

二、善用检索平台开展研究

不论是个案研究还是案例分析都离不开案例检索，丰富翔实的案例会成为案例撰写的素材库和根基。案例的找寻除借助传统纸质媒介（如《最高人民法院公报》《人民法院案例选》《民事审判指导与参考》）外，还可以借助电子媒介利用案例数据库搜索，通过关键词搜索、相关法条案例联想功能，可以快速准确找到需要的案例。常见的案例搜索数据库有中国裁判文书网、北大法宝、北大法意、威科先行、律商网、万律网、法信、无讼、聚法等。在北大法宝平台上，通过输入关键词，检索出来的案例按照指导性案例、公报案例、典型案例、参阅案例的顺序排列，让读者一目了然。通过法信平台检索出案例，从中确定几个并选择"加入检索报告"，系统会自动生成案例检索报告，包括各个案例的名称、案情特征、争议焦点、案例裁判要点等都会列表呈现。

三、学会根据目的变换撰写方式

撰写案例的方式多种多样,究竟以何种方式最为恰当,取决于撰写案例的目的。撰写普法案例和典型案例、指导性案例在案例选取、语言风格和写作格式上都有所不同。撰写普法性案例是为了向老百姓普及法律知识,应当使用通俗易懂的语言,格式上一般为案情简介、裁判理由、典型意义,重点在典型意义。如三八国际妇女节来临之际,为引导女性知法、懂法、守法、用法,理性维权,我撰写的妇女维权案例《产假期间用人单位非法解除劳动合同案》采用了老百姓听得懂、能理解的语言,典型意义侧重对风险点的提示和维权途径的分享,收到了良好的效果。指导性案例撰写的灵魂在案例评析,这是案例从一篇判决书上升为案例分析的关键。案例评析要紧密结合案情实际,围绕争议焦点,结合相关法律法规乃至背后的法律理论、法律精神展开,不能简单地重复裁判理由,而是要多问几个为什么,分析为什么是这么裁判,而不是那么裁判,这种裁判方式有几个方面理由等。

四、学会用研究成果指导审判工作

案例分析是裁判者实践智慧和分析者法律思维的有机结合,对司法实践的完善和审判能力的提升具有重要推动作用。研究不是为了对过往知识进行总结,也不是利用已有知识来堆砌文章,最终目的是贡献新知。审判是实务,要提升审判业务能力,需要在疑难复杂案件和前瞻问题上加强研究,审判者不仅要成为规则的运用者,还要在出现"法律漏洞"时成为规则的制定者。我们不但需要知晓怎么审理案件,更需要知道规则背后的逻辑。同理,案例分析写作不在于让我们知道一个案件该怎么审理,更在于让我们明了审理案件时如何从千头万绪做到井然有序。研究对审判实践的意义,也在于此。

提升调研效果:五个关键领域的实践感悟

◇ 郭　月

郭月,东营市中级人民法院民五庭法官助理。

调研工作是一项重要的实践工作,旨在深入了解法院工作的现状和存在的问题,为司法改革和政府决策等提供有力依据。作为一名法官助理,除审判辅助工作外,调研工作也非常重要。

法官助理参与的法院调研工作根据主观性可分为被动调研和主动调研两种。被动调研的常见方式是领导或法官已经定好调研方向,法官助理作为参与人员参与调研,辅助领导或法官完成调研工作,这就是所谓的"领导点题";被动调研中还有一种方式,即社科课题填报,虽未明确具体课题,但也给了选题方向,即选择自己感兴趣或擅长的方向进行调研。主动调研和审判工作不同,法官助理可以独立开展调研工作,即当法官助理在工作中发现有价值的问题时主动发起调研,自己决定课题方向。

笔者结合自己以法官助理身份参与的法院调研工作经验,从调研工作的选题、调研开展顺序、素材的收集、调研报告的撰写、调研工作的成果转化五个方面,分享调研工作的实践技巧与心得体会。

一、调研工作的选题

对于被动调研来说,课题已经确定,无须法官助理自行选题。但对于主动调研来说,选题是开展调研工作的首要任务,也可以说是调研课题的基石,一份好的调研成果一定是从一个好的选题开始的。在选题方面应注意以下三个问题:

一是应当坚持问题导向,从大局出发,选择问题最突出、最亟待解决的课题。同时,在选题时要反复思考这个课题值不值得调研,调研时机是否适宜,调研角度是否正确。例如,破产团队开展"关于东营市企业担保圈成因及破解路径"调研工作的背景是东营辖区破产案件、金融案件数量激增,那么就要思考出现这一现象的原因究竟是什么。经过调查研究发现破产企业均陷入企业担保圈,这一问题不仅关系到法院的审判工作还影响到整个东营地区的经济发展和金融生态稳定,是党委和政府亟待解决的问题。破产审判团队在此背景下开展调研工作正如一场及时雨,调研报告受到了市领导的批示和肯定。

二是选择自己擅长的课题。在开展调研工作时,我们需要对选题方向的相关工作有一定的了解并能够抓住重点和关键问题。法官助理所处庭室不同,接触的案件类型不同,相应擅长的调研方向也不一样,选题时最好结合工作实际,选择自己擅长的课题和角度进行调研。这样才能在开展调研工作时得心应手。

三是选题要新,避免重复。尽量不要选已经有很多人调研过的课题,因为可能已经有了多角度、多方面的解答,很难在此基础上发现更新的问题、提出更好的对策。没有新的问题、对策,调研也就失去了意义。当然也不是说所有的已经有人调研过的课题都不能选,如果有新的角度、新的方向,还是可以选的。

二、调研的开展顺序

很多人说调研就是先调后研。在调研工作中不难发现,其实先研再调又再研更为科学。无论在被动调研还是主动调研中都应当遵循这个顺序开展调研工作。

首先,要把调研问题搞明白,不能自己还没有搞明白问题的关键,就闭着眼睛去调查。把问题搞明白才能更好地明确下一步调查的方向,有针对性地开展调查工作。

其次,做好调查研究工作。现实中,由于工作繁忙难以脱身等原因,很多调查工作都是闭门造车,从网上搜集点材料,就开始写调查报告。这样写出来的调查报告显然是不能抓住关键问题、提出有效对策的。当然,法院的调研工作不一定要现场蹲点调查,但也要听听不同角度的声音,因为身份不同、角色不同,对同一个问题的看法可能会有所不同,可以通过座谈会、走访、电话调查等多种方式进行调查。比如在个人破产的调研工作中,应了解银行、企业家等对个人破产的态度、存在的问题等。

最后,汇总研究。在前期调查、资料搜集工作完成后,要对课题进行进一步的研究,透过现象看本质,总结问题,探究原因,提出对策,最终形成调研报告。

三、素材的收集

调研工作一般需要搜集大量的素材,主要包括法律法规、政策文件、案例分析、专家观点、国内外相关做法等。对于政策文件类素材,应在官方网站核实真实性、时效性,选择最新的、最权威的。对于专家观点,可以在知网、北大法宝等渠道搜集相关论文,但不宜直接用课题名称搜索,应将问题、观点等拆解后搜索。若以课题名称直接搜索发现文献很多的话,则要注意该课题是否值得继续研究,同时也应着重搜集擅长该领域的专家的观点。对于国内外相关做法等素材的搜集,除了本土专家学者的研究结果和翻译著作外,还可以去域外官方网站搜集原始素材。

四、调研报告的撰写

要按照实践撰写调研报告,调研报告的主要框架离不开"是什么""为什么""怎么办"。当然这个框架并不是固定的,比如一个课题的"是什么"已经很清楚了,那就可以不写,但总体上不应脱离上述框架。同时,要避免写成纯理论性论文,要以解决问题为目的的撰写调研报告,要"以研致用",坚持结果导向,提出切实可行的意见建议,推动问题解决。调研报告的语言应生动平实,不一定有华丽的辞藻,避免"假大空"的废话,要运用符合客观实际的真话,精辟深刻、鲜明生动地表达思想观点。

五、调研工作的成果转化

将调研结果应用于实践中,是调研工作的重要目标。调研工作的成果可以提高自身能力,可以让我们对相关知识进行系统深刻的梳理学习。调研工作的根本目的还是要服务审判工作,将调研工作成果转化应用到审判实际中,或者呈报党委和政府,为其决策提供素材。

总之,调研工作是一项具有重要意义的工作。通过它,我们可以深入地了解法院工作现状和问题,为司法改革和政府决策等提供科学依据。在未来的工作中,我们需要更加注重调研工作,提高调研的科学性和准确性。

法官说

（胡祥英,东营市中级人民法院民五庭庭长）

调研是人民法院的一项重要工作,是做好各项工作的前提与基础,也是对于审判工作的提炼、总结和升华。因此，重视调研工作并把调研成果切实转化为推进审判工作、提升司法能力的重要途径，具有重要的现实意义。司法调研包括案例撰写、实务调研、理论文章撰写等多个方面。调研工作应当注意三个基本原则：一是实用性，这是判断调研工作是否有价值、有意义的基础。要坚持问题导向，紧密围绕审判实践中案件处理时的重点难点热点问题，以切实解决问题为目标，通过各种方式真正发现问题，提出切实可行解决问题的思路，同时致力于问题解决，促进成果运用；二是新颖性，新颖性主要是调研内容的新颖性，不仅体现为对于一些法律规定不明的空白领域的攻克，还在于对于老大难问题提出新办法等，作为调研表现形式的文章体例、文字也是衡量新颖性的重要标准；三是成果可转化性，这也是调研实用性更高层面的要求，是指调研成果应当对于审判实践具有指导和借鉴价值。

做好司法调研工作，需要从以下三个层面入手：

一是从发现问题层面，应当坚持问题导向，培养发现问题的能力。首先要养成良好的学习习惯，以系统学习和扎实理论功底做基础，平时关注审判领域相关动态。其次要养成善于思考的习惯。能不能真正发现问题考验的是个人对于自己所从事工作的用心程度以及是否具有善于思考、发现问题的习惯，也反映出对于自己所从事工作的热爱程度。要结合本职工作，勤于思考，养成善于发现和解决问题的习惯，这样一来，调研工作就不再是额外负担，而是改进工作和提升自身业务能力的手段。最后要养成梳理整合问题的习惯，对同类调研进行梳理学习，找出自己调研的方向。

二是从解决问题层面，要注重系统思维的培养。调研工作需要系统思维，因为调研成果是要解决某一类问题或者在某个领域提供借鉴价值，因此需要从全局角度去思考和解决问题。这种思维体现在平时工作中就是多想多干，多思考多实践，对于法官助理，就是要站在更高层面、从法官角度思考问题的处理方式，提高自己工作的积极性和主动性。

三是从成果展现层面，注重语言组织表达能力的培养。在保证调研内容的基础上，语言表达能力和文字功底是保证调研成果传输效果的重要手段，调研成果架构设计的水平直接决定调研成果的质量。通常要考虑调研成果的使用方向，从而确定运用朴实易懂的语言还是用专业化程度更高的表达方式，但无论何种表达方式，最基础的还在于撰写者要具有

较高的文字表达和驾驭能力。提高裁判文书写作水平的方法包括提炼当事人的诉辩主张、增强裁判文书说理及日常学习相关论文,这些都可以锻炼文字表达能力。我们应当重视并且做好这些工作。